Cili Wethekam · Mamie 1780–1794

Cili Wethekam verbrachte ihre Jugend abwechselnd in Frankreich, Holland und Deutschland. Zuletzt wohnte sie in Bremen. Sie starb im April 1975.
Von Cili Wethekam sind etwa 20 Bücher erschienen, die ins Ungarische, Niederländische, Flämische, Englische und Italienische übersetzt wurden. In ihren letzten Lebensjahren schrieb sie ›Tignasse, Kind der Revolution‹, 1973 in der Auswahlliste zum Deutschen Jugendbuchpreis und mit dem Buxtehuder Kinderbuchpreis ausgezeichnet, (dtv junior 7388), und kurz vor ihrem Tode das vorliegende Buch, das ebenfalls in der Auswahlliste zum Deutschen Jugendbuchpreis stand.

Cili Wethekam

Mamie 1780–1794

Deutscher
Taschenbuch
Verlag

Von Cili Wethekam ist außerdem bei dtv junior lieferbar:
Tignasse, Kind der Revolution, Band 7388

Ungekürzte Ausgabe
1. Auflage November 1980
5. Auflage März 1986: 31. bis 36. Tausend
Deutscher Taschenbuch Verlag GmbH & Co. KG, München

ISBN 3-522-12300-X
Umschlaggestaltung: Celestino Piatti
Umschlagbild: Klaus Ensikat
Gesetzt aus der Palatino 10/11·
Gesamtherstellung: Ebner Ulm
Printed in Germany · ISBN 3-423-07409-4

Über Paris hing der Abend wie ein sterbender Glanz. Zwischen den Dächerzacken leuchtete der Himmelsstreifen, ein erster Stern ging auf. Von allen Türmen kam wirres Gebimmel: rasche hohe Klänge, und dazwischen von der Kathedrale Notre-Dame hörte man die tiefen geruhsamen Schläge der zwei schweren Glocken, die man die »Brummer« nannte.

Es war die Stunde, da die Reichen sich zum Ausgehen putzten und die Armen mit hängenden Schultern müde heimwärts gingen. Die rufenden Händler, die den Tag über schreiend durch die winkligen Gassen gezogen waren, schwiegen, bis auf eine Würstchenfrau in blaugestreiftem Rock unter roter Schürze. Auf dem Tablett vor ihrem Bauch trug sie ein Wärmebecken, unter dessen Rost einige Holzkohlen glühten. Ein Maurergeselle wartete vierschrötig davor. Sein Hemd stand offen. Um den Kopf trug er ein als Band gebundenes graues Tuch. Der Kalk klebte in seinen Brauen. Vor Erschöpfung wankte der Mann hin und her.

Gegenüber, vor dem Portal der Kapelle zum Heiligen-Julian-dem-Armen, stand die alte Robinie in voller Blüte. In weißen Trauben hing die Pracht herab. Der Duft vermischte sich mit Gossengestank und dem Modergeruch, der aus den offenstehenden Haustüren drang. Auch die Kirchenpforte stand offen. Wer nicht zu rasch vorüberhastete, sah im Innern das Ewige Licht leuchten, den sanften Glanz undeutlicher Heiligengesichter, ein Tuch auf dem Altar. Betstühle standen wie verlassene Kinder unordentlich nebeneinander.

Ein paar Leute lungerten und schauten, nur ein paar: jemandem war es gelungen, unbemerkt ein Säuglingsbündel unter die Robinie zu legen. Das Geschöpf lag in Windeln verschnürt und schrie. Eine alte Frau mit einem Kropf sagte versonnen: »Ein Kind der Sünde . . .«

Ein junges Mädchen in weißer, am Hals adrett gekräuselter Bluse warf ihr rosa Umschlagtuch nach hinten und wunderte sich: »Ich wußte nicht, daß sie so klein schon echte Tränen vergießen . . .«

»Weshalb sollten sie nicht?« fragte ein Bettler mit einer Krücke. Durch seine zerrissene Hose sah man sein nacktes Knie. »Dieses ahnt gewiß schon, daß es niemals satt werden wird auf dieser Welt . . .«

»Man sollte das Wurm gleich zu den Barmherzigen Schwestern bringen«, sagte die Würstchenfrau.

Die mit dem Kropf winkte ab. »Zu Zeiten meiner Großmutter war es noch verboten, ein Findelkind anzufassen, ehe der Büttel es gesehen hatte und öffentlich festgestellt, daß es ausgesetzt worden war . . .«

»Das sieht man doch«, murmelte das junge Mädchen mitleidig. Kurz entschlossen schob sie den Weidenkorb bis zum Ellbogen über den nackten Arm hinauf und schickte sich an, das Kleine aufzuheben.

»Wollen Sie es ins Findelkinderhaus bringen? Sofort?« fragte ein Schreiber im schwarzen Rock. Er trug schwarze Kniebundhosen, schwarze Strümpfe, schwarze Schnallenschuhe. Sein weißes Hemd war schlecht gebügelt. Das weißgepuderte Haar trug er in einem Netz im Nacken zusammengefaßt. Man nannte das eine »Börse«.

»Aber ja doch.«

»Ah?» machte der Schreiber spöttisch. »Da werden sich die Barmherzigen Schwestern aber freuen! Siebentausend Stück im Jahr schafft man zu ihnen ins Spital. Und jedes zweite stirbt.«

»Dieses stirbt auch bald, wenn Sie mir nicht aus dem Wege gehen.«

Das junge Mädchen hielt das Findelkind in der Beuge

ihres Arms und blickte auf das Stück jammernden Hunger hinab.

»So rasch sterben sie nun auch wieder nicht. Lassen Sie mich Ihnen helfen. Zuerst müssen wir auf die Wache. Danach erst ins Spital.« Der Schreiber faßte bereits nach dem Korb. Die Frau mit dem Kropf sagte mahnend: »Nehmen Sie ja einen Zeugen mit, sonst glaubt man am Ende noch, es gehörte Ihnen beiden.«

Auch sie schaute auf das Kind. »Hat schon Kraft in der Stimme, aber mickrig ist es doch . . .«

Der Schreiber tat, als sähe er die Röte im Antlitz des jungen Mädchens nicht.

»Ich kann ja mitkommen!« erbot sich der Bettler. Er witterte ein Almosen und trieb, seine Krücke vor sich herschiebend, die Leute beiseite.

Die drei so verschiedenen Menschen mit dem Säuglingsbündel schritten durch die Rue St.-Julien-le Pauvre über jene Brücke, die man Pont-au-double nannte, weil dort noch ein Liard fürs Überqueren gezahlt werden mußte. Eigentlich war der Übergang für das Armenspital Hôtel-Dieu gebaut, das rittlings über jenem Seine-Arm stand, der die Ile-de-la-Cité vom linken Flußufer trennte. Zwei Drittel der Brücke blieb für die Angehörigen des Spitals reserviert, das andere Drittel für die Fußgänger, die bereit waren, etwas springen zu lassen, wenn sie sich damit ihren Weg verkürzten.

»Schiere Geldverschwendung«, rügte der Bettler.

»Siebentausend –«, sagte das junge Mädchen versonnen.

»Siebentausend«, bestätigte der Schreiber und entrichtete den Brückenzoll.

»Ich möchte wissen, ob die Mutter selbst unter den Leuten stand? Was meinen Sie? Um zu sehen, wer sich des Kindes annehmen würde? Vielleicht sitzt sie jetzt in der Kapelle und weint? Oder können Mütter, die ihre Kinder aussetzen, gar nicht weinen?«

»Es gibt solche und solche, die das tun«, wußte der Bettler. »Aber – niemals im Leben erfahren, woher man stammt – wer einen geboren hat . . .«

»Waren Sie schon einmal in Italien?« fragte der Schreiber.

»Ist das ein Land?«

»Hinter den Alpen. Man sagt, die Leute seien dort vergnügt. Das macht die Sonne. Sie haben selbst viele Kinder, aber meistens ziehen sie noch ein fremdes mit groß. Im geheimen glauben sie nämlich, das Jesuskind könnte vielleicht noch einmal unerkannt geboren werden, als armes Geschöpf natürlich, – und die Menschen auf die Probe stellen.«

Das junge Mädchen staunte. »Eine Geschichte! Ich habe Geschichten gern.«

»Ich auch«, sagte der Bettler, »obgleich man sich nichts dafür kaufen kann.«

Zum ersten Mal sah das junge Mädchen dem Schreiber ins Gesicht. Er war kein schöner Mensch: dünne, vergrämte Züge, als äße er nur unregelmäßig und würde beim Essen allerhand begrübeln. Aber nun hatte ein freundlicher Schimmer sich hineingestohlen und erleuchtete seine Miene wie von innen heraus. Auf der Wache nahm der Diensthabende den Säugling in Augenschein. Er zupfte gerade soviel Windeln auf, um das Geschlecht des Kindes festzustellen, langte dann nach einer Gänsefeder und einem vorgedruckten Schein. Hüstelnd machte er sich daran, diesen auszufüllen:

. . . zuständig für die Polizei im Viertel der Cité . . . ein Kind weiblichen Geschlechts . . . unter der Robinie . . . gefunden von . . .

Fragend sah er auf. »Name?«

»Jacques Chardet.«

Der Beamte machte mit seinem Kinn eine Bewegung in Richtung des jungen Mädchens.

»Antoinette Surien.«

Der Bettler, ebenfalls aufgefordert, sich vorzustellen, machte eine Verbeugung. »Pantelet, immer noch Pantelet, Monsieur, wenn's gefällig ist . . .«

»Wie schreibt sich das?«

»Wie Sie wollen«, antwortete der Bettler entgegenkommend und zeigte im Lächeln viele Lücken und wenig Zähne. »Ich bin da nicht wählerisch.«

Unsicher hob der Beamte eine Braue, zuckte dann nur die Achseln und wandte sich wieder seinem Geschreibsel zu:

. . . ihnen das Kind überlassen mit der Auflage, es zum Haus der Findelkinder zu schaffen, am 29. Juni im Jahre des Herrn siebzehnhundertundachtzig . . . abends um halb acht . . .

Antoinette wickelte das Kind wieder in die Windel ein. Draußen streckte der Bettler eine habgierige Hand aus. Jacques Chardet legte ein Geldstück hinein. Der Bettler dankte und ging.

Verlegenheit machte sich zwischen den beiden jungen Menschen breit, als sie schweigend weitergingen. Sie blickten übertrieben an den Giebeln der Häuser empor, als wollten sie vermeiden, einander anzusehen. Paris schien ihnen plötzlich neu.

Unmittelbar gegenüber der rauchig-schmutzigen Kathedrale stand in der Rue Neuve de Notre-Dame das Haus der Findelkinder. Vor kurzem noch hatte man den Bau erheblich vergrößert, nun war er schon wieder zu klein geworden.

Toinette zählte zwölf Fenster auf jedem Stockwerk der ebenmäßig schönen Fassade. Es gab zwei Eingänge, einen für Besucher, die zu Fuß kamen, und ein Portal, breit genug für Fuhrwerke. Das Fenster, welches direkt über diesem feudalen, säulengeschmückten Tor lag, trug des Königs Wappen.

Weil die kleine Pforte geschlossen war, zupfte Jacques Chardet an der großen Glocke. Eine Pförtnerin ließ sie ein, führte sie in einen großen Raum, in dem eine Tochter der Wohltätigkeit – wie man die Barmherzigen Schwestern nannte – ihnen rasch entgegenkam. Über dem dunklen weitärmeligen Gewand trug sie einen hellen viereckigen Kragen, der die Schultern ganz bedeckte. An der weißen, schutenähnlichen Haube hingen lange lose Seitenzipfel. Eine andere Nonne trat hinzu. Beide befingerten die Windeln. Als sie sich über das Kind beugten, stießen ihre gestärkten Haubenkanten aneinander. Toinette sah, wie die rotgearbeiteten Hände über etwas Gesticktem zögerten. Blaue Buchstaben, die sich in großzügigem Schwung über eine Stoffecke hinzogen.

»Ma-mie«, buchstabierte Toinette. »Es heißt Mamie!«

Eine der Schwestern schüttelte mißbilligend den Kopf. »Eine Heilige dieses Namens gibt es nicht. Man wird das Kind umtaufen müssen.«

»Schon«, meinte die milde. »Aber die Mutter hat es so genannt. Vielleicht ist es das einzige, was sie ihrem Kind hat mitgeben können. Soll man ihm das auch noch abnehmen?«

»Monsieur Vincent de Paul würde Mamie ihren Namen gelassen haben«, ließ Jacques sich vernehmen.

»Ach, Sie sind auch noch da!« brummelte die Nonne säuerlich. »Was wissen Sie schon von unserem Monsiuer Vincent?«

»Nun, er hat so ungefähr als einer der ersten die Meinung vertreten, daß Findelkinder auch Menschen sind. Und das vor hundertfünfzig Jahren«, antwortete der Schreiber gelassen.

Über diese Antwort schien die herbe Nonne zufrieden. Sie holte einen großen Folianten herbei, Tinte und Feder und begann gewissenhaft den Inhalt des Polizeischeins in das Buch zu übertragen. Dann schob sie den Schein in ein Säckchen, das sie dem Säugling um den Hals hängte.

»Ihre Aufgabe ist erfüllt, danke.«

Rasch beugte sich Toinette noch einmal über die Kleine. »Ich wünsche dir ein gutes Leben! Hörst du? Trotzdem ein gutes Leben . . .!«

Das Kind schrie immer noch.

Die Bläue des Himmels hatte sich vertieft, als das Portal sich hinter Toinette und Jacques wieder schloß. Einträchtig schritten sie zur Seine. Toinette wagte einen Blick zur Seite. Der Schreiber hatte eine zornige Falte über den Augen, als mißfalle ihm die Rührung, die sich seiner bemächtigt hatte.

»Werden Sie nicht oft an dieses Kind denken?« fragte Toinette.

»Das wäre müßig.«

»Aber vielleicht werden Sie sich fragen, was aus ihm geworden ist?«

»Wozu?«

»Es heißt Mamie. Ich habe es in meinen Armen ins Findelkinderhaus getragen. Das werde ich nicht vergessen können.«

»Wenn Sie es nicht getan hätten, wäre es ein anderer gewesen.«

»Glauben Sie nicht, daß die Mutter es geliebt hat? Wie hätte sie es sonst ›Mamie‹ nennen können und ihm die Windeln besticken . . .«

Toinettes Stimme klang so zärtlich nachdenklich, daß Jacques auf ihr eifriges Gesicht schauen mußte. Eine dunkle Locke war unter der Haube hervorgeglitten und lag über der Stirn. Gern hätte der junge Mann die Strähne mit einem Finger berührt. Deshalb legte er die Hand auf den Rücken.

»Man kann immer noch für das Kleine beten.«

»Wenn Sie wollen . . .«

Die Glocken schwiegen jetzt. Fern, auf den breiteren Straßen, die zu den Theatern führten, rollten die Equipagen der vornehmen Leute zu festlichen Vorstellungen, während in den engen Gassen des Cité-Viertels Hausmütter am Kamin hockten und die Suppe kochten. Um den Tisch herum saßen bereits die Gesellen, die Lehrlinge, der Meister und die Kinder.

»Also Antoinette heißen Sie. Nicht etwa Marie-Antoinette, wie die Königin?«

Sie wurde rot. »Doch, aber den ersten Namen vergesse ich. Ich möchte nicht heißen wie die. Alle Leute sagen, sie brächte Frankreich Unglück.«

»Glauben Sie alles, was man sich erzählt?«

Offenherzig antwortete sie: »Das meiste schon. Wo Rauch ist, war auch Feuer. Wie ist es denn gewesen, als das Feuerwerk zu Ehren der königlichen Hochzeit abgebrannt wurde? Da sind so viele Unglückliche in die tiefe Grube gestürzt, die man nicht abgedeckt hatte. Hunderte von Toten hat es gegeben.«

»Was konnte die junge Königin dafür?«

»Es muß ein Zeichen gewesen sein.«

»Aber nein! Der Magistrat war schuld, der es für überflüssig gehalten hatte, Maßnahmen zu ergreifen, obwohl man ihn vorher darauf hingewiesen hatte. So vieles passiert in dieser Stadt, weil man nicht vorsichtig ist, rückständig geblieben. Sehen Sie sich die alten Brücken an, auf denen bis vor kurzen noch die Häuser standen! Immer wieder sind sie zusammengestürzt und rissen viele Menschen ins Verderben. Man hätte doch viel eher begreifen müssen, daß diese Brücken das Gewicht der Häuser auf die Dauer nicht tragen können! Das hätte man vor dem Bauen genau ausrechnen müssen . . .«

»Ausrechnen?«

»Ja, man kann ausrechnen, wieviel eine Brücke tragen kann. Man muß ihre Bögen in einer ganz bestimmten Form bauen, damit sie hält.«

Sie staunte aufrichtig. »Was Sie alles wissen?«

»Wo wohnen Sie?« fragte Jacques plötzlich.

»In der Rue de Nevers . . .«

Sie schlenderten weiterhin auf der Insel gegenüber dem linken Seine-Ufer entlang bis zur äußersten Spitze, auf der der Pont-Neuf ruhte.

»Jene Brücke zum Beispiel, die wir links hinter uns gelassen haben, soeben . . .«

»Den Petit-Pont?«

»Eben den. Wo wir gerade von Aberglauben und Dummheit sprechen: Im Jahr 1718 ertrank der Sohn einer armen Witwe. Wenn man damals eine Leiche nicht finden konnte, steckten die unwissenden Leute eine brennende Kerze auf ein Brett, legten ein Stück gesegnetes Brot daneben und ließen dann das Ganze auf der Seine treiben. Dort, wo auf dem Wasser das Licht verlöschte, so behauptete man, läge die Leiche auf dem Grund. Die brennende Kerze der armen Witwe trieb auf dem kleinen Brett an einen alten Heukahn heran, der Feuer fing. Erst wollte man das Boot in die Mitte des Flusses schaffen und dort versenken, aber dann hackte man nur die Taue entzwei, an denen der Kahn befestigt war. Und so trieb das brennende Boot weiter die Seine hinab. In einem der Brückenbogen des Petit-Pont blieb es stecken, die Holzhäuser fingen Feuer. Zweiundzwanzig sind verbrannt.«

»Und hat die Mutter die Leiche ihres Kindes gefunden?«

Jacques Chardet war einen Augenblick verblüfft. »Antoinette! Es sind Häuser verbrannt, Menschen wurden verletzt!«

»Aber die Mutter – die arme . . . Ich mag keine Brükken. Ich finde sie unheimlich. Stehen da einfach so mitten über dem Wasser . . .«

»Das ist kindisch! Brücken führen Menschen von verschiedenen Ufern zusammen. Brücken, Sie Schäfchen, verbinden Entgegengesetztes.«

Ihre Verständnislosigkeit rührte ihn. »Wenn ich Ihnen zuhöre, müssen meine Gedanken sich auf die Fußspitzen stellen, wie in der Kirche. Sie sind gelehrt, nicht wahr?«

»Nicht sonderlich. Ich bin öffentlicher Schreiber. Stehe sonst mit meinem Pult irgendwo, wo viele Menschen vorüberkommen. Wer etwas vorlesen lassen will oder schreiben – es gibt noch manchen Analphabeten – der kommt zu mir. Ich bin verschwiegen und kenne einige Möglichkeiten, ein Gesuch abzufassen, daß es Erfolg zu haben verspricht. Das wissen die Leute.«

»Können Sie rasch schreiben? Mit schönen Schnörkeln?«

»Könnte ich schon. Aber es kostet mehr. Schnörkel und alle die richtigen Titel und Satzwendungen in Bettelschreiben brauchen mehr Zeit als ein einfacher Brief. Man muß auch besseres Papier benutzen.«

»Haben Sie viel zu tun?«

»Manchmal. Wenn es regnet, muß ich mich in einen Hauseingang stellen, damit die Tinte nicht verwischt. Aber man hört und sieht allerhand.«

»Wo stehen Sie?«

»Drüben, hinter der Rue Perdue.«

»Sie hatten Ihr Pult nicht bei sich.«

»Nein, ich mußte einen Weg machen.«

Er hatte spielerisch ihren kleinen Finger gefaßt und zog sie ein wenig nach. Sie merkte es kaum, so sehr beschäftigte sie das, was er ihr erzählt hatte.

»Aber woher – woher wissen Sie das alles, was Sie mir erklärt haben?«

»Früher habe ich für einen Notar gearbeitet. Ich habe immer gern gelesen. Alles mögliche. Meistenteils das, was früher in Frankreich geschehen ist. Darüber hinaus kenne ich viele, viele arme Leute. Das beschäftigt mich: daß es so viele davon gibt und daß es immer welche geben muß. Ich denke nach, woran das liegen kann: am Staat? Oder an der Dummheit? Oder an der Gutherzigkeit gewisser Leute – an der Raffgier anderer? Was meinen Sie?«

Sie zuckte die Achseln. »Das weiß ich nicht. Ich weiß nur, daß sie mir alle leid tun.«

Die Rue de Nevers lag in der Nähe des breiten Pont-Neuf, jener Brücke, auf der auch zu dieser Tageszeit noch ein lebhaftes Kommen und Gehen war. Die Gasse selbst war so schmal, daß man meinte, man könnte sich von einem Balkon zum anderen die Hand reichen. In einer der Nischen stand eine Madonna hinter einem schmiedeeisernen Gitter. Vor einem schmalen Haus, genau gegenüber, blieb Toinette stehen. Es hatte eine vornübergeneigte schiefe Fassade, deren düstere Farbe nur durch blühende Pflanzen, in ausgehängten abgedankten Kasserollen, aufgeheitert wurde.

Das Mädchen wandte sich dem jungen Mann zu. Im Halbdunkel schien er ihr noch trauriger.

»Morgen?« fragte er plötzlich, gar nicht traurig. »Nach sechs? Am Pont-Neuf?«

Sie konnte nur verlegen nicken, ihm den kleinen Finger entziehen, die Locke unter die Haube schieben und an den Schnüren ihres Mieders zupfen. Dann rannte sie fort. Es war spät geworden . . . die Mutter . . .

Aber in ihren Gedanken breitete sich eine beglückende Wärme aus. Wie war das alles gekommen? dachte sie. – Ach ja, das Findelkind. Eine Welle der Zärtlichkeit für dieses unbekannte kleine Wesen überkam sie, dann dachte sie wieder an Jacques. Irgendwie war die Erinnerung an diesen jungen Schreiber, der voll merkwürdiger Geschichten steckte, mit dieser Zärtlichkeit verquickt.

Den ganzen Abend standen Toinettes Gedanken auf Zehenspitzen.

Der folgende Tag wurde Jacques sehr lang. In seinen Gedanken tauchte immer wieder das eifrige Gesicht des jungen Mädchens auf. Wortlos sprach er weiter mit ihr, erzählte ihr Dinge, die er bereits halb vergessen hatte, sie fielen ihm wieder ein, sie erfüllten ihn. Es müßte, so dachte er, etwas sehr Schönes sein, jemand, der wenig wußte, aber mehr wissen wollte, mit dem zu formen, was man sich selbst angeeignet hatte. Bisher hatte er in seiner unscheinbaren Bleibe jene Stunden, in denen er nicht draußen auf Kundschaft wartete, mit Kopieren und Studieren zugebracht, ein wenig wie Jean-Jacques Rousseau, der so berühmt geworden war. Nur teilte er dessen Ansichten nicht, eine Tatsache, die ihn einsam machte. Alle Welt las ihn, alle Welt schwor auf ihn, richtete sich nach ihm, diskutierte über ihn. Jacques hingegen traute ihm nicht über den Weg. Er war immer noch auf der Suche nach einer vollkommenen, klugen Lauterkeit in einem großen Geist. Er glaubte, das beurteilen zu können. Vielleicht war es die Enttäuschung, noch niemals einen solchen Menschen gefunden zu haben, die ihn zu einem hochmütigen Einzelgänger machte. Die mitleidige Naivität des jungen Mädchens, das sich über eins der unzähligen Pariser Findelkinder beugen konnte, als sei es das einzige auf der Welt, hatte ihn gerührt. Er wollte mehr von Toinette wissen, wollte ihr vor allen Dingen mehr erzählen. Nie war ihm sein eigenes Leben so leer vorgekommen. Immer mußte er selbst zuhören, wenn einfache Leute ihm verworrene Geschichten erzählten, die er entwirren mußte, was nicht immer ganz einfach war. Jetzt schien ihm das Selbersprechendürfen zu jemandem, der ihm versunken zuhören konnte, erstrebenswert.

Gegen Mittag erfaßte ihn Mutlosigkeit. Sie war ein hübsches Ding, sie würde ihn vergessen haben. Gewiß würde er umsonst auf sie warten. Er beschloß, nicht hinzugehen. Auf diese Weise würde er sich selbst weismachen können, er habe auf eine weitere Bekanntschaft verzichtet. Was hätte er auch zu bieten gehabt? Nicht einmal ein sicheres Einkommen. Er lebte von der Hand in den Mund. Ihre Eltern würden ihn kommen sehen!

Schon um drei Uhr sammelte er seine Utensilien zusammen und begab sich zum Pont-Neuf, von schmerzlicher Neugierde geplagt, ob sie wohl kommen würde. Er konnte immer noch mit sich selber wetten: kam sie, würde er sich eine halbe Pinte Wein zum Sonntag genehmigen. Kam sie nicht ... nein, er würde es umgekehrt machen: kam sie nicht, hätte er gerade einen Trost verdient. In dem Falle also: Wein. Kam sie – nun, man würde sehen. Vielleicht brauchte er dann erst recht seine halbe Pinte, um die Richtung seiner Zukunft zu bestimmen.

Er war zu sehr von Toinette erfüllt, um in dem großen schwarzgekleideten Mann mit den breiten vornübergebeugten Schultern und den marabudünnen Beinen sein Schicksal zu erkennen. Hätte er Toinette nicht geholfen, Mamie ins Findelkinderhaus zu schaffen – wäre Toinette noch so hübsch gewesen – hätte sie nicht so gut zuhören können – vielleicht hätten Monsieur Jean-Antoine-Nicolas Caritat, Marquis de Condorcet und Jacques Chardet sich verpaßt. Jetzt blieb Condorcet unbeachtet stehen und lugte über Jacques Schulter auf den Brief, den er für die alte Frau mit dem blauen Kopftuch aufmerksam schrieb. Die Alte stützte sich auf einen Knotenstock und beantwortete Jacques gezielte Fragen mit der beschämenden Unterwürfigkeit, welche die sehr Armen jenen bezeigen, von denen sie möglicherweise Hilfe bekommen.

Jacques war in seinem Element. Die Schwierigkeiten der Frau waren verzwickt, sie selbst schien völlig hilflos. Jacques mühte sich, aus den einfältigen Worten den juristischen Hintergrund zu erkennen. Anscheinend war sie betrogen worden. Sie stand allein auf der Welt, hatte nur einen Neffen, dessen Wohlwollen sie zu verlieren fürchtete, wenn sie sich zu sehr mit der Angelegenheit beschäftigte. Dieser Zipfel Wohlwollen, den letzten, den die Frau wohl in dieser Welt hatte, brachte Jacques Toinette noch stärker ins Bewußtsein. Er fühlte sich mit seinem zwar sehr viel sachlicheren Mitleid dem ihrigen verbunden. Ihm war, als täte er Toinette etwas Gutes, wenn er der Alten beistünde wie ein Sohn.

Condorcet lauschte dem Gespräch, ohne sich einzumischen. Keine Miene verzog sich in seinem breiten, pockennarbigen Gesicht. Er trug nicht einmal einen Degen, niemand sah ihm seinen Adel an.

Jacques fand eine Lösung, die alte Frau zu trösten und dem Neffen zu schreiben, daß ihr mehr zustände, als auf den ersten Blick anzunehmen war, kurzum, er wußte den Neffen einzuschüchtern, ohne ihn zu verärgern. Die alte Frau barg das Schriftstück unter ihr Brusttuch. Als sie bezahlen wollte, legte Condorcet an ihrer Stelle einige Sous auf Jacques Pult.

»Es ist in Ordnung, Mütterchen«, sagte er freundlich.

Jacques sah Condorcet zum ersten Mal an. Sie maßen sich mit den Augen.

»Das war recht ordentlich. Haben Sie öfter solche Aufgaben?«

»Mal ja, mal nein.«

»Woher kommen Ihre notariellen Kenntnisse?«

»Ich habe eine Weile als Schreiber bei Monsieur Etienne Cardot gearbeitet.«

Condorcets Augen weiteten sich amüsiert.

»Das ist mein Sekretär. – Sind Sie gut bekannt mit Monsieur Cardot?«

»Er war sehr gut zu mir.«

»Ich suche einen Schreiber – einen, der bei mir im Hause wohnen könnte, dem ich ab und zu einiges diktieren kann, auf die Schnelle, der Wege erledigen könnte, Manuskripte für mich kopieren, der absolut zuverlässig ist. Ich wohne im Münzhaus, Quai de Conti. Der Name ist Condorcet.«

Jacques starrte den Menschen an. »Monsieur le Marquis!« Er verbeugte sich.

»Sie kennen mich?«

»Einige Ihrer Schriften. Ihre Differentialrechnung – die habe ich fast – fast ganz nachvollzogen.«

»Das freut mich. Wenn Sie bei mir bleiben, können Sie die Differentialrechnung bald gänzlich erfassen.«

»Bei Ihnen bleiben?«

»Wie heißen Sie?«

»Jacques Chardet.«

»Schön, Jacques, überlegen Sie es sich. Besuchen Sie mich morgen. Allerdings wäre Ihr freies Leben an der frischen Luft dann zu Ende.«

»Das – das macht nichts. Das – ich danke Ihnen, Herr Marquis.«

»Lassen Sie diesen Titel fallen, ich mag ihn nicht sonderlich.«

Von den wenigen Adligen, die Jacques erlebt hatte, hatte keiner jemals eine solche Äußerung gemacht. Jacques wußte nicht einmal, daß es Leute wie Condorcet gab.

Staunend blickte er dem Menschen nach, der bald im Menschengewühl verschwunden war. Er versuchte, sich ihn nochmals vorzustellen: eine verlegene, etwas heisere Stimme. Gehüstel, fliegende Mähne, sehr hohe Stirn, breite gebogene Nase. Und die viel zu dünnen Beine, die diese massige Gestalt trugen . . . Condorcet, Sekretär der Akademie der Wissenschaften, bekannt bei allen, die jemals über den Rand ihrer Unwissenheit hinweg geblickt hatten – das war Condorcet. Er blieb tagelang Jacques großes Thema, auch als er bereits bei dem großen Mann untergekommen war.

»Stell dir vor, Toinette, da kommt ein wildfremder Mensch daher und schaut auf meine Handschrift, bestellt mich zu sich, nimmt mich auf. Ich darf in seinem Haus wohnen. Wenn es nichts zu schreiben gibt, läßt er mich Bücher lesen.«

»Mit Geschichten?«

»Auch. Vor allem aber mit Gedanken.«

»Worüber?«

»Nun, wie man schwierige Rechnungen macht. Man benutzt Buchstaben anstatt Zahlen.«

»Kann man die denn miteinander multiplizieren, die Zahlen? Worüber hat er noch geschrieben, dein Herr?«

»Darüber, wie man arme Menschen glücklicher und weniger arm machen kann.«

»Ich wußte nicht, daß vornehme Leute darüber nachdenken!«

»Ich auch nicht! Aber der tut es! Er! Dabei glaubt er nicht einmal an Gott. Er behauptet, es liegt im Menschen drin, das Gute zu tun. Es muß nur gefördert werden, das Gute in ihm. Mein Herr glaubt an den Fortschritt und an die Verbesserungsfähigkeit der Menschheit. Daran glaubt er sehr fest.«

»Ist er verheiratet?«

»O nein. Sehr gelehrte Herren heiraten nicht. Sie leben ganz der Wissenschaft.«

»So«, sagte Toinette plötzlich sehr kühl. Es brachte Jacques zum Lachen. Er blieb stehen und tippte an ihr Kinn.

»Ich bin kein sehr gelehrter Herr, Toinette . . .«

Mamie schrie. Sie schrie, als man sie wusch und wickelte. Sie schrie, als man ihr den vom Polizeibeamten ausgestellten Fundschein in einem Leinensäckchen wieder um den dünnen Hals hängte, und sie schrie, als man sie in die Ammenstube brachte, wo zwanzig Frauen hundertundfünfzig Säuglinge zu stillen versuchten. Solange

Mamie trank, war sie zufrieden, aber als man sie viel zu früh von der Amme trennte, hob sie wieder an. Und sie war auch nicht still, als sie im zweiten Stock in eines der hundert kleinen Betten gelegt wurde, die ohne nennenswerte Zwischenräume nebeneinanderstanden, sehr sauber, sehr weiß und furchtbar traurig.

Es war Mamies Glück, daß sie schrie. Sie war so gebrechlich, daß man sie sonst gewiß in jenen Saal geschafft hätte, wo die sterbenden Findelkinder ihr winziges Leben überwanden. Nur ihre Stimme rettete Mamie vor diesem Schicksal.

Als man sie am nächsten Tag über das Taufbecken hielt in jener Kapelle, deren Wände mit wunderschönen Fresken aus der Kindheit Jesu geschmückt waren, schrie Mamie wieder. Der Priester zog unmittelbar nach der Zeremonie den Fundschein aus dem Säckchen und trug neben Nummer, Ort und Datum, Namen und Tauftag ein. Daraufhin übertrug der Schreiber, dem es oblag, an allen Taufen teilzunehmen, sofort die Angaben aus dem Fundschein auf ein Pergamentblatt, das dann anstelle des Scheines in das Säckchen geschoben wurde.

Pate stand ein alter Mann mit schulterlangem, eisengrauem Haar, das in einen gleichfarbigen Bart überging. Um die Beine trug der Alte Wickelgamaschen, bis an die Knie geschnürt, und auf dem Rücken eine ausgepolsterte Kiepe.

Der Alte hieß Toussaint und hatte die Aufgabe, die gefundenen Säuglinge in dem breiten Korb zu den Ammen zu schaffen, die sich – im Umkreis von sieben Wegstunden von Paris – bereit erklärt hatten, ein Pflegekind aufzunehmen.

Bis zu drei Wickelkinder paßten in Toussaints Kiepe, aber es wurden ihm nur immer zwei mitgegeben, ein Junge und ein Mädchen, um Verwechslungen auszuschließen. Die kleinen Geschöpfe wurden bretterfest eingepackt, auch ihre Händchen. Aufrecht wie Spargelstangen steckten sie nebeneinander in dem Kasten, nur die Näslein an der frischen Luft.

Von allen anderen Kinderausträgern gaben die Barmherzigen Schwestern Toussaint die Wickelkinder noch am liebsten mit. Der Umgang mit soviel Zerbrechlichkeit hatte diesen alten Mann feierlich und behutsam gemacht. Und feierlich und behutsam nahm er jetzt von der Schwester das Bündel Mamie in Empfang. Kopfschüttelnd sah er in das verhutzelte Säuglingsgesicht, aus dem der Hunger wieder schrie.

»Zwanzig Findelkinder pro Tag, meine Schwester! Schlimme Zeiten! Und doch – besser noch, man bringt sie hierher, als daß sie verhungern an der trockenen Brust ihrer armen Mütter. Wann wird man jemals begreifen, daß kleine Kinder das Wichtigste auf der Welt sind? Die Hoffnung?«

»Sie haben es erkannt, Vater Toussaint.«

»Nun, schließlich lebe ich von dem Unverstand, nicht wahr? ›Lasset die Kindlein zu mir kommen – nicht aber die Ammen‹, sage ich immer wieder, wenn ich die verbiesterten Weiber anhören muß. Wenn ich durch die Dörfer komme, rennen sie mir nach, drohen mir, spukken nach mir und schreien, daß sie endlich ihr Ammengeld haben wollen, das sie so selten bekommen – und so spät ... Was kann denn ich dafür? Ja, ja – ›lasset die Kindlein zu mir kommen‹ – das muß ich auch denken, wenn mir unterwegs wieder so ein dünnes Ding in meiner Kiepe gestorben ist – obgleich ich meinen Kinderchen niemals Wein gebe, Schwester! Niemals tauche ich meinen Taschentuchzipfel in meine Flasche, um sie daran lutschen zu lassen, wie gewisse Kerle das machen, nur damit die Gören endlich Ruhe geben und ihnen nicht den ganzen Weg über die Ohren vollschreien ...«

»Schon gut, Vater Toussaint ...«

Er ließ sich nicht unterbrechen. »Aber das stirbt ja so leicht, meine Schwester! Ganz sanft schleicht es sich mit seinem schüchternen Atem hinüber ins Paradies – als würde der Herrgott ihm winken! Sie werden wohl Flügel bekommen haben, alle die, die ich so gern bis zur Amme geschafft hätte, und die mir doch entschlüpft sind. Sie werden für mich im Himmel bitten. Sie werden zu Gottvater sagen: laß ihn ein, den groben Klotz ...«

Die geduldige Nonne hatte diesen Monolog oft gehört. Aber auch diesmal wartete sie, bis Toussaint zu Ende gekommen war, ehe sie ihm die Papiere reichte. Er verstaute sie in seiner Brottasche neben der Flasche Wein. Und als Mamie ein gar zu betrübtes Quäken von sich gab: »Ja, ja, mein Vögelchen, wir gehen ja schon. Vielleicht nimmst du nachher doch einen Tropfen Milch von meinem kleinen Finger? Ich weiß, mühsam genug ist das ... Na, warte –! Eine dralle Amme gönne ich dir ...«

Die Nonne öffnete die Tür zum Flur. Toussaint schwenkte einen abgegriffenen Dreispitz, der bessere Tage gekannt hatte, und wirbelte seinen Knotenstock herum.

»Beten Sie für einen armen Sünder, meine Schwester.«

»Gelobt sei Jesus Christus«, sagte die Nonne.

»In Ewigkeit. Amen.«

Am Tor stand die Pförtnerin zum Aufschließen bereit.

»Guten Weg, Toussaint! Die Kinder werden nicht alle!«

Der alte Mann dankte.

Als er über das spitze Pflaster krummer Gassen schritt, die Kiepe mit den schreienden Kindern auf dem Rücken, zeigten die Leute mit dem Finger auf ihn. Die Hunde rannten ihm bellend nach, und Buben und Mädchen liefen vor ihm davon.

»Huhu! Da kommt der Kindermann! Der Kindermann!«

Toussaint war das gewohnt. Insgeheim fühlte er sich Sankt Christophorus verbunden. Wenn er auch nicht das Gotteskind auf der Schulter über den Fluß trug, sondern zwei der ärmsten Menschenkinder aus dem schönen, häßlichen Paris hinaus in ein unbekanntes Schicksal.

Dort, wo die Stadt aufhörte, begannen schnurgerade Pappelalleen und blühende Weißdornhecken, reifende Felder und dunkler Wald. Allerhand Verkehr überholte Toussaint und ließ ihn in einer Wolke hellen Staubes zurück. Da waren achtspännige Haubenwagen, Fuhrwerke mit Kisten und Kasten beladen, schnelle Reiter, breite Reisewagen und vornehme Equipagen, ein Wappen auf dem Schlag und auf den hinteren Trittbrettern betreßte Lakaien, steif wie bunte Porzellanfiguren.

Selten nur beugte sich ein hochmütiges Gesicht aus dem schmalen Wagenfenster heraus. Dann streifte Toussaint ein blasierter Blick.

Wer ging da schon? – Ein alter Mann.

Was trug er schon? – Namenlose Bälger.

Gleichgültig zog sich dann der Kopf ins Innere zurück.

Toussaint schritt kräftig aus. Über Hügel, durch Täler, an fernen Schlössern und nahen Katen vorüber.

Eine kurze Rast für einen Schluck Wein. Dann weiter ...

Bei einem Totengräber, vier Stunden Wegs von Paris, ließ Toussaint das erste Findelkind zurück, das nie mehr weinen und nie mehr hungrig sein würde.

Mamie schrie noch, als Toussaint das Dorf erreichte. Aber es war ein Laut so dünn wie eine angezogene Saite, die bald reißen will. Ein viereckiger Turm, einem beinspreizenden Riesen gleich, stand über dem Weg, der in den Flecken hineinführte. Rauchfäden zogen sich aus den Schornsteinen der Häuser bizarr empor. Alle Gebäude standen im Kreis um ein helles Schloß, das von einem hohen eisernen Gitter mit vergoldeten Spitzen umgeben war.

Vor der Schmiede wurde ein Pferd beschlagen. Der Geruch verbrannten Horns mischte sich mit jenem der Misthaufen und der blühenden Fliederbüsche vor den Hütten.

Am Steintrog neben der Fontäne schwätzten waschende Frauen. Sie wischten ihre Hände an den verschossenen Röcken ab, die sie mit dunkleren Flicken ausgebessert hatten, und standen Toussaint zu Wort, als er nach dem Pfarrer fragte. Alle Frauen trugen ihre weiße Haube tief im Nacken ans Haar gesteckt, und alle schauten sie in seine Kiepe.

Der Pfarrer prüfte die Papiere und schrieb den Inhalt in sein Pfarrbuch. Dann führte er Toussaint mit eiligen Schritten zur Amme. Ein niedriges Häuschen mit sehr kleinen Fensterscheiben, eine Tür ohne Farbe, auf deren ausgetretener Schwelle eine gelbe Katze schlief.

Im dämmrigen Küchenraum waren die roten Fliesen mit hellem Sand bestreut, ein verirrter Sonnenstrahl traf eine gescheuerte Kupferpfanne an der Wand. Spärliche Feuerzungen leckten den schwarzen Boden eines eiförmigen Topfes.

Toussaint setzte die Kiepe ab.

»Rasch! Es lebt nicht lange mehr!«

Die Amme rannte herbei, entblößte hastig eine pralle, blaugeäderte Brust.

Der erste Tropfen Milch, der auf die blasse Kinderlippe fiel. Der hilflos suchende Mund des schwachen Wesens, das letzte verzweifelte Schluchzen, das ungläubige Schlucken, das Stöhnen und endlich – beseligendes, mühsames Trinken an diesem warmen Quell.

Mamie blieb klein.

Die seltenen Male, daß sie sich in der Kupferpfanne spiegelte, sah sie federdünnes schwarzes Haar, das ihr in die Stirn hing, glanzlos vor Schmutz – den breiten Punkt einer nichtssagenden Nase, hohe Backenknochen – einen Mund wie einen scheuen Strich. Nein, sie war nicht hübsch.

Aber wer sie doch ansah, kam ohnehin über den Blick nicht hinweg: riesige graue Augen, vor Staunen aufgerissen, weil alles aufregend war: die Jahreszeiten und der Brotteig, der wie ein lebendiges Tier unter dem rotkarierten Tuch zu atmen schien, wenn er an einer geschützten Stelle in der Küche aufging. Das Feuer, das im Kamin tanzte und doch keine Füße hatte – die im Zickzack fliegenden Schwalben, die jeden Frühling wiederkamen und später ihre Jungen das Fliegen lehrten – die Heiligenbilder in der Kirche – und der verbotene Geschmack schmelzenden Zuckers im Mund.

Was immer Mamie unter die Finger kam, wurde gefaltet und geglättet. Den Kopf schräg auf der Schulter, in der Haltung eines versonnenen Spatzen, die schweren Lider über den Augen hängend, ein befriedigtes Lächeln auf den Lippen, hantierte sie flink und geschickt. Jede sterbende Flamme brachte sie wieder zum Auflodern. Sie rupfte bereits Hühner, ohne das kleinste Hautzipfelchen einzureißen, ehe sie noch richtig über einen Tisch schauen konnte.

Natürlich wußte sie, daß sie ein Findelkind war. Es verwunderte sie nicht. Was sie wohl in Erstaunen versetzte, war vielmehr die Tatsache, daß andere keine Findelkinder waren. Wenn die Amme guter Dinge war, erzählte sie wohl während des Spinnens, was für ein verhungertes Geschöpf der Kiepenmann ihr damals in die Arme gelegt hatte. Es sei zu schwach gewesen, sogleich zu trinken, aber als es dann angefangen habe, hätte es gar nicht mehr damit aufhören wollen. Bis es schließlich die sonderbaren Augen geöffnet hatte und die Amme strahlend angelächelt. Jawohl, in Würde und Dankbarkeit angelächelt, als sei es ein feines Kind mit sehr feinen Manieren, obgleich man die von einem so klitzekleinen Wesen wirklich noch nicht hätte erwarten können.

Dann fingerte Mamie verstohlen an dem Pergamentblatt, das sie immer noch im Leinensäckchen um den Hals trug. Nicht einmal während des Waschens durfte sie es ablegen. Wenn sie es verlöre, bekäme die Amme keinen Sou Pflegegeld mehr. Und im übrigen war das Wenige, was man überhaupt von Mamie wußte, auf diesem kleinen Blatt vermerkt: ein Datum, eine Nummer und »Mamie«. Ein Name, für den es keine Schutzpatronin gab und keinen Namenstag. Aber er gehörte ihr.

Woher sie stammte, wollte Mamie nicht unbedingt wissen. Etwas Besonderes konnte sie nicht sein, sonst hätte man sie kaum ausgesetzt. Sie war ein Kind des Staates. Frankreich war ihr Vater und Mutter zugleich. Frankreich sorgte für sie. Manchmal wenigstens. Meistens sorgte die Amme.

Mamie kannte Tage mit richtigen Glücksmomenten, so kurz wie ein fallender Stern zum Stürzen braucht: Augenblicke der Geborgenheit, der Ordnung, des Erkennens. Etwa: zusehen, wie geschmeidig die Katze von der Fensterbank auf den Küchentisch sprang. Oder: einen wunderbar gleichmäßigen langen, sehr langen Faden spinnen. Aber auch: beschäftigt sein und wissen, daß man das, was man unter den Händen hatte, richtig tat. Und: die Sonne auf der Haut spüren, in der Nacht dem Atem der Milchgeschwister lauschen in jenem Bett, in dem sie zusammen lagen und das so riesig war, daß Kinder am Kopfende und am Fußende schlafen konnten, ohne einander zu behindern.

Manchmal allerdings löschten die Erwachsenen die Erinnerung an solche Glücksmomente mit Knuffen, Fußtritten oder der Jeremiade aus, daß Findelkinder das verfressenste Pack in ganz Frankreich wären.

Einiges von dem, was Mamie seitens der Großen widerfuhr, gab sie verbittert an die Gänse weiter, wenn sie mit dem Weidenstock, an dessen langem Ende noch ein Blätterbüschel bebte, auf sie eindrosch und befriedigt zusah, wie sie fahrig, mit schaukelnden Flodderbäuchen, zischenden Schnäbeln und sich spreizenden Flügeln über die Wiese stoben.

Einmal im Jahr erschienen zwei fromme Schwestern aus Paris, die mit dem Pfarrer und der Amme sprachen. Sie brachten das den Findelkindern zustehende Paket Kleidung und das Pflegegeld. Waren die Schwestern wieder gegangen, gab die Amme ein großes Essen. Man war nett zu Mamie. Die weitläufigste Verwandtschaft wurde eingeladen, Mamie durfte alle Hühnerknochen abnagen, von denen das weichgekochte Fleisch abgefallen war.

Aber nach vierzehn Tagen wucherte der Alltag von neuem über die Dinge wie Moos über einen verfaulten Stamm. Die Pflegeeltern sprachen wieder über das Pech, das sie gehabt hatten, als sie anstelle eines Jungen ein Pflegemädchen bekommen hatten. Wäre es ein Bub gewesen, würde er anstelle des Milchbruders in der Miliz dienen können. Dann hätte es auch einen Sinn, ein so unersättliches Ding in der Familie durchzuschleppen, obgleich das Hospiz für Findelkinder so unregelmäßig zahlte. Aber dieser Klotz am Bein war ja nur ein weibliches Wesen, das nicht wachsen wollte und kaum einen Wassereimer tragen konnte.

Seit langem ahnte Mamie, daß man sie zurückschikken wollte. Sie war ganze neun Jahre alt und sah aus wie sechs. Jedoch das Mißtrauen, das sie erfüllte, machte sie so alt wie einen Märchenzwerg.

Sie begann der Amme nachzuspionieren. Sie legte ihr Ohr an die Tür, wenn sie glaubte, daß die Pflegeeltern über sie sprachen. Die Ungewißheit hinderte sie daran, einzuschlafen. Und eines Abends, als sie wieder einmal halb im Schlaf aus dem großen Bett gekrochen und die Holztreppe hinuntergeschlichen war, hörte sie hinter der Küchentür, wie der mürrische Mann auf seine Frau einredete. Die Amme wehrte sich schwach. Der Mann erhob drohend die Stimme. Vor einigen Wochen hatte die Frau wieder einen Sohn geboren, erneut sprach der Mann von der Miliz.

»Versuchen wir wenigstens für diesen neuen Sohn einen Pflegebuben zu bekommen. So ein Säugling futtert auch nicht so viel wie ein großes Kind. Schick das mickrige Gör fort, wir haben schon sieben . . .«

»Aber Mamie ist so klein . . . Ich habe ihr das Leben gerettet. Das bindet doch.«

»Unsinn. Damals hast du deine Pflicht getan und mehr. Aber jetzt sollen andere dafür aufkommen. Los, wir schreiben hin.«

Der rappelnde Schub, der aufgezogen wurde, in dem die Amme Gänsefeder und Tintenfaß aufhob. Die Stimme des Mannes, der diktierte. Ein Streit um ein Wort – ein Fluch – ein Schlag. Stille. Mamie stahl sich zurück ins Bett.

Also würde sie bei nächster Gelegenheit wieder mitgegeben werden, wenn dieser Kiepenmann kam, vor dem die Kinder Angst hatten, denn die Mütter drohten mit ihm:

»Er bringt dich nach Paris, in die Stadt so groß wie der Wald hinter dem Schloß. Man verläuft sich, wenn man sich nur zehn Schritte vom eigenen Haus entfernt. Die Nonnen werden dich einsperren, weil sie glauben werden, auch du seist ein Findelkind, das keiner haben will. Wasser und Trockenbrot magst du bestenfalls bekommen, aber nicht viel mehr. Und stricken wirst du müssen, den lieben langen Tag.«

Auch Mamie war vor dem Kiepenmann geflohen und hatte ihm nur hinter der Hecke manchmal nachgeblickt.

Es stimmte schon: er brachte Säuglinge und führte große Kinder wieder mit. Alle jene, die über sieben Jahre alt waren, nahm das Hospiz auf Wunsch der Pflegeeltern auf, obgleich man immer hoffte, die Ammen würden ihr Herz so innig an das ihnen anvertraute Geschöpf hängen, daß sie es nicht wieder würden hergeben wollen.

Hin und wieder war das so. Aber es brauchte nur eine schlechte Ernte zu kommen, und die Findelkinder kehrten scharenweise nach Paris zurück.

Das Jahr 1788 hatte einen furchtbaren Winter gebracht.

Auf den Straßen wären die Leute erfroren, in den Gräben hätte man sie anderentags gefunden, so erzählte der Kiepenmann überall, wo er einen Säugling ablud. Vagabunden, Bettler und Wanderer, zu Hunderten wären sie ins Hôtel-Dieu gekommen und dort gestorben; die Begräbniskarren wären fünf bis sechs Mal in einer Nacht zum Friedhof Clamart gerollt.

Allerdings hätten die Reichen und Mächtigen viel Gutes getan. Die Königin hätte ihr Kleidergeld geopfert. Ein Bischof hätte seinen ganzen Besitz an die Armen verschenkt.

In den Städten hätte es auf den Marktplätzen große Feuer gegeben, wo man sich öffentlich hätte wärmen können. Und jeden Morgen hätten die Klöster ihre Pforten geöffnet, ein Mönch wäre mit einem Kessel heißer Suppe herausgetreten und hätte ohne aufzublicken jedem hastig eine Kelle in den hingehaltenen Napf geschöpft. Auch ohne strengen Winter waren die Zeiten hart genug, vor allem auf dem Lande. Man brauchte nur an die vierzehn Tage im Jahr zu denken, an denen die Männer umsonst Wegearbeit leisten mußten. Diese Fron stand dem König und den Herren zu. Fast alle breiten, schnurgeraden Straßen, die Frankreich wie das Muster eines Spinngewebes überzogen, waren auf diese Weise entstanden. Aber es rollten nur die vornehmen Kutschen der Reichen und die Postwagen darüber. Jene, die die Straßen gebaut hatten, konnten höchstens einmal zu Fuß darübergehen, wenn sie zur Stadt wanderten, wo sie Geflügel oder Gemüse verhökerten. Und auch nur, wenn das Gemüse nicht vom Wild gefressen worden war. Bis in die Gärten um die Katen wagten sich die Hasen und Rehe, auf die nur die feinen Leute schießen durften. Wollte man das Korn von der Wildplage verschonen, mußte man die Nacht auf den Feldern verbringen. Auch Kinder wachten mit.

Manchmal wurde gewildert. Es stand zwar Galeerenstrafe darauf, aber manche Herren drückten ein Auge zu.

Mamie sah sich gern die vornehmen Leute an. Sie trugen lange Samt- oder Seidenjacken mit weißer Spitze am Kragen und Manschetten und unzähligen Knöpfen, auf denen ganze Landschaften gemalt waren.

Die Frauen trugen Bänder im Haar, die riesige Lockenbüschel beisammenhielten. An den Füßen hatten sie zarte Seidenschuhe in der Farbe ihrer rosa, lila, blauen, grünen und gelben Kleider. Das alles anzuschauen tat den Augen gut.

Heimlich kletterte Mamie auf den höchsten Apfelbaum hinter dem Haus, der über die Mauer ragte, die den Schloßpark umgab. Dann erhaschte sie wohl einmal den Schimmer eines weiten Rocks, wenn niedliche Fräulein Federball oder Diabolo spielten und würdige Damen in fließenden Roben im Schatten auf und ab wandelten. Auch der Herr selbst sprengte des öfteren auf schwarzem Pferd durchs Dorf. Jeder grüßte ihn. Nie grüßte er zurück.

Aber eines Tages kam der Vorreiter der Postkutsche vorbei und erzählte merkwürdige Sachen, auf die Schnelle, denn natürlich hatte er wenig Zeit. Er konnte eben ein Glas billigen Rotwein in sich hineinkippen und reden, reden, reden. Männer und Frauen rannten mitsamt ihren Sprößlingen herbei und hörten mit wackelnden Köpfen zu.

Was? Man hatte des Königs Bastille gestürmt, sein offizielles Gefängnis? Wer? Das gemeine Volk? Und Tote hatte es gegeben? Und Helden nannte man sie?

Der Vorreiter goß sich das zweite Glas Wein durch die Kehle, stellte es hart auf die Theke und sagte hochmütig – weil er so viele Städte und Dörfer kannte und auf alle herabsah, die niemals Haus und Herd verlassen hatten:

»Na, dann verbarrikadiert euch nur schön in euren Häusern! Alle Straßen, die von Paris kommen, sind voll von bösem Gesindel, das überall plündern will.«

Die Dorfbewohner streckten die Köpfe vor. »Plündern? Wieso?«

»Ja, wohnt ihr denn ganz hinter dem Mond? Plündern ist immer dabei, wenn Arme in Aufstand kommen ...«

»Wir sind ja auch arm.«

»Aber eure Uhr geht nach. Die in der Stadt machen es euch vor. Die haben schon gemerkt, daß eine neue Zeit angebrochen ist, alles geht drunter und drüber. Die Mächtigen sind die Mächtigen nicht mehr. Sie fürchten sich bereits. Bald kommen die vom vierten Stand und legen Feuer an die Schlösser, daß man's von weitem recht hübsch brennen sieht. Wißt ihr, was man ruft? ›Krieg den Schlössern und Frieden den Katen!‹ Na? Habt ihr vielleicht etwas gegen euren Schloßherrn? Das wäre doch eine Gelegenheit!«

Der Vorreiter spuckte aus, schob seinen Dreispitz in den Nacken und ging.

Niemand sonst verließ die Schenke. In den langsamen Dorfgehirnen blähten sich die Gedanken wie breite Segel auf. Dreschflegel ... Mistforken ... Pechfackeln ...

Ein Schloß gab ein gutes Feuer. Silbernes Geschirr, samtene Vorhänge, Möbel mit geschwungenen goldlakkierten Beinen, gewirkter Damast ...

Wahrscheinlich marschierte von Paris her ein endloser Zug bereits auf die Gegend zu – Räuber, Bettler, Abenteurer und Brotlose. Ein Heer der Armut, das Frankreich erobern wollte ...

Schwerfällig schüttelte der Dorfälteste den Kopf.

»Leute, vor dem Pack, das anrückt, habe ich größere Angst als vor unserem gestrengen Herrn. Der trachtet mir wenigstens nicht nach dem Leben, zumal er mich ja braucht . . .«

Sie gaben ihm recht, auch die, die bereits vor ihren geistigen Augen das Schloß hatten brennen sehen, lichterloh das verhaßte Taubenhaus, das doppelte Portal.

Und dann war plötzlich der Schloßherr erschienen, er, der niemals in die Schenke trat. Sie begrüßten ihn mit tiefem Bückling.

»Habt ihr die Nachricht vernommen?«

Sie wagten nicht aufzuschauen. So leutselig hatte der Herr nie mit ihnen gesprochen. Rote Flecken brannten auf seinen Wangen.

»Wir sind doch immer gut miteinander ausgekommen, nicht?«

»Ja, schon, Herr, ja!«

Und sie verneigten sich ein zweites Mal.

»Also werden wir weiterhin zusammenhalten gegen die, die vielleicht werden plündern wollen. Wir müssen Frauen und Kinder beschützen.«

»Schon, schon . . .«

»Wir verstecken sie in unseren Kellern. Wir geben ihnen Lebensmittel mit, wer weiß, wieviel Zeit sich die Plünderer lassen.«

»Ja, Herr, ja.«

Es war gut, daß er rasch denken konnte.

»Wenn ihr eure Familien in Sicherheit gebracht habt, kommt zurück in die Schenke.«

Der Herr war wie ein Vater. So arm sie sein mochten, jeder hatte etwas, was er schonen wollte – einen Sack Mehl fürs Brot, die Frau, ein Kind, die Kuh im Stall, einige in einem roten Taschentuch geknotete Goldstücke.

Auch Mamie wurde eingesperrt. Drei Tage saß sie mit

der Amme und den Milchgeschwistern im Keller hinter dem großen Weinfaß, dessen Geruch ihr zu Kopfe stieg.

Am vierten Tag hörten die Bauern einmütig auf, Plünderern aufzulauern, die niemals erscheinen sollten.

Ein hoher Reisender, der kurze Zeit später in der Schenke übernachten mußte, weil er von der großen Straße abgekommen war und obendrein ein Rad vom Wagen verloren hatte, erzählte, man hätte im ganzen Land das mordende Volk umsonst erwartet. Es sei ein Gerücht gewesen, in die Welt gesetzt, damit die Bürger sich hätten bewaffnen können.

Eine Folge aber hatte die Geschichte doch: neuerdings grüßte der Herr jeden einzelnen Dorfbewohner.

Als der Kinderkiepenmann spät im Herbst erschien, erzählte auch er von der neuen Zeit: daß der Herr Minister Necker schon vor einigen Monaten angeordnet hätte, es dürften fortan im Hôtel-Dieu nicht drei, vier oder fünf Leute zusammen in einem einzigen Doppelbett liegen. Das war nobel vom Minister, aber man konnte das Gesetz nicht befolgen, weil es zu wenig Betten und zu viele Kranke gab.

Daß die Frauen in Paris in einem langen Zug zum König nach Versailles marschiert waren, als es wieder einmal kein Brot zu kaufen gegeben hatte, erzählte Toussaint auch.

Wie alle anderen hörte Mamie zu. Sie hatte abseits vom Kamin gesessen, wo sie die Asche mit einem Gänseflügel zusammenkehrte.

»Das verstehe ich nicht!« sagte sie plötzlich mit hoher Stimme und schüttelte den Kopf in der viel zu großen Haube. Sie mußte sie des öfteren aus der Stirn schieben.

Toussaint wandte sich ihr zu. »Das ist auch nicht leicht zu verstehen. Aber wenn alle Armen zusammenstehen, haben sie Macht wie eine Armee Soldaten ... Was allerdings der Herrgott dazu sagt, das weiß ich nicht.«

»Der Herrgott«, sagte der Mann der Amme, »der hat noch nie etwas zu irgend etwas gesagt. Immer hat er geschwiegen und das Gute und Schlechte geschehen lassen . . .«

Toussaint stand auf. Er wischte sich einige Tropfen Wein aus dem Bart und gab Mamie ein Zeichen: »Nun sag adieu. Wir gehen.«

Mamie zuckte zusammen. Bis zuletzt hatte sie töricht gehofft, man würde über die wichtigen Gespräche vergessen, sie dem Kiepenmann mitzugeben. Aber die Amme hatte das Bündel gepackt: ein Stück Brot, ein Brocken Käse, ein paar Mispeln in ein Tuch geknotet. Noch ein Hemd zum Wechseln. Aus. Schon lange war keine Nonne vom Hospiz dagewesen, und Mamie mußte doch gewachsen sein: der ausgefranste Rock ging kaum über die Knie.

Wie immer, wenn sie ratlos war, stand Mamie mit einer Pantine auf der anderen. Die Holzschuhe waren frisch gescheuert und mit Ruß aus dem Schornstein geschwärzt.

Langsam setzte das Mädchen sich in Bewegung.

»Lebwohl, Amme!« Sie streckte sich so hoch sie konnte, damit jene sich nicht zu tief zu ihr hinabbeugen mußte. Ein Kuß auf jede Wange, halb in die Luft. Eine verlorene Träne.

»Bleib brav, Mamie.«

Der Pflegevater winkte ab, als Mamie sich ihm ebenfalls zuwenden wollte. Er hatte in ihr nur ein hungriges Maul gesehen, das schwer zu stopfen war.

Mamie wurde sich einer kalten Leere bewußt, die hinter der Dorfstraße liegen mußte, dort, wo sie noch nie gewesen war. Schwindelndes Zittern überfiel sie. Angst machte sich breit.

In einem Knäuel standen die Milchgeschwister feindselig beisammen und blickten schadenfroh auf Mamie. Sie hatte sie zu oft geknufft, wenn sie nicht hatten gehorchen wollen. Jetzt ging sie fort. Eine weniger im großen Bett, da konnten die anderen sich dehnen.

»Ich komme nie mehr zurück. Nie mehr.«

Es ließ die Kinder kalt. Mamie war so, als müßte noch etwas geschehen, sie wußte nicht was.

Der Kinderkiepenmann, jener, vor dem sie sich so gegrault hatte, tippte leicht an ihre Schulter.

»Abschied nimmt man rasch. Dann tut es nicht so weh . . .«

Er führte sie aus der Küche, weg von den roten Fliesen, die sie noch am Abend vorher gekehrt und mit hellem Sand bestreut hatte, weg von dem Feuer, das sie soeben noch mit Asche zugedeckt hatte, damit es bis Mittag nicht starb. Auch weg von der Amme, die sie gehen ließ.

Mamie zögerte an der Tür – es war immerhin möglich, daß man sie bei der Hand zurückhielt – bleib hier – du gehörst zu uns.

Keiner sagte ein Wort. Sie ging.

Der Kinderkiepenmann machte große Schritte, schnelle Schritte, sie hatte Mühe, ihm zu folgen. Er sammelte die anderen Findelkinder aus den Häusern auf, während Mamie draußen warten mußte. Und als sie sich schließlich gemeinsam auf den Weg machten, mochte kein Kind das andere ansehen. Unverdiente Scham ließ sie mit gesenkten Köpfen hinter Toussaint hergehen. Jedes Geschöpf hatte einen Brocken in der Kehle, der es würgte. Und jedes war sich seiner Unwürdigkeit bewußt.

Mamie weinte vor sich hin. Unter ihren Holzschuhen bröckelte der hartgefrorene Lehm, in dessen Huf- und Wagenspuren kleine Eispfützen krachten. Auf den leeren Feldern rechts und links strich ab und zu eine Krähenschar herab und wanderte stakig durch die Furchen, die ein Pflug gezogen hatte. Der Tag war grau und trostlos. Trostlos war auch den Kindern zumute. Sie sahen auch nicht auf, wenn sie durch ein Dorf kamen. Überall das gleiche Bild: Häuser, vor Schmutz starrend, ein vergessener Apfel im kahlen Geäst eines Obstbaumes baumelnd, grüngestrichene Regentonnen, schief in den Angeln hängende Fensterläden, vermooste Brunnen mit bröckligem Rand.

Als der Trupp die breite Landstraße erreichte, jene, auf der die Post verkehrte, fand Toussaint, daß die Kinder lange genug Trübsal geblasen hatten. Er zeigte auf die schwerbeladenen Reisewagen, auf deren Bock neben dem Kutscher stets ein Mann in roter Jacke saß, der hin und wieder in ein blitzendes Horn blies.

»Die machen manchmal weite Reisen, die da drin!«

Aber auch damit konnte er sie nicht von ihrem Abschiedskummer ablenken.

Sie waren bereits ein langes Stück Wegs gegangen, als von einem Nebenpfad Schreie und Lachen erklangen. Eine Anzahl Buben tobte um einen Mann herum, der ebenso dunkle Augen und Haare hatte wie die Jungen, die er führte. Als er Toussaint erkannte, schwang er seinen Hut. Sie klopften einander auf die Schultern und befragten sich nach dem gegenseitigen Wohlergehen. Die Jungen balgten sich weiter, Toussaints Schützlinge sahen verschüchtert zu.

Einer von den Jungen kam heran und zupfte sie. »Macht doch mit!«

»Macht doch mit!« riefen alle anderen. Zögernd mischten sich die Findelkinder unter die tollende Schar.

Mamie blieb am Wegrand. So sehr hatte man sie an nützliche Arbeit gewöhnt, daß sie nicht wußte, wie man spielte. Sie ließ sich verspielt schubsen und zwacken, ohne sich zu wehren. Sie kam sich überflüssig vor.

Der dunkle Mann wandte sich seinen dunklen Buben zu:

»Wir haben alle den gleichen Weg nach Paris, da können wir ihn auch gemeinsam gehen. Gebt aber acht auf den Verkehr und macht keine Pferde scheu.«

Er hatte es eilig, sich Toussaint wieder zu widmen. Aufmerksam hörte er dem alten Mann zu. Dort, wo er herkam, drangen die Pariser Nachrichten nur spärlich durch.

Die Bubenschar war ausgelassen.

Die freundliche Unbekümmertheit, mit der sie den Findelkindern begegneten, ließ diese langsam aus sich herausgehen.

Neben Mamie stapfte ein kleiner Junge, anfangs ebenso schweigsam wie sie. Aus dichtbewimperten Augen blickte er sie manchmal von der Seite an. Dunkle Locken hingen ihm in die Stirn.

Nach einiger Zeit zog er einen Apfel aus der Tasche. »Da, nimm! Ich habe mehr davon.«

Kein Junge hatte Mamie jemals etwas geschenkt. Verlegen nahm sie den Apfel.

»Ich heiße Pitre. So nannten sie mich, weil ich das erste Mal, als ich mit nach Paris zog, den ganzen Weg geheult habe. Weißt du, was ein Pitre ist?«

»Nein . . .«

»Das dachte ich mir. Ein Pitre, das ist einer, der die Leute mit seinen Faxen zum Lachen bringt.«

»Aber du hast geweint!«

»Drum! Verspotten wollten sie mich. Wie heißt du?«

»Mamie.«

»Bist du ein Findelkind?«

»Du nicht?«

»Natürlich nicht.«

»Aber – du gehst doch auch nach Paris.«

»Ich bin eine Winterschwalbe.«

»Du bist keine Schwalbe! Du bist ein Junge! Das sieht man doch.«

»Man nennt uns alle so. Denn wir kommen, wenn die richtigen Schwalben fortgezogen sind. Wir bleiben, bis sie wiederkommen. Im Frühling gehen wir.«

»Wohin?«

»Heim.«

»Ich, ich gehe nie wieder nach Hause«, sagte Mamie.

»Das ist wohl so.«

»Was machst du in Paris?«

»Ich kehre die Kamine. Hast du wirklich niemals etwas von den Savoyarden gehört? So einer bin ich. Wir kommen aus dem Gebirge. Unsere Eltern haben uns für den Winter an Sylvestre vermietet. Bei uns daheim sind alle arm und haben viele Kinder. Zu viele. In den Bergen ist das so. Sylvestre führt uns nach Paris und vermietet uns an die Schornsteinfegermeister.«

»Weshalb kehren sie selbst nicht die Kamine?«

»Bist du dumm! Die sind doch zu groß und zu dick! Man muß doch, dem Himmel sei Dank, sehr klein und dünn sein, um das zu können! Die Schornsteine in den Städten sind schmal und sehr rasch verstopft. Feuer brennt aber nur, wenn der Kamin zieht, das wenigstens solltest du wissen. Wenn er voller Ruß ist, zieht er nicht.«

»Ich weiß. Aber im Schornstein ist es schwarz.«

»Und ob.«

»Wie machst du es nur?«

»Ich setze mich mit angezogenen Knien hinein und hangle mich mit den Ellbogen hoch. Ich rucke und rucke. Ich habe meinen Sack dabei über den Kopf gestülpt und meine Binde vor Augen und Nase gebunden, damit ich nicht ersticke. Und so bohre ich mich durch den verstopften Schornstein hindurch. Manchmal stoße ich auf ein Vogelnest. Dann hat der Qualm aber in der Stube gestanden.«

»Wenn du dann oben bist, was dann?«

»Ich schaue über die ganze Stadt. Manche Häuser sind sehr hoch in Paris, wohl sechs Mal so hoch wie die kleine Bude, die du dort drüben siehst. Die Dächer haben verschiedene Farben: schwarz, schiefergrau, rostrot und gelb oder orange. Sogar rosa sind sie, wenn die Ziegel von der Sonne gebleicht wurden. Die Schornsteine aber, die sehen aus wie richtige Kanonenrohre, die in den Himmel schießen wollen. Wenn ich mich ausgeruht habe, krieche ich wieder durch den Schornstein zurück, rutsche, springe – bums! – stehe ich wieder vor der Hausfrau in der Küche, reiße mir die Binde von den Augen, spucke den rußigen Krempel aus. Den Ruß, den ich gekehrt habe, darf ich behalten. Wir vermischen ihn mit Wasser und verheizen ihn in unserer Unterkunft. Denn wir haben ein Heim für uns allein. Das hat der Abbé Fénelon für uns gegründet.«

»Bekommst du viel Geld fürs Kaminkehren?«

»Fünf Sous, die müssen wir dem Meister geben. Aber oft schenkt man uns etwas dazu, das stecken wir in unsere gemeinsame Sparbüchse. Von Zeit zu Zeit teilen wir den Inhalt untereinander auf und schicken unseren Anteil heim. Darauf warten die Eltern sehr. Sie freuen sich aber auch, wenn wir heimkommen.«

»Ich«, sagte Mamie, »ich komme ins Hospiz für gefundene Kinder.«

»Gegenüber der Kathedrale, auf der Insel, ja. Es ist ein schönes Gebäude mit einer langen Front. Unser Heim liegt auf dem linken Seine-Ufer, ziemlich weit davon entfernt.«

»Und dort wohnt ihr mit dem Priester?«

»Aber nein. Der Abbé hat das Heim nur gegründet, vor Jahren schon. Er ist ein alter Mann. Eines Tages ging er durch die Gassen, wo sich die Unsrigen nach der Arbeit immer aufgehalten und Schabernack getrieben haben, abends spät. Es war kalt, alle bliesen auf ihre Finger. Da hat der Abbé die Jungen angesprochen. Er hat gefragt, ob sie auch beten und in die Kirche gehen und wo sie schlafen. Man sagt, er soll Tränen in den Augen gehabt haben, als er sie verlassen hat. Und bald hat er ihnen einen Raum, Wärme, ein Stück Brot versprochen, wenn sie jeden Abend in den Katechismus kommen wollten.

Sie sind hingegangen. Er hat sie das Beten gelehrt und das Singen. Uns auch. Manchmal schenkt er uns etwas für unsere Mütter. Er ist gütig. Wir haben ihn lieb.«

»Vielleicht – kommt er auch mal in unser Hospiz?«

»Glaube ich nicht. Bei euch gibt es nur Nonnen.«

»Sind die schlimm?«

»Schlimm? Das sind doch fromme Schwestern! Direkt in den Himmel kommen die, wenn sie sterben, dafür, daß sie für euch sorgen.«

Noch niemals hatte jemand sich die Mühe genommen. Mamie so lange und spannend etwas zu erzählen. Es war noch schöner als das Evangelium in der Kirche. Mamie wollte mehr erfahren. Pitre erzählte willig. Daß es Brücken gäbe in Paris und Häuser mit Türmchen und schmiedeeisernen Balkonen. Überall gäbe es Leute, die etwas verkaufen wollten: Apfelfrauen, Gemüsefrauen, Kuchenfrauen, Essigmänner, Milchmädchen. Die wären morgens immer die ersten.

Vom Fluß erzählte Pitre auch: er sei so faul, fließe so träge, daß auch Lastkähne auf ihm schwimmen könnten. Am Ufer stapelten sich die Fässer und Kisten und Holzscheite, die später auf riesigen knarrenden Karren weiterbefördert wurden. Diese Karren seien so schwer, daß manchmal die Pferde, die sie ziehen mußten, zusammenbrächen. Wasserwagen gäbe es auch.

»Meinst du – Wagen mit Wasser beladen?«

»Ja, man kann sich Wasser jeden Tag bringen lassen, wenn man das Geld dazu hat. Es wird einem dann auf einem gelben Wagen bis vors Haus gefahren und sogar die Treppen hinaufgetragen. Und dann gibt es auch Kutschen auf dem Fluß, Wasserkutschen, mit denen man Reisen machen kann. Pferde und Männer ziehen das Boot von einem Trampelpfad aus an langen Gurten hinter sich her.«

Jetzt wurde Mamie fast schwindlig. »Werde ich das alles, alles, auch sehen?«

»Jeder, der Augen hat, kann es sehen.«

Freudige Neugier und eine nie gekannte Aufregung verdrängten Mamies Trennungstrauer, als sie sich Paris näherten. Aber im Vorort war alles enttäuschend anders: Dämmerung, spärliche Lichter, ohrenbetäubender Lärm. Nicht nur das ständig klappernde Geräusch vieler Pferdehufe auf dem Pflaster war zu hören, sondern auch das Geschrei jener, die etwas verkaufen wollten. Mamie schien es, als wollten das fast alle. Hier brüllte einer, daß er das Lebenswasser besäße, das zugleich Bauchschmerzen, Hühneraugen und Zahnweh kurieren könne. Und dort verkündete ein anderer kräftig, daß er alte Kleider aufkaufe, auch sehr alte, und hübsche dafür in Tausch gäbe. Mamie wunderte sich aufrichtig, daß nicht jeder auf das günstige Angebot einging.

Endlos war die Rue St.-Jacques, aber irgendwo trennten sich Sylvestre und Toussaint. Jeder ging mit seiner eigenen Kinderschar in eine andere Richtung.

Pitre war betrübt, daß er eine so gute Zuhörerin verlor. Mamie hingegen spürte nur Verwirrung. Am liebsten hätte sie sich die riesige gekrauste Haube über die Augen gezogen und die Hände vor die Ohren gehalten. Statt dessen drückte sie sich wie alle anderen Kinder ängstlich an die Wand der Häuser, um nicht unter die Räder zu kommen.

Ihr Weg führte an der Robinie vorüber, unter der man sie ausgesetzt hatte, nur wußte sie das nicht. Zum ersten Mal in ihrem Leben überquerte sie bewußt eine Brücke und wagte es nicht, aufs Wasser zu schauen. Ferne Lichter schienen in einem wogenden Dunkel zu tanzen und zu verschwimmen, als sähe man sie durch Tränen hindurch.

Die Pförtnerin führte Toussaint mit den Kindern zu einer alten Nonne.

»Ja, meine Schwester, da wären wir. Als ob es keine Nächstenliebe mehr auf dieser Welt gäbe. Siebzehn an der Zahl . . .«

Die Nonne legte eine Hand auf einen Kinderscheitel.

»Toussaint, sie sind nur heimgekommen, alle.«

Als der alte Mann davonging, war Mamie wieder weh ums Herz. Alle die wunderbaren Dinge, die Pitre beschrieben hatte, blieben hinter der dicken Tür, die sich nachdrücklich schloß. Ermutigt von den sanften Zügen der Klosterfrau, die sich von dem Pergamentblatt um Mamies Hals Namen, Nummer und Geburtsjahr notierte, wagte Mamie eine Frage: »Machen wir nie einen Spaziergang?«

»Nein, mein Kind. Wir bleiben zusammen unter einem Dach und lernen viele Dinge, damit wir eines Tages in Ehren unser Brot verdienen und ein gottgefälliges Leben führen können.«

»Was lernen wir denn?«

»Schreiben. Lesen. Rechnen. Singen, Sticken . . .«

Die Buben wurden von den Mädchen getrennt.

Mamie mußte sich waschen, ehe sie eingekleidet wurde: ein grober grauer Rock fiel bis auf ihre Füße. Der Latz einer hellen Vorbindeschürze wurde ihr an das knappe Leibchen gesteckt und halblange Ärmel mit weißen Manschetten fielen über die Ellbogen. Die Spitzen des anliegenden Häubchens wellten sich um das dünne Gesicht. Es war mühsam, sich das weiße Brusttuch ordentlich in den Ausschnitt zu falten. Einen langen Rock hatte Mamie noch niemals getragen. Bei jedem Schritt bauschte er sich vor ihren Knien. Sie sah aus wie ein zu klein geratenes altes Weiblein, aber sie wußte es nicht. Das Brusttuch kratzte am Hals, das Häubchen saß zu stramm. Ein Vorgeschmack auf die eiserne Disziplin. Nach der Einkleidung gab es ein Stück Brot und einen Apfel. Anschließend führte man die Kinder zu einer Andacht in die Kapelle. Mamie betete rasch, um danach im Halbdunkel der brennenden Kerzen die Fresken an den Wänden betrachten zu können: lauter Bilder aus dem Leben des Jesuskindes: Anbetung der Weisen aus dem Morgenlande, Hirten auf dem Felde, denen Engel die Gottesgeburt verkünden.

Im großen Schlafsaal standen die Betten sehr dicht nebeneinander, viele Betten. Auch über dem, das man Mamie zuwies, lag eine graue Decke, keine lustige, aus bunten Flicken von der Amme zusammengenäht, an der Mamie sich so oft erfreut hatte. Die vielen kleinen Mädchen hier sind auch Findelkinder, deshalb sind wir wie richtige Schwestern, dachte Mamie. Still lagen alle unter den Laken. Sie schliefen sicher schon.

Die Nonne wartete, die Öllampe in der Hand, bis die Neulinge sich ausgezogen hatten. Als die kleinen Mädchen jedoch in ihren groben Hemden unter die Decke schlüpfen wollten, ermahnte die fromme Frau sie mild: »Man betet zuvor, meine Kinder . . .«

Auch Mamie kniete wie die anderen auf dem Steinfußboden und brabbelte ihr Gebet. Sie blieb stecken, begann wiederum, verhedderte sich noch einmal. Wie müde Füße auf einem endlosen Weg, so stolperten die gottgeweihten Worte auf das ferne »Amen« zu. Schließlich erreichten sie es doch.

Nach einem letzten Nicken und einem prüfenden Blick über alle Reihen, entfernte sich die Nonne. An der Decke wanderten die unregelmäßigen Licht- und Schattenflecken mit und verschwanden, als die Tür sich schloß.

Das schmale Bett war hart und feucht. Mamie wagte einen Seufzer. In ihren Gliedern zitterte die Kälte der Aufregung nach. Die Füße schmerzten von dem ungewohnten Marsch. Fern wie der Mond schien das Haus der Amme und mit ihm alles, was Mamie bisher jemals erlebt hatte. Besorgt grübelte sie, ob sie am nächsten

Morgen wohl ihr Brusttuch wieder so in den Ausschnitt würde falten können, wie man es ihr gezeigt hatte. Unter vielen Decken um sie herum regte es sich. Mamie bemerkte es nicht sofort. Graue Schimmer taten sich zusammen, Tuscheln setzte ein. Eine Armee kleiner Mädchen rückte plötzlich heran, alle, von denen Mamie geglaubt hatte, sie schliefen friedlich. Eine warf ein Tuch über Mamies Kopf, andere hielten sie eisern nieder. Die Decke wurde ihr fortgerissen. Unfähig, sich zu wehren, unfähig auch, einen Laut von sich zu geben, mußte Mamie das Kneifen, Schlagen, Kratzen erbarmungsloser Hände über sich ergehen lassen. Eine ganze Meute ließ sich in tobendem Zorn, der sich lange nicht erschöpfen wollte, an einem einzigen wehrlosen Wesen aus, während einer kleinen Ewigkeit.

Irgendwann fand der Spuk dennoch ein Ende. Klatschend entfernten sich die nackten Füße wieder. Auf jedem Lager rückte ein Kind sich zum Schlafen zurecht.

Sehr bald wogte im Raum vielfaches, federleichtes Atmen. Es war nicht nur der Schmerz, der Mamie lange am Einschlafen hinderte.

Es nützte Mamie wenig, daß sie drei Nächte später mit auf die nächsten Neuen eindrosch. Es schützte sie nicht vor der Meute. Wann immer es die Brut gelüstete, fiel sie über Mamie her. Man haßte sie und nannte sie die Zwergin.

Einer Anführerin bedurfte es für diese Überfälle nicht. In schweigendem Einvernehmen schienen alle immer zugleich zu wissen, wann der Augenblick gekommen war, sich gemeinsam auf ein Schwächeres zu stürzen und sich für unbegriffenes Leid an ihm zu rächen.

Tagsüber waren sich alle feind. Sie stahlen sich gegenseitig das Essen von den Blechtellern, traten und stießen einander, bespitzelten sich hinter halbgeschlossenen Augenlidern, während sie die langen Gebete ableierten und nahmen nach Ganovenart mit Spiegelscherben Verbindungen auf. Sie verpetzten und erpreßten einander und zwangen die Kleinen, aufeinander loszugehen, aus Freude an der Gewalt.

Alles Übel, das im vierten Stand grassierte, schien durch die dicken Pforten des frommen Heims eingedrungen zu sein, wie ein Gestank, dem nicht beizukommen war.

Nur selten erkannten die naiven Nonnen die Maske kindlicher Scheinheiligkeit. Dann wurde der Auspeitscher bestellt, ein Exempel statuiert. Wehgeschrei klang aus den Räumen. Man sah die langen Gänge entlang zahlreiche kleine Gestalten auf trockenen Erbsen knien. Von Nachschluchzern geschüttelt, murmelten die Mädchen ihre Gebete, während ratlose Nonnen hinter ihnen hin- und herschritten und die Kinderarme hochrissen, wenn sie vor Erschöpfung herunterfielen.

Jeden Morgen begann um halb acht nach der täglichen Messe ein kümmerlicher Unterricht im Schreiben und Rechnen. Er dauerte bis zehn Uhr. Am Nachmittag wurde er von zwei bis fünf fortgesetzt. Dazwischen lagen Andachten, Gesangstunden und Religionsunterricht. Freizeit gab es keine.

Der Gesangsunterricht wurde äußerst wichtig genommen, verdiente doch der Chor mit dem Singen hoher Messen in der Notre-Dame dem Hospiz einen Batzen dazu. Seit eh und je arbeitete das Findelkinderhaus mit einem Defizit, dem die Damen der Barmherzigkeit, wie man den Vorstand nannte, auf jede Weise beizukommen versuchten.

Als Mamie zum ersten Mal freimütig den Mund öffnete, um die lateinischen Worte hinauszuschmettern, die sie sich gemerkt hatte, wurde das feine Ohr der dirigierenden Nonne von Mißklängen beleidigt. Argwöhnisch lauschend wanderte sie durch die Reihen.

»Jemand singt hier wie ein Bär.«

Unbekümmert sang Mamie weiter, noch als die Nonne schon neben ihr stand. Kopfschüttelnd legte sie den Finger auf die Lippen, während sie mit der anderen Hand unentwegt weiterhin den Takt angab. Verwirrt blickte Mamie sich um. In den Augen der anderen Mädchen funkelte Schadenfreude. Ihr Gesang schien dabei noch schmelzender, engelklar zu werden.

Mamie begann zu weinen.

»Deswegen weint man nicht. Wer nicht singen kann, kann etwas anderes. Wir reden noch darüber.«

Den Rest der Stunde stand Mamie stumm wartend vor der Wand. In ihren Gedanken zählte sie alles auf, was sie konnte: ein Feuer anzünden, ein Hühnchen rupfen, eine Tischplatte abscheuern, kleine Kinder wickeln, eine Suppe kochen – nähen . . . Oh!

»Mit – mit einem Goldfaden sticken!« stammelte sie, als die Mädchen gegangen waren und die Nonne sich ihr zugewandt hatte.

Die Nonne schob Mamies Häubchen gerade und sah sie an.

»Goldene Fäden sind wertvoll. Und Gott liebt die Demütigen . . .«

Was das mit einem Goldfaden zu tun haben sollte, erfaßte Mamie nicht. Aber sie nickte eifrig.

»Kannst du sticken?«

Wenn man nähen konnte, mußte man auch sticken können. Man tat ja beides mit einer Nadel. Also nickte Mamie.

»Was kannst du denn sticken?«

Sie dachte an das wogende Feld hinter dem Dorf, schräg am Hügel, so schräg, daß man glauben konnte, man sei schwindlig geworden und die Welt würde sich drehen. Ein Kornfeld, das zu Brot wurde, so hatte es die Amme erklärt. Im Vaterunser sprach man auch von Brot. Also würde Mamie ein Stück vom Vaterunser sticken auf ein schneeweißes Tuch, das während der heiligen Messe auf dem Altar liegen durfte . . .

»Kornähren!«

Etwas an dem Kind, die rührende Bereitschaft, die Zerbrechlichkeit vielleicht, brachte die Nonne dazu, es bei der Hand zu nehmen und zur Stickerinnenklasse zu führen.

Schon mit fünf Jahren wurden die geschicktesten kleinen Mädchen dazu angeleitet, mit der Nadel zu arbeiten. Sticken war beliebt. Schon weil es einen des scheußlichen Strickens enthob, das sowohl für Buben wie für Mädchen in allen unterrichtsfreien Stunden Pflicht war. Man gab den Kindern fettige, starkriechende Wolle mit grobem, ungleichmäßigem Faden in die Hand. Der Geruch verfolgte einen wie ein gar zu treuer Hund.

Im Saal saß ein halbes Dutzend kleinerer und größerer Mädchen um eine Riesendecke. Jedes stickte ein Teil mit leuchtender Farbe. Andere saßen einzeln vor einem Rahmen. Nadeln blitzten auf und nieder. Niemand sah auf.

Die unterrichtende Nonne, mit der die Chorleiterin leise gesprochen hatte, reichte Mamie einen Faden, eine Nadel, einen Streifen Stoff.

Mamies Handflächen wurden feucht. Sie stach sich in die zitternden Finger, der weiße Faden färbte sich rot. Kein einziger Nadelstich saß, wie er sollte.

Über das Mißlungene hinweg sagte die Nonne:

»Für deine Lüge sollst du drei Vaterunser beten.«

Mamie kniete nieder, gefaltete Hände unter dem Kinn. Als sie wieder aufstand: »Ich will es aber können!«

»Dann fängt man mit dem Allereinfachsten an.«

So bekam Mamie ihren Platz in der Nähklasse. Sie lernte, wie man winzige Stiche unsichtbar nahe nebeneinandersetzt, einen wie den anderen. Langweilige weiße, graue, schwarze Stiche, Tausende, Zehntausende, Millionen – sie bildeten endlos lange Nähte, Säume, Borten.

Abends vor dem Einschlafen, wenn man ihr einmal nicht zugesetzt hatte, träumte Mamie von bunten unentwirrbaren Knäueln, aus denen sie goldene Fäden zupfte. Sie waren wie zarte Sonnenstrahlen auf ihrer Hand, sie glaubte sie zu spüren.

Kam sie dann vor dem Einschlafen noch einmal aus diesen Wachträumen zu sich, dachte sie an die spätere Wirklichkeit. Einmal würde sie die schönsten Ähren der Welt sticken. Gottvater persönlich würde sich hoch vom Himmel darüberbeugen und sein allwissendes Haupt schütteln: »Dieses Findelkind muß das Brot sehr lieben, wenn es solche Ähren stickt. Ich will es dafür belohnen. Nie in seinem ganzen Leben soll es jemals Hunger haben.«

Die Engel und Heiligen würden dazu nicken und die kleinsten Engel, die noch unweise waren, würden sich vielleicht gegenseitig schubsen, um besser über den Rand des Himmels hinabschauen zu können . . .

Einmal durfte Mamie vor der Kathedrale betteln. An hohen Feiertagen stellte das Hospiz einige seiner Kinder vor dem Hauptportal auf. Sie trugen ein Schild auf der Brust, das verkündete, sie seien Findelkinder. Vor jedem, der die Kirche betreten wollte, hielten sie die Hand auf. Immer waren es die dünnsten, die erbärmlichsten, die man dazu aussuchte. »Geben Sie einen Almosen . . .«, näselten sie.

Mamie stand wie verzaubert. Dicht über ihr schienen die schweren Klänge der Glocken die Luft wie mit Flügeln zu streifen, und alle Leute, die vorüberkamen, trugen Feiertagskleidung. Da waren Damen mit breiten Hüten und rosenroten Wangen, Herren mit Spitzenjabots und funkelnden Juwelenknöpfen auf ihrem samtenen Frack, Bürger im schlichten Rock über geblümter Weste, eine blauweißrote Kokarde am Hut, kleine Mädchen in duftigen Musselinkleidchen und Buben in hellblauen Anzügen. Mamies Augen, die an das Grau der Anstaltskleidung gewöhnt waren, schienen geblendet von dieser farbigen Pracht. Das Stück Paris, in das man sie mit einem hölzernen Bettelteller gestellt hatte, war ein Stück Wirklichkeit gewordene, bunte Stickerei.

Eine blonde Dame in grüner Seide blieb stehen und sah nachdenklich auf Mamie herab, während ihre Hände in ihrem gestickten Handbeutel nestelten. Mit riesigen Augen hielt Mamie dem Blick der fremden Frau stand.

»Ich bin ein Findelkind, Madame . . .«

»Man sieht's.«

Die Dame fuhr fort, Mamie zu mustern, was das Kind als Auszeichnung empfand. Schließlich legte die Fremde ein Goldstück auf den Teller. Mamie knickste, die Dame betrat die Kirche.

Eine Nonne entfernte das Goldstück, Mamie bemerkte es nicht. Die blonde Dame würde nach der Messe wieder aus der Kirche kommen. Dann konnte Mamie sie vielleicht nochmals anschauen, anlächeln wie eine Madonna.

Aber als sie wieder erschien, war sie vertieft in ein Gespräch mit einem braunen Herrn. Achtlos schritt sie an den Kindern vorüber. Jenes Paris, das Pitre beschrieben hatte, sah Mamie in dieser ganzen Zeit nur ein einziges Mal. Damals lieh das Hospiz sie zusammen mit einigen anderen zu einem großen Begräbnis aus. Auch auf diese Weise konnte man das Einkommen des Findelkinderhauses ein wenig aufbessern: war ein reicher Mensch gestorben, mieteten die Hinterbliebenen einige Dutzend Findelkinder mitsamt einem Trupp Bettelvolk. Man drückte den Teilnehmern eine brennende Kerze oder eine lodernde Pechfackel in die Hand und hieß sie im Trauerzug gesammelt und betrübt mitschreiten. Je mehr große und kleine Jammergestalten dem Sarg folgten, um so überzeugender wurde den Gaffern damit kundgetan, daß der Abgeschiedene fromm, barmherzig und gerecht gewesen war.

Wie ein verschüchterter Schatten trottete das kleine

Mädchen im Leichenzug einher, ehrlich bemüht, ein trauriges Gesicht zu machen, wenn es auch den Toten nicht gekannt hatte. Manchmal stolperte es, weil es zu lange und zu oft in die knisternde Flamme der Fackel starrte und noch häufiger in die Menge, die die Gasse säumte: einen ungeheuerlichen, schwindelerregenden Gedanken hatte Mamie eines Nachts aus den Fäden ihrer Langeweile gewoben: jede Frau, die dort stand, konnte ihre Mutter sein . . . Manchmal meldeten sich Eltern, die ihre Kinder ausgesetzt hatten, im Hospiz und forderten sie zurück. Die guten Schwestern hörten trübe Geschichten von unbewältigtem Elend, von Außerehelichkeit, von heimlich bereuter Härte, von einem Glücksfall, der arme Leute in die Lage gebracht hatte, nun doch für die eigenen Sprößlinge zu sorgen. Sie erklärten sich bereit, dem Staat alle Unkosten, die die Erziehung des Kindes verursacht hatte, wieder zurückzuzahlen, manchmal taten sie es auf der Stelle, manchmal in Raten, manchmal auch schenkte ihnen der König selbst das, was sie schuldeten.

Wurde ein Kleines auf diese Weise im wahrsten Sinne des Wortes »heimgeholt«, war große Freude unter den Schwestern. Plötzlich wurde dann das Kind, das nur eine Nummer unter anderen Nummern gewesen war, für alle und für sich selbst wichtig: voll guter Ermahnungen wurde es den Eltern zugeführt. Fremd und steif folgte es den beiden Unbekannten in ein unbekanntes Haus. Dort konnte alles es erwarten: Reue und Wiedergutmachenwollen, Geborgenheit oder Ausbeutung, Mißtrauen oder Güte, eifersüchtige Geschwister, Zwietracht – allerletztes Unverstandensein.

Die erste Nacht, nachdem solch ein Kind heimgeholt worden war, schliefen die anderen Findelkinder alle schlecht, träumten schwere Träume oder starrten lange in die Dunkelheit.

Mamie stellte sich oft die Mutter vor. Irgendwo mußte sie sein, mußte sie atmen, mußte sie – manchmal doch gewiß – daran denken, daß sie ein Kind ausgesetzt hatte, Blut von ihrem Blut und Fleisch von ihrem Fleische ...

So ein Begräbnis mitzumachen, hieß für Mamie vor allem: quer durch halb Paris mit hurtigen Augen Umschau halten, ob da nicht eine war, anders als alle anderen.

Das Mädchen neben Mamie bemerkte, daß die Kleine nicht mehr auf ihre Schritte achtete, und stellte ihr sofort ein Bein. Taumelnd fiel Mamie mit ihrer brennenden Fackel auf das Kind, das vor ihr ging. Es stürzte ebenfalls, die Fackel setzte ihm die Haube in Brand, einem anderen Kind flammte der Rock bereits lichterloh. Panik zerstörte die feierlichen Reihen, man schrie. Der Angestellte des Findelkinderhauses, eigens mitgesandt, um die Kleinen in Schach zu halten, konnte sich kaum den Weg zu dem geballten Kinderknäuel bahnen. Geistesgegenwärtig hatte ein Zuschauer seine Jacke ausgezogen und das brennende Kind hineingewickelt, eine Frau hatte ihren weiten Rock über die Haube des Mädchens geworfen. Es roch nach Versengtem. Auf der Suche nach dem Schuldigen stieß man auf Mamie, die ohne Fackel und leichenblaß beide Hände ans Gesicht preßte.

»Sie hat nicht aufgepaßt!« schrie die Göre, die Mamie ein Bein gestellt hatte. »Niemals paßt die auf!«

Ein Empörter gab Mamie sofort eine Maulschelle. Grobe Hände griffen sie, stießen sie hin und her. Aus Gesichtern, die sie niemals gesehen hatte, geiferte ihr Haß entgegen. Sie bückte sich nach der Fackel, die schief weitergebrannt hatte.

Der Angestellte des Hospizes rettete Mamie vor der Wut des Pöbels. Er stieß die Kleine vor sich her, die weinenden Verletzten ebenfalls.

»Nichts Ernstes, nicht der Mühe wert! Weitergehen ...«

»Ich war es nicht! Ich war es nicht!« jammerte Mamie.

»Schweig!«

»Doch warst du es! Doch warst du es!« hetzten alle anderen.

Nur langsam fand der Kinderteil des Zuges zur Disziplin zurück. Der Zwischenfall hatte ein Nachspiel, denn natürlich wurde er den Nonnen berichtet. Sie saßen zu Gericht über Mamie. Alle Aussagen der übrigen kleinen Mädchen deckten sich. Mamie wurde verdammt.

Die Bosheit wuchs um sie herum wie ein unübersteigbares Hindernis, vor dem die Worte versagten. Daß fromme Frauen, so nahe bei Gott, Lüge und Wahrheit nicht unterscheiden konnten, machte Mamie sprachlos.

Zehn Tage saß sie bei Wasser und Brot, mit Sprachverbot, in einem dunklen Loch.

Stundenlang konnte sie auf der Strohmatratze hocken und auf die fernen Geräusche im großen Haus lauschen, von denen sie ausgeschlossen war: die leichte Glocke, die zum Wechsel der Stunden mahnte, die freundliche zum Gebet, zu den endlos vielen Taufen der neugefundenen Kinder. Da war auch die tiefere Türglocke, die besagte, daß jemand Einlaß begehrte, der Kinderkiepenmann oder einer, der ein Kleines gefunden hatte, das keiner haben wollte.

Kam dann eine Schwester, um Wasserkrug und Brotschale zu erneuern, blickte sie Mamie nicht an. Auch Mamie hielt den Kopf abgewandt. Es war nutzlos, die Unschuld zu beteuern, niemand würde jemals glauben, daß sie guten Willens war. Das war auch nicht mehr wichtig. Wichtig war es, sich das Bild des glücklichen Paares vor Augen zu halten, die Farben der Kleidung, das Lächeln, das die beiden austauschten, die Schönheit, die sie umgab. Diese Welt hatte also Glück, Freude und Schönheit zu verschenken. Man brauchte nicht an ihr zu verzweifeln, denn es ließ einen hoffen . . . Jene Stimmung, die Mamie für sich »das Gefühl« nannte, stieg in aller Stille in ihr auf, ein dumpfes Verlangen nach etwas,

was sie niemals gekannt hatte und dennoch entbehrte, ein unstillbarer Hunger, ein Ziehen in der Herzgegend, ein Staunen in den Gedanken.

Hier im Karzer war sie ungestört, das Empfinden auszukosten, tagelang.

Nun war sie schon länger als ein halbes Jahr im Hospiz, ohne daß sie jemanden dazu hatte bringen können, sie zu mögen. Sie war anders, sie wußte es, und sie haßte sich selbst dafür. Aber sie wußte nicht, was anders an ihr war oder wie sie es ändern könnte. Es gab die Welt in Mamie, und es gab die Welt um Mamie. Beide auf einen Nenner zu bringen, schien unmöglich zu sein.

Anfangs hatte Mamie noch auf eine Freundin gehofft. Es kamen so viele neue kleine Mädchen hinzu. Auch ohne Freizeit gab es Gelegenheiten, sich mit jemandem im Einverständnis zu fühlen. Man brauchte sich nur über die Köpfe der anderen hinweg anzusehen, anzulächeln, zuzunicken, ein Wort zu tuscheln, einen Platz neben sich freizuhalten – und schon schien man gefeit gegen die Feindseligkeiten, die sich immer wieder zusammenballten.

Doch die Neuen, die hinzukamen, suchten sich immer andere zur Freundin aus, niemals Mamie.

Allmählich bildete sich eine Art Versteinerung in ihr, auch eine Art Hochmut, der sie zwang, das, was es zu tun gab, besser zu machen als alle anderen, falls nötig, auch auf deren Kosten. Es machte sie nur noch verhaßter.

Sie stellte sich vor, daß sie auserkoren sei, eine Heilige zu werden, zu der Gott und die Engel sprachen – oder die Fremde, die ein Goldstück auf den Betteltellergelegt hatte. Sie malte sich aus, wie diese Dame in Grün eines Tages einen Leichenzug anhalten würde, Mamie bei der Schulter fassen und zu allen sagen: Ich bin ihre Mutter, sie möge mir verzeihen.

Immer tiefer glitt das kleine Mädchen in Verstiegenheiten hinein, zu denen es für andere keinen Zugang gab. Ihre einzige Verbindung zur Wirklichkeit war der noch unerreichbare goldene Faden. Der Gedanke an ihn ließ Mamie emsiger mit dem weißen Garn große Blätter in Relief üben. Mit heißem Blick sah sie zu, wenn die Nonne einem anderen, größeren Mädchen den ersten Goldfaden anvertraute: »Unser Hospiz ist arm! Der Faden ist wertvoll. Bitte, sparsam damit umgehen. Kein Endchen darf vergeudet werden . . .«

Wie er glänzte in der Hand, die ihn dem Mädchen reichte . . .! Ein erstarrter Sonnenstrahl.

Als Mamie endlich, endlich, selbst solch einen Faden zum ersten Mal halten durfte, war sie verwundert und enttäuscht, daß er steif war und kalt. Widerspenstig in der Nadel, sperrig auf dem Stoff. Er schnitt in die Handkante, wenn man ihn nach einem vorsichtigen Stich anziehen wollte. Er gehorchte schlecht. Sie zupfte den Stich wieder auf, wollte es nochmals versuchen. Da ertönte die Gebetglocke. Unwillig räumte Mamie die Arbeit zusammen, rollte den wertvollen Faden um die in den Stoff gesteckte Nadel, wie man es sie gelehrt hatte. In der Kapelle dachte sie nur daran, daß sie nun wahren Reichtum würde versticken dürfen, und fühlte sich sündhaft stolz.

Nun hatte Mamie alle kleinen Mädchen, die mit ihr zusammen das Sticken angefangen hatten, eingeholt. Ihr Neid hatte sie getroffen, als sie sich den Goldfaden holte. Lichterloh hatte er um sie gestanden. Er hatte ihren Eifer aber nur angefacht, wie das lobende Wort einer guten Schwester. Mamie mochte dann ein schlimmes, störrisches Kind sein, das durch mangelnde Umsicht andere Kinder mit einer brennenden Fackel gefährdet hatte, aber sie konnte mit eiserner Geduld und beglückendem Gleichmaß sticken. Gute Stickerinnen waren fast so selten wie gute Malerinnen. Sie hatten gesegnete Hände.

Die Nacht wurde Mamie sehr lang. Sie grübelte, wie sie den Faden am besten legen sollte, damit er sich schmiegsam in die Stickerei einbetten würde. Noch war sie nur eine ausführende Kraft. Eine Nonne entwarf alle Stickereien auf Papier. Aber eines Tages würde Mamie selbst etwas entwerfen. Etwas Niedagewesenes, einen neuen Zierstich, an den niemand je gedacht hatte, eine eigene Art, das Gold im Muster zu verstreuen. Im Alter von vierundzwanzig Jahren entließ das Hospiz seine Kinder. Dann würde Mamie für sich wohnen und sich mit Sticken ihr Brot verdienen. Am Fensterkreuz würde sie einen dicken Zopf bunter Fäden haben, aus dem sie jeweils jenen ziehen würde, den sie brauchte. Alle Farben würde sie haben, vermischt mit Gold und Silber. Ganze Stoffballen würde sie aufbewahren, von denen sie dann mit scharfer Schere in sicherer Hand Stücke abschneiden wollte, Stücke, die zu Gemälden wurden. Einmal hatte die Schwester erzählt, es gäbe irgendwo in Frankreich ein mehr als zweihundert Fuß langes Stück Wandteppich, das eine Königin gestickt haben sollte – die Eroberung eines Landes, das nicht Frankreich war. Auf eigene Faust hatte Mamie danach mit kleinen Schritten im Flur abgemessen, wie lang zweihundert Fuß wohl sein mochten. Es gäbe auf dem Streifen Schiffe mit bunten Segeln in krausen Wellen zu sehen, Ritter in blanker Rüstung, weiße Pferde und eine ganze Armee Fußvolk, Lanzen mit wehenden Wimpeln und natürlich den König, der vor sechshundert Jahren gelebt hatte, auch . . .

Genau solche Tapisserien würde Mamie später stikken. Die Leute würden kommen und auf ihre flinken Finger schauen. Und der König, der könnte vielleicht eine Weste bei ihr bestellen! Manchmal kam der König mit seiner Familie ins Findelkinderhaus. Das letzte Mal hatte Mamie verpaßt. Da waren sie mit dem Königssohn gekommen, unter dessen besonderen Schutz das Findelkinderhaus gestellt worden war. Der König, so sagte man, hatte einen dicken Bauch. Es wurde immer für ihn gebetet, aber viele Leute mochten ihn nicht mehr leiden. Die wollten eine neue Zeit, in der es für den lieben Gott auch nicht viel Platz geben sollte. Und für die Adligen gar keinen.

Mamie dehnte sich in ihrem harten Bett. Es war nicht schlimm, daß sie nicht schlafen konnte, obgleich ihr die Augen vor Müdigkeit schmerzten. Ein schüchternes Glücksgefühl breitete sich in ihr aus, eine große Erwartung. Sie glaubte, es würde etwas Gutes geschehen und ahnte nicht, daß sie aus dieser Nacht wie aus dem Tor ihrer Kindheit treten würde.

Denn mit elf Jahren war Mamies Kindheit zu Ende. Abgeschnitten wie der hoffnungslos verhedderte Goldfaden einer ungeschickten Stickerin, vergeudet und vertan.

Als Mamie am nächsten Morgen erwartungsvoll ihre Stickerei auspackte, steckte die Nadel leer im Stoff, als wäre niemals der goldene Faden behutsam herumgewikkelt worden. Entgeistert starrte das Kind auf die Arbeit. Panik lähmte jede Überlegung außer dem Gedanken an Flucht.

Mechanisch hob Mamie die Hand und bat um die Erlaubnis, sich entfernen zu dürfen. Sie wurde erteilt.

Ungeschickt an Tischkanten und Stühle stoßend tastete Mamie sich hinaus, stand dann im Flur und horchte in sich hinein. Nur mit äußerster Mühe konnte sie sich dazu zwingen, nachzudenken. Jemand hatte ihren Goldfaden gestohlen. Jemand wollte sie wieder in das dunkle Loch schaffen, in dem sie zehn Tage neben Kakerlaken von Wasser, Brot, Einsamkeit und Träumen gelebt hatte. Wieder würde die Schuld sie allein treffen, wie damals, als sie mit der Fackel gestolpert war. Immer würde die Schuld auf sie fallen. Sinnlos, dagegen anzugehen, nachzuforschen, wer ihr diesen Streich gespielt hatte. Alle konnten es gewesen sein, sie hielten so zusammen. Schadenfreude würde sie noch enger zusammenschließen – ein Block, dem nicht beizukommen war.

Wenn sie es jemals in diesem Leben zu dem bunten Fädenstrang bringen wollte, den niemand ihr wegnehmen konnte, mußte sie fort von hier. Fort.

Der Gedanke war so ungeheuerlich, daß sie zu zittern begann. Sie preßte die Hände gegeneinander und schloß die Augen. Bilder kamen und verschwammen, machten anderen Platz. Da war soviel: das Dorf, die Straße, die Kutschen und die Karren, die Winterschwalben, die Kathedrale, die Lichter auf dem Fluß, Spitzenmanschetten und glitzernde Knöpfe. Ganz zuletzt, aber immer wieder: die vielen Häuser von Paris, unter deren Dächern Frauen wohnten, Frauen, die Mütter hatten, Mütter waren, Mütter werden würden.

Die Hände an die Wand gelehnt, schob Mamie seitwärts den Gang entlang auf das Fenster der Beschließerin zu, hinter dem eine alte Schwester vor sich hindämmerte. Gewiß, das Fenster war recht niedrig. Aber wenn Mamie sich bückte, wenn sie auf allen vieren darunter vorüberkroch, würde die alte Frau wohl aufstehen, sich hinausbeugen, um nachzusehen, ob da ein Findelkind flüchten wollte? Niemals hatte Mamie gehört, daß ein Findelkind fortgelaufen war. Wohin hätte es sollen? Alle, die ein wenig Verstand hatten, mußten froh und dankbar sein, daß das Hospiz sie aufgenommen hatte und ihnen Essen, ein Bett, eine Ausbildung gab.

Gewiß. Aber keinem war der erste ihm anvertraute Goldfaden gestohlen worden . . .

Glücklich kam sie an dem Fenster vorbei, stand vor der großen Tür, dem riesigen Schloß. Es würde wohl nicht zu öffnen sein. Aber als das Kind versuchte, mit beiden Händen den Knauf umzudrehen, gab er überraschend leicht nach.

Mamie zog das schwere Tor einen Spalt auf, breit genug, um hindurchzuschlüpfen. Unfaßbar: niemand rief sie zurück!

Sie befand sich in der Rue Neuve Notre-Dame, genau gegenüber dem Mittelportal der Kathedrale. Auf der anderen Gassenseite stand das Hôtel-Dieu, das Spital für arme Leute. Dort gingen Menschen ein und aus, manche humpelten auf Krücken, andere trugen schmutzige Verbände, viele sahen dünn und vergrämt aus, alle schienen arm.

Der Geruch der Stadt war scharf und bitter. Mamie wich einem steigenden Pferd aus und gab sich allmählich dem trunkenen Gefühl der Freiheit hin. Jetzt mußte sie so rasch wie möglich eine große Entfernung zwischen sich und dem Hospiz legen, nicht auffallen, keinen anstarren, so tun, als sei sie alle Stunden ihrer Tage von dieser irren Betriebsamkeit umgeben, als wäre sie in den Gassen zu Hause und kenne alle Wege in Paris.

Auf gut Glück überquerte sie den Petit-Pont, säumte eine Weile den Fluß auf der anderen Seite, bog dann in eine Gasse ein, wo sie hinter einem Gebäude den Turm einer Kapelle erkannte. Eine weiße Robinie blühte davor. Als Mamie sich umsah, wunderte sie sich, daß die Kathedrale immer noch in ihrer Blickweite war. Da keiner sie beobachtete, wagte Mamie es, die Hand auszustrecken und die Rinde der Robinie zu berühren. Lange hatte sie keinen Baum mehr unter den Fingern gefühlt. Sie streichelte den Stamm, sah sich um, schlich in die leere Kapelle, setzte sich auf einen der Binsenstühle und ruhte sich aus.

Später ging sie weiter durch die Stadt. Eine Frau mit einem Kuchenkorb, vor dem Mamie allzulange trödelte, reichte ihr schließlich einen Brocken Gebäck. Mamie griff danach, tauchte aber sofort im Gewühl unter. Sie würde sich nicht wieder einfangen lassen. Sie traute keinem.

Der Kuchen war ranzig.

Noch später begannen die Füße zu schmerzen. Hunger brannte im Magen. Mamie beschloß, vor den Lebensmittelbuden stehenzubleiben und zu schauen. Sie erlebte, wie ein Lakai – den sie für einen feinen Herrn hielt – in ein Tuch eingeschlagene Reste einer Mahlzeit an einen schmierigen Mann in blauer Vorbindeschürze verhökerte. Sah das Geld von einer Hand in die andere gleiten. Der Blaugeschürzte türmte die halb abgenagten Putenkeulen auf einem gesprungenen Teller auf.

Eine Mutter, deren quengelnder Bub hungrig auf die Stücke zeigte, sagte abfällig: »Aber nein, aber nein, die Lakeien haben darauf gespuckt!« – und der Mann hinter seinem Tisch warf der Frau wütend einen nackten Knochen nach.

Dann kamen vier Bettler vorüber, blieben vor den Speisen stehen, fingen wüste Händel miteinander an, torkelten dabei absichtlich gegen den Tisch und langten aus dem Chaos umgefallener Schüsseln und Schalen, aus Saucen und Scherben schleunigst nach den besten Brocken, während der Händler am Boden herumkroch und fluchend das, was noch zu retten war, in seiner Schürze barg.

»Garde her!« schrie er immer wieder.

Das brachte Mamie dazu, zu fliehen. Sie fand die Bettler in einer anderen Gasse wieder, wo sie schmausten und scherzten.

Als der Abend schon gefallen war und sich immer mehr Fenster erhellten, fragte sich Mamie, wo Menschen in Paris wohl schliefen, wenn sie keine feste Bleibe hatten. Es wurde rasch dunkel. Die ersten Heimleuchter geleiteten bereits mit brennendem Pechspan furchtsame Leute nach Hause. Noch nie war Mamie so spät auf den Gassen gewesen, ihr war, als sähe jeder ihr das an. Zwischen einer kleinen Scheune und einer Regentonne im Hinterhof einer Sackgasse fand sie einen Platz, kauerte sich hin, legte den Kopf auf die verschränkten Arme und schlief ein. Am nächsten Morgen nahm sie ohne Scham einem kleinen Kind das Marmeladebrot weg. Es schmeckte köstlich.

Sie beschloß, weiterhin durch Paris zu wandern und die armen Leute zu beobachten. Womöglich konnte sie ihnen etwas abgucken oder sich zu ihnen gesellen. Sie fand eine gelbe Rübe, die in Kot gefallen war, wischte sie an ihrem Rock sauber und kaute gründlich. Aber die Nahrung hielt nicht vor. Eine ungestillte Gier auf Brot vergällte jedes Interesse an dem, was in den Gassen geschah. Dauernd schaute Mamie, ob nicht irgendwelche Bettler den Streich vom Vorabend an einem anderen Lebensmittelstand wiederholen würden. Sie hatte beschlossen, dabei mitzumachen. Aber die Bettler verhielten sich den ganzen Tag über ruhig. Sicher warteten sie auf die Dämmerung, um ihre Tricks zu landen.

Mamie war so schwach, daß das Kopfsteinpflaster unter ihren Füßen sich abwechselnd senkte und hob, ebene Gassen stiegen jäh bergan, und Menschengesichter wandelten wie in einem Nebel daher. Manchmal führte Mamies Weg sie an besseren Häusern vorüber, dann staunte sie über deren Höhe und Pracht. Einmal, als ein vornehmer dicker Mann vor einem solchen Haus aus einer Kutsche stieg, unmittelbar vor Mamie, wagte sie es, bittend die Hand auszustrecken, wie die guten Schwestern es ihr gezeigt hatten, als sie damals vor der Notre-Dame hatte stehen dürfen. Der Mann angelte knurrend mit Daumen und Zeigefinger in die Uhrentasche seiner Weste und holte ein Geldstück hervor, das er absichtlich in die Rinne warf. Mamie bückte sich danach, der Unrat, aus dem sie die Münze fischen mußte, stank ihr entgegen. Befriedigt schritt der Mann ins Haus.

Mamie mußte eine Weile suchen, bis sie einen Bäcker fand. Im Gehen brach sie dann dicke Brocken von dem runden Laib, den sie erstanden hatte, steckte sie in den Mund, und wartete, ehe sie zu kauen begann. Sie war noch lange nicht satt, als ein Junge sie anrempelte. Das Brot sprang ihr aus den Händen, hüpfte über das Pflaster, ein anderer Junge schnappte es und rannte damit fort.

Als Mamie einer Apfelfrau, die unter einem Sonnenschirm emsig strickend vor ihren Körben saß, einen runzligen Apfel stiebitzen wollte, wurde sie erwischt. Blitzschnell hatte die Frau das Strickzeug fallen lassen und Mamie geschnappt. Sie ließ auch nicht locker, als Mamie zu strampeln begann.

»Diebesgöre! Zu welcher Bande gehörst du? He? Gib Antwort – oder . . .«

Sie schüttelte Mamie, daß die Zähne aufeinanderschlugen. Mamie hob nicht einmal den Ellbogen zum Schutz, als Schläge um ihre Ohren klatschten. Sie war schreckerstarrt. Leute kamen neugierig hinzu und beobachteten tatenlos, wie die Apfelfrau sich immer mehr in einen Zorn hineinsteigerte, der sich auf Mamies Rücken entlud. Es wurde ein regelrechter Auflauf. Schließlich erschien eine Wache.

»Was geht hier vor?«

»Sie hat mich bestohlen!«

Dramatisch zeigte die breite Apfelfrau auf die winzige Mamie. Der Mann in blauer Uniform faßte nach den langen Schnurrbartenden, die ihm über den Mund hingen. Er war nicht sehr gewichst, man sah ihm an, wie er sein Gedächtnis mühte, um herauszubekommen, woher das Kind ihm so vertraut erschien.

»Gestohlen?« wiederholte er, um Zeit zu gewinnen.

Plötzlich kam Bewegung in die Menge. Eine dralle große Person schob die Gaffer heftig auseinander und stürzte sich auf Mamie. Über dem breiten schwarzen Mieder stand die Bluse halboffen. Das helle Haar hing unordentlich im Nacken, schwarze Augen blitzten furchtlos in einem schönen, verwegenen Gesicht.

»Du Vettel!« schrie sie die Apfelfrau an, »laß mein

Kind los! Laß es los, du Schlange mit deinen vergifteten Äpfeln! Wenn du es noch einmal wagst, mein Kind anzufassen, brech ich dir alle Pfoten, hörst du mich?«

Mamies Wangen brannten noch von den Schlägen, sie spürte keinen Schmerz. Sie schaute groß auf das zeternde Weib, das jetzt an ihrem anderen Arm zerrte. Hin und her rissen die beiden Frauen sie. Am Ende gewann die Dralle. Sie preßte Mamie an ihre Brust und wandte sich der Wache zu.

»So ist es recht«, sagte sie höhnisch. »Die Armen dürfen zwar die Bastille erstürmen für alle Reichen und Feigen, die gern wählen möchten. Ja, ja. Aber ein hungerndes Kind bekommt nicht einmal einen vergammelten Apfel! Sollen nicht alle gleich in diesem Lande sein? Wie können sie's denn, wenn die einen hungern müssen und die anderen nicht?«

Sie langte nach ihrem Schürzenzipfel und wischte Mamie das Gesicht ab. »Weine nicht, mein Kleinchen, weine nicht.«

Mamies Augen waren salztrocken. »Äpfel darf man nicht fortnehmen«, fuhr die Frau fort. »Man muß verhungern, verstehst du? Verrecken für die Reichen und die Mächtigen, das ist das einzige, was unsereins darf, wie alle, die wir nicht satt werden. Wirst du es dir für alle Zeiten merken, Schatz?«

In der Menschengruppe hub ein Murren an.

»Aber gute Frau – gute Frau«, sagte der Mann von der Garde, denn heftige Schluchzer schüttelten jetzt das große Weib.

»Sie hat recht!« rief jemand aus der Menge. »Die Armen dürfen weiter hungern! Revolution oder keine!«

»Wegen eines Apfels!« klang es empört.

»Aber es ist eine Bande – eine ganze Bande . . .«, beteuerte die Apfelfrau weinerlich nach allen Seiten.

»Nicht der Mühe wert«, entschied der Wachhabende, »weitergehen, alle. Sie auch, Bürgerin. Und nehmen Sie

Ihr Kind gleich mit. Besser darauf aufpassen in Zukunft, wenn ich bitten darf!«

Die Dralle hob Mamie auf ihre Arme und rannte mit ihr davon. So leicht, als trüge sie ein Wickelkind. Schubste mit ihren breiten Schultern alle, die ihr im Wege standen, beiseite.

»Platz! Platz für ein verhungerndes Kind!«

Sie bog um eine Ecke, bog um eine zweite. Wie rennende Hunde umtanzten sie mehrere Kinder.

Ein Junge öffnete die Tür eines abseits stehenden Hauses.

Mamie wurde durch einen dunkeln Flur getragen und dort auf die Beine gestellt.

Inmitten der Kinder, die feste Hand der merkwürdigen Frau im Rücken, wurde Mamie nicht eben sanft, aber auch nicht allzu unfreundlich, eine düstere Treppe hinaufgeschoben. Eine sehr hohe Treppe. Dann öffnete sich wieder eine Tür.

Sie befand sich in einem großen Raum, an dessen Wänden sich Lumpen zu Haufen türmten, als hätten Leute darin geschlafen und es nach dem Aufstehen nicht für nötig befunden, die Lager aufzuräumen. Es roch nach Staub, nach Schweiß, nach Kohlsuppe. Die Frau drehte Mamie um, so daß sie ihr mitten ins Gesicht schauen konnte.

»Ich heiße Barbe. Du bist ein Findelkind, leugne es nicht: du bist ausgerückt. Seit Stunden beobachten wir dich. Soll ich dich zurückschaffen?«

Benommen schüttelte Mamie heftig den Kopf.

Die Frau schnippte mit den Fingern. Eins der Mädchen, eine Narbe quer über dem Gesicht, lief zu einem alten Schrank und brachte eine Schere.

Krachend riß die Frau die weißen Manschetten von Mamies Ärmeln, ehe noch das Mädchen ihr die Schere hatte reichen können. Das Brusttuch und das beengende Häubchen wurden zu den Manschetten auf den Fußboden geworden. Mit der Pantinenspitze schob Barbe den Plunder beiseite.

»Verbrennen!«

Einer der Jungen fachte eine Kohle in der Asche an und warf die Sachen hinein. Barbe begann in einem Lumpenhaufen zu wühlen, fand ein schmutziges, zerrissenes Kleid.

»Zieh das an.«

Mamie stieg aus dem langen grauen Rock in die Fetzenpracht. Sie reichte bis an die Knie.

»Was ist das?«

Die Frau zeigte auf die Kordel um Mamies Hals.

»Meine Findlingskarte.«

Barbe starrte mit ausdruckslosem Gesicht auf die Zeilen.

»Was steht denn da?«

»Barbe«, sagte das Mädchen mit der Narbe, »erinnere dich! Du hast so etwas früher auch um deinen Hals getragen. Ganz bestimmt. Darauf steht immer, wie ein Kind heißt und wo man es fand und wann ...«

»Möglich. Es ist zu lange her.«

Das Pergamentblatt flog ebenfalls in den Kamin.

»Wie sie heißt, dürfte sie allmählich auswendig wissen, und der Rest geht keinen etwas an. Das gibt nur Scherereien.«

Mamie begann zu weinen.

»Na, was greinst du denn auf einmal?«

»Jetzt werde ich niemals – niemals meine – Mutter finden können!«

Barbe brach in ein böses Gelächter aus. »Na und? Wahrscheinlich bist du ohne sie besser dran! Im übrigen findet man seine Mutter nie! Das ist nur ein dummer Findelkindertraum ... Ich habe mich auch einmal auf den Weg gemacht, die meinige zu suchen! Wurde erwachsen darüber und merkte es nicht. Sagte mir später, statt immerfort eine Mutter zu suchen, die sich nicht finden lassen wollte, wäre es wohl besser, selber eine Mutter für alle zu sein, die eine suchten. Und weißt du, was ich seither mache, he?«

»Nein.«

»Na, dann sag's ihr!« forderte Barbe das Mädchen mit der Narbe auf. Es lachte. Die Narbe quer über dem blassen Gesicht spannte und rötete sich.

»Sie klaut Kinder!«

»Ja! Ich klaue Kinder! Findelkinder und andere auch. Ich klaue sie und mache furchtlose Menschen aus ihnen. Es muß viele davon geben. Ein armer Mensch ist nichts wert, er wird getreten. Wenn er dabei krepiert, kräht kein Hahn danach. Aber viele arme Menschen, einer wie der andere, die alle das gleiche meinen, die haben Macht! Bei den Kindern muß man anfangen. Man muß kleine Raubtiere aus ihnen machen, die man auf die Reichen und die Satten losläßt. Schau mich nicht so verschreckt an, ich werde dich nicht fressen. Ich werde dir nur zeigen, wie man das üppige Kroppzeug beschämt, wie man es anbettelt und betrügt. Das hat es nicht besser verdient . . .«

Barbe holte Luft, schob Haarsträhnen aus der Stirn, warf den Kopf zurück. Wild sah sie aus.

»Wie heißt du?«

»Mamie.«

»Also, Mamie, schau dich um: der da mit dem Krüppelbein, das ist Tire-Patte, er schnüffelt immer, wenn er sich aufregt, da – jetzt tut er es wieder. Und die mit der Narbe, das ist Vilaine. Ja, so heißt sie, du hast schon richtig gehört. Die eigene Mutter hat sie so gerufen. Dieses Kind hat nämlich eine Mutter gehabt! Und was für eine . . . ich habe sie gestohlen, sonst läge sie längst totgeprügelt auf dem Friedhof, diese Vilaine, so hat das Weib auf sie eingedroschen, nur weil ihr Kerl sie mit dem Balg hat sitzenlassen . . . Den Namen haben wir beibehalten, damit wir nicht vergessen, was manche Mütter wert sind. Der mit der schwarzen Locke auf der Stirn, das ist

Marcou. Wenn du mal in der Patsche stecken solltest: er haut dich raus.«

Während Barbe sprach, liefen die Kinder im Raum hin und her und bereiteten das Abendessen. Tire-Patte hinkte zum Schrank, holte einen großen Napf und einige Blechlöffel. Vilaine schnitt das Brot. Über dem Feuer brodelte die Suppe, der Duft zog durch den Raum.

Um Mamie kreisten die Wände. Sie sackte zusammen. Kopfschüttelnd sah Barbe auf das Menschenbündel hinab. Dann bückte sie sich danach.

Als Mamie wieder zu sich kam, saß sie auf einem Stuhl am Tisch. Tire-Patte stellte gerade den Suppennapf feierlich auf den Tisch. Alle setzten sich rundherum, den Löffel in der Hand.

»Iß!« sagte Barbe zu Mamie.

Mamie gehorchte mit niedergeschlagenen Augen. Aber dann vergaß sie alle, sie schlürfte, sie schmatzte, sie schluckte. Immer hastiger wanderte der Löffel zur Schüssel und von der Schüssel an den Mund.

Und doch dauerte es lange, bis Mamie satt geworden war. Sie bemerkte nicht, daß keiner von den anderen zulangte. Ernst saßen sie mit aufgestütztem Löffel und sahen Mamie beim Essen zu. Erst als sie ihren Löffel niederlegte, durften die anderen mit dem Essen beginnen.

»Das machen wir immer so, wenn ein neues Kind zu uns gestoßen ist«, erklärte Barbe. »Es soll sich vor unseren Augen ein einziges Mal sattessen. Ab jetzt wirst du alles mit uns teilen. Du wirst genau so wenig und genau so viel bekommen wie alle anderen auch.«

Mamie hörte wohl, was Barbe sagte, aber sie blickte mit ihren weiten grauen Augen auf Vilaine, die ihr ein rundes Lächeln schenkte, das ihr vernarbtes Gesicht noch mehr entstellte.

Mamie lag auf ihren Lumpen und lauschte: laute, lange Atemzüge, die von Barbe kamen, Schnarchen der beiden Jungen – eine fremde Stille, anders als im Heim. Eine Bedrückung legte sich aufs Herz, sie wollte nicht weichen und vermischte sich mit der Scham, daß sie den Kindern die Hälfte der Suppe weggegessen hatte. Sicher warteten sie nur darauf, sich dafür an ihr zu rächen.

Unter den alten Kleidern, die strenge Gerüche ausströmten, begann Mamie zu zittern. Es hatte nichts zu bedeuten, daß die Jungen ihr gutmütig gezeigt hatten, wie man sich aus Lumpen eine Schlafstelle zusammenbaut und sich mit den größten Teilen zudeckt. Sie würden dennoch zuschlagen – da! Jetzt hatte sich etwas bewegt – ein Schatten –!

Sie saß auf, versteckte schützend das Gesicht auf ihre um die Knie geschlagenen Arme und wartete auf den ersten Hieb.

»Mamie . . .«

Vilaine hauchte den Namen. »Rück ein bißchen, dann lege ich mich zu dir. Du brauchst keine Angst zu haben. Anfangs hatte ich auch Angst. Aber Barbe ist nicht so. Sie kann schon böse werden, aber sie drischt nur auf Leute ein, die stärker sind als sie . . . Ich bin froh, daß du auch ein Mädchen bist. Bist du unglücklich, daß Barbe deine Findelkinderkarte verbrannt hat?«

»Nicht mehr.«

»Erzähl ein bißchen.«

»Das kann ich nicht.«

»Das kann jeder. Du brauchst nur ja zu sagen, oder nein. Sag mir, woran du denkst?«

»Ja«, sagte Mamie gehorsam.

Vilaine kicherte. »Woran, an was, will ich wissen!«

»An das Hospiz.«

»Vergiß es lieber. Barbe hat gesagt, die Klöster, die Pensionate, die Spitäler, aber auch die Findelkinderhäuser werden geräumt, alle. Weil die Leute, die dort Gewalt haben, alle noch für die alte Ordnung sind.«

»Was ist denn das?«

»Das weißt du nicht? Das ist, wenn man für den König ist, für den Adel, für Gott. Du darfst bei Barbe niemals beten, sie kann Gott nicht leiden. Sie sagt, ein Gott, der solch eine Welt geschaffen hat, den sollte man vergessen.«

»Das ist – das ist eine so große Sünde, daß keiner sie verzeihen kann«, japste Mamie.

»Barbe will gar nicht, daß man ihr verzeiht. Meinst du, die geht jemals zur Beichte? Sie sagt, es geht um dieses Leben. Deshalb hat es ja immer so viele Gutmütige gegeben! Weil sie glaubten, je dümmer und je gutmütiger, je eher kommen sie in den Himmel. Aber Barbe meint, die Dummen haben die Mächtigen schlecht gemacht, weil sie immer alles hingenommen haben, überall. Sie haben stillgehalten. Das darf man nicht.«

»Was sollen die denn sonst machen?«

»Stark werden. Gefährlich.«

»Ich bin viel zu klein.«

»Du denkst an Muskeln. Barbe denkt an etwas anderes. Sie erfindet jeden Tag Geschichten, die wir erzählen sollen, wenn wir betteln gehen. Je verlogener die Geschichten, um so besser. Ich brauch nicht viel zu sagen, ich halt nur mein Gesicht hin. Tire-Patte behauptet überall, ein reicher Herr sei mit seinem Einspänner über sein Bein gefahren und habe sich nicht einmal nach ihm umgesehen. Leute hören gern solche Sachen. Barbe sagt, vielleicht wird sich die Revolution doch noch mausern.«

»Was ist das, Revolution?«

»Das ist, wenn Arme und Schwache Reiche und Mächtige bekämpfen, weil sie ihr Joch nicht mehr tragen können. Die Adligen haben schon Angst bekommen. Viele von ihnen sind fortgezogen. Man hat ihre Güter fortgenommen. Sie sollen an die Armen verteilt werden, ihre Reichtümer.«

»An uns?«

»Scheint so.«

»Wann?«

»Das weiß niemand. Wir warten alle.«

»Woher weißt du das alles?«

»Wir heben alle Zeitungen auf, die wir finden, jedes Fetzchen. Wir müssen alles nach Hause bringen und Barbe vorlesen. Barbe kann nicht lesen, aber sie will genau wissen, woran sie ist. Die Leute haben Angst vor ihr. Ich nicht. Ich denke oft daran, wie sie mich gestohlen hat, damals, als ich zwei blaue Augen hatte. Meine Narbe war noch eine böse Wunde. Am nächsten Tag bin ich krank geworden. Meinst du, Barbe hätte mich wieder auf die Straße geworfen? Gefehlt! Sie hat viele Nächte neben mir gewacht . . .«

Vilaine schlief ein, dicht neben Mamie. Mamie rührte sich nicht. So undurchsichtig wie dieses Dunkel um sie herum war ihre Zukunft. Alles konnte darin liegen, sogar Gutes. Doch vorstellen konnte Mamie sich nichts.

War Barbe Mamie in der ersten Stunde ihrer Bekanntschaft wie ein rettender Engel vorgekommen, so sah sie am nächsten Morgen kaum wie ein Engel aus. Sie schickte die anderen Kinder zum Betteln fort, nachdem sie ihre Bettelsäcke noch einmal ausgeschüttet hatte, teilte die Reviere ein. Mamie behielt sie zurück. Mürrisch ging sie umher.

Mamie hatte eine Kruste halbverschimmeltes Brot und einen Schluck dünnen gezuckerten Milchkaffee bekommen. Jetzt machte sie sich eifrig an den Lumpenlagern zu schaffen. Sie faltete, was ihr an Zeug unter die Hände kam, zu kleinen ordentlichen Stapeln auf. Dann sah sie sich nach einem Besen um. Sie fand keinen.

»Was machst du da?«

»Ich schaffe Ordnung, Barbe.«

»Blödsinn! Du machst es den Bürgern wohl nach?«

»Das habe ich so gelernt. Erst bei der Amme, später im Hospiz.«

»Kannst ja dorthin zurückgehen, wenn es dir hier nicht paßt.«

»Ich wollte helfen . . .«

»Merk dir eins: wir sind Bettler. Zu arm, um Ordnung zu halten! Es geziemt sich für ein Bettelkind nicht, daß es sauber und adrett ist. Das weckt bei den Spendern nur Mißtrauen. Ein Bettelkind hat erbärmlich auszusehen, es muß jammern können. Es muß die Leute so anschauen, daß sie einfach in die Tasche greifen *müssen*.«

»Aber wir unter uns, Barbe? Mit Ordnung ist alles leichter . . .«

»Hör auf! Ich sage dir: ein ordentlicher Armer fällt nicht auf. Laß den Rummel und komm her. Stell dich vor mich hin. Sag: Erbarmen, würdiger Herr, gnädige Dame – einen Liard für ein unglückliches Bettelkind – Gott vergelt's . . .«

Mamie hatte seinerzeit für die Findelkinder gebettelt. Aber das war ganz anders gewesen.

»Erbarmen, würdiger Herr . . .«, murmelte sie gehorsam. Die schweren Lider lagen über den Augen. Scham hatte das kleine graue Gesicht gerötet.

Damals hatten die schweren Glocken zur Messe geläutet und eine Frau in grünem Kleid hatte nachdenklich wohlwollend ein Goldstück auf den Holzteller gelegt . . .

»Falsch! Man merkt, daß du es auswendig gelernt hast. Du mußt meinen, was du sagst! Bedenke: du hast kein Dach über dem Kopf. Mittagessen wirst du keins bekommen. Die Leute jagen dich davon, wo immer du auftauchst. Du hast Läuse und Flöhe, das haben Bettler alle. Denke daran, daß jeder Reiche, der an dir vorbeistolziert, schuld daran ist, daß du arm bist. Denn wäre alles ehrlich verteilt auf dieser Welt, hättest du dein Teil. Aber du wirst niemals satt werden. Im Winter wirst du frieren. Du trägst zerrissenes Zeug. Du bist häßlich. Gleichgültige schieben dich beiseite, gemeine Leute treten nach dir. So wird es immer sein – dein ganzes Leben . . .«

Mamie hob den gesenkten Kopf.

»Das glaube ich nicht«, sagte sie plötzlich.

Barbe stemmte die Hände in die Seiten. » So? Das glaubst du nicht?«

»Nein. Denn ich kann arbeiten.«

»Arbeiten?«

So wie Barbe es sagte, mit schiefem Mund und höhnischem Blick, klang es nach etwas Abscheulichem.

»Ich kann einen Haushalt führen. Das tat ich schon bei der Amme. Und dann kann ich sticken.«

»So, so, sticken. Meinst du so feine Sachen, die die Reichen sich über ihren feisten Bauch hängen können? Du bist wohl verrückt? Bei uns wird nicht gestickt! Die Feinen noch feiner machen, was? Das hat uns noch gefehlt! Damit sie weiterhin sich wie die Pfaue gebärden können! Du dummes, dummes Gör! Ich versuche dir klarzumachen, daß du ein freier Mensch bist, ein freier Armer. Im Gegensatz zu den Lakaien, die nicht frei sind. Sie werden vielleicht satt, aber sie sind nicht frei.«

»Aber – arbeiten – arbeiten macht frei!« sagte Mamie. Dies wußte sie sicher. Sie dachte dabei an den Strang bunter Fäden an einem Fensterkreuz in Paris, später . . . Sie wollte kein Bettelkind sein. Sie wollte Mamie werden, Mamie, die zwar nicht wußte, woher sie kam, aber sehr genau, wohin sie wollte. Und sie wollte ein Zimmer, ein Fenster, einen Stickrahmen und einen Fingerhut – viele bunte Fäden. Nur Ordnung brauchte sie dazu. Solange sie denken konnte, hatte sie überall gefaltet und geglättet. Es steckte ihr im Blut.

»Hör zu. Es geht nicht um dich, Mamie. Es geht auch

nicht um mich. Es geht um alle armen Menschen auf der Welt!«

»Die kenne ich gar nicht!«

»Du weißt aber, daß sie hungern und frieren?«

»Schon.«

»Und sie tun dir leid – oder?«

»Nun – ja.«

»Vor einem Jahr, Mamie, ist etwas Ungeheuerliches geschehen, womit die Adligen und Reichen niemals gerechnet haben: das arme Volk, jenes, das keine Rechte hat, hat sich einmütig erhoben und des Königs Macht gebrochen. Sie haben seine Bastei erobert und die Gefangenen befreit. Das haben die Armen getan, hörst du? Und später sind viele Arme nach Versailles gezogen, Frauen sogar, Mamie. Sie haben den König und seine Familie nach Paris zurückgeholt, weil hier das Brot fehlte. Sie sagten, dort, wo der König ist, da ist auch Brot.

Du kannst dir das alles wohl nicht vorstellen, wie?«

»Nein. Brachte der König dann Brot nach Paris?«

»Er sorgte dafür, daß es wieder mehr davon gab. Nicht soviel, wie wir gehofft hatten, aber doch einiges.«

»Und was ist jetzt?«

»Die Königsfamilie wohnt in den Tuilerien. Das ist das Pariser Schloß. Und nun bekommt das französische Volk ein Grundgesetz.«

»Was ist das?«

Barbe zupfte an ihrer Haube. »Rechte für alle Menschen, die auch der König wahren muß.«

»Kann er nicht mehr tun, was er möchte, der König?«

»Das kann er nicht mehr.«

»Aber ich hörte, er sei ein lieber König. Im Hospiz haben wir immer für ihn gebetet.«

»Er ist ein Trottel. Natürlich möchte er, daß wieder alles so wie früher wird, macht aber gute Miene zum bösen Spiel. Wir wollen unser Recht.«

»Woher weiß man, ob es gut ist, das Recht?«

»Das steht in allen Zeitungen. Wenn wir die immer lesen, kommen wir schon noch dahinter. Paß gut auf, wenn du auf der Straße bist: lies alles, was du finden kannst, auch die großen Plakate an den Häusern. Erlässe fangen alle an mit den Worten: ›Auf Befehl des Königs‹ und: ›Im Namen der Nation . . .‹«

Mamie schwirrte der Kopf. Barbe sah sie kritisch an. »Du hast die richtigen Augen zum Betteln. Vielleicht solltest du nichts sagen und nur die Hand aufhalten. Ja, tu das. Es ist überzeugender. Folge mir, wenn ich jetzt fortgehe. An einer bestimmten Ecke werde ich dir ein Zeichen geben, dort wirst du dann stehenbleiben. Heute abend hole ich dich wieder ab. Ich oder Marcou. Es soll keiner wissen, daß wir zusammengehören. Und klau nicht wieder, hörst du?«

»Nein.«

Das Herz klopfte Mamie im Halse, als sie hinter Barbe aus der schäbigen Tür trat, barfuß, im ausgefransten Kleid. Auf dem Pflaster taten die nackten Füße weh. Das wirre Haar, von keinem knappen Häubchen mehr gebändigt, hing ungewohnt in die Stirn. Am Vortage hatte Mamie die Gasse kaum wahrgenommen. Jetzt bemerkte sie, daß sie traurig aussah: baufällige Häuser stützten einander notdürftig, und die Menschen schienen größtenteils selbst zum Bettelvolk zu gehören. Überall wuselte es von Kindern, Händlern und armseligen Hausmüttern. Alle, die zu Fuß waren, wurden immer wieder von rücksichtslosen Pferdegespannen gegen die Wand gedrückt.

Mamie hatte Mühe, Barbe nicht aus den Augen zu verlieren. Sie sah sich niemals nach ihr um.

Es dauerte, ehe die Gasse breiter, die Häuser höher, die Leute gepflegter aussahen. An einer Ecke, wo fünf schmale Straßen sternförmig zusammentraten, machte Barbe das verabredete Zeichen. Mamie blieb stehen.

Sie fühlte sich verlassen. Unsicher knautschte sie den

leeren Bettelsack zwischen den Händen und sah sich um. Hinter ihr befand sich ein Schusterladen. Der Handwerker in schmutziger Lederschürze pries vor seiner Bude, die von einem aufklappbaren vertikalen Holzbrett überdacht war, jedem Vorübergehenden seine Ware an.

»Stiefel – weiche Stiefel, ganz nach Maß. Sie gehen wie auf Wolken ... Was willst du hier?« schnauzte er plötzlich. »Du verscheuchst mir die Kundschaft, verschwinde.«

Im letzten Augenblick hatte Mamie beschlossen, die Taubstumme zu spielen. Dazu brauchte sie nur ab und zu auf ihren Mund zu zeigen und den Kopf zu schütteln. Es ersparte ihr die Tirade, die Barbe ihr eingeprägt hatte und die sie wohl niemals glaubwürdig herunterleiern würde. So machte sie auch dem Schuster das Zeichen und ging einige Schritte weiter, wo sie in stummer Gebärde den Leuten die Hand hinhielt.

Manche drängten vorüber, ohne diese Hand zu beachten, andere schubsten sie beiseite. Nur selten – und meistens war es ein weibliches Wesen – legte jemand Mamie eine kleine Münze auf die Hand, brach eine Kruste von einem frischen Brot und reichte ihr das Stück. Der Duft erinnerte an die Backstube der Amme und weckte ferne Erinnerungen. Das wenige Geld, das Mamie erhielt, ließ sie sofort in den Bettelsack verschwinden, sehr unauffällig, aber hastig, um den nächsten Freigebigen nicht zu versäumen.

Nach einigen Stunden begannen die Füße von dem holprigen Pflaster wehzutun, die Beine schmerzten vom Stehen. Der Strom der Leute, der vorüberzog, riß nicht ab. Mamie sah keine Gesichter mehr, nur weiße Schemen, nur Hände, die entweder nach der Börse griffen oder auch nicht. Die Gleichgültigkeit all dieser Fremden erweckte das wirre Gefühl, unsichtbar zu sein. Mamie versuchte sich vorzustellen, wohin sie alle gingen, woher sie alle kamen. Dann dachte sie, daß eine der Frauen vielleicht ihre Mutter sein könnte. Aber bald hörte sie überhaupt auf zu denken. Alles war, wie es war, davon sollte man ausgehen. Irgendwann würde sie sich sicher eingewöhnen. Sie hatte sich auch an die Anstalt gewöhnt. Jetzt war sie frei. Eine freie Arme, Barbe hatte es gesagt.

Aber unter Barbes Obhut begann Mamie bald, diese Freiheit anzuzweifeln. Barbe hielt sie gefangen. Auch wenn sie sie jeden Tag an einer anderen Stelle der Stadt allein ließ. Gewiß hätte Mamie sich davonstehlen können, aber die Erinnerung an die wenigen Tage, da sie obdachlos gewesen war, hinderte sie daran. Die unordentliche, schmutzige Mansarde blieb eine Zuflucht, die um so begehrenswerter wurde, wenn der Abend nahte.

Frei...? Mamie bekam frische Luft, sie lernte Paris kennen, viel zu gut. Aber da waren zahllose Verbote, die sie sich merken mußte.

Für das Lager, das zerlumpte – für das Dach über dem Kopf, das undichte – für die Suppe, von der man nicht wußte, was alles darin verkocht worden war, verlangte Barbe, daß nicht gearbeitet, nicht gestohlen und nicht gestickt wurde, daß Mamie keine Ordnung hielt, sich nicht säuberte und sich vor allem niemals von jemandem in ein Gespräch verwickeln ließ.

Alle drei Monate, wenn der Mietzins fällig war, zog Barbe um. Sie dachte nicht daran zu zahlen, lieber suchte sie sich eine andere notdürftige Bude. Dann packten sie miteinander das bißchen Hausrat, der im Zimmer stand, zusammen und schlichen sich bei Nacht und Nebel, nachdem Tire-Patte die Abwesenheit des Hausmeisters ausgekundschaftet hatte, leise die Treppen hinab.

Manchmal hatte Barbe Gäste. Eine Anzahl malerischer Leute: Bettler und Bettlerinnen, mit den sonderbarsten Gebrechen behaftet, fanden den Weg hinauf. Dann saß man in einem großen Kreis auf dem Boden, eine Flasche Wein machte die Runde, jeder trank, wischte sich die Lippen mit dem Handrücken und reichte die Flasche weiter.

Das erste Mal, als Mamie eine solche Zusammenkunft erlebte, konnte sie die Augen nicht von den Gesichtern dieser Menschen abwenden. Laster und Leid, Not, Resignation, Hunger und die Hoffnungslosigkeit eines verbauten Lebens hatten sie gezeichnet. Anfangs verlief das Beisammensein freundschaftlich und gesittet: man tauschte Erfahrungen und Erlebnisse aus. Die Kinder rückten nahe heran. Alle, die im Schatten lebten, waren von rührender Mitteilsamkeit.

Mamie gefiel der Père Matou am besten. Sein Bart wuchs so, daß sein Kinn davon spitz wurde und seine Backen breit. Wie ein alter Kater sah er aus. Er erinnerte sich noch, daß die Bettler von Paris einst eine Zunft gewesen waren und ihren eigenen Standort gehabt hatten, einen Hinterhof im Paris des rechten Seine-Ufers. Nach Anbruch der Dunkelheit hatten die Bürger den Ort gemieden. Man nannte ihn auch später noch den »Hof der Mirakel«.

»Sind da jemals Wunder geschehen?«

Vater Matou nahm einen Schluck aus der Flasche. »Alle Abende.«

»Was für welche?«

Bei dieser Frage kullerte dem Alten dickes Gelächter aus dem Mund und polterte durch Barbes Raum. Anderes Lachen gesellte sich dazu. Alle Erwachsenen amüsierten sich, wissend.

»Was für Wunder, Père Matou?«

»Nun, blinde Bettler wurden sehend, Hinkende konnten gerade gehen, Stummen kam die Sprache wieder. Aber die Wunder hielten nicht vor.«

»Nicht? Nicht?«

»Jeden Morgen war es wieder wie ehedem. Da hat es die Taubstummen, die Blinden, die Lahmen und die Einbeinigen wieder gegeben.«

»Und abends war alles wieder gut?«

»Alles wieder gut.«

Mamie sagte: »Weil sie nicht richtig blind und taub und lahm waren, alle die Bettler damals ... Sie haben nur so getan!«

Da konnten endlich die Kinder ins Gelächter der Großen mit einstimmen.

Nur Mamie blieb nachdenklich. Sie entdeckte in sich eine Strenge, die den Erwachsenen eine solche Verlogenheit nicht verzieh. Wenn Kinder stahlen oder sich verstellten, so kam es daher, daß sie letzten Endes hilflos den Stärkeren ausgeliefert waren und sich ohne List nicht aus den Schlingen ziehen konnten, die Erwachsene ihnen gelegt hatten. Aber daß diese Erwachsenen, die doch mächtig waren, ebensolche Dinge taten ...? Vielleicht hatten sie ihre Hilflosigkeit behalten, obgleich sie erwachsen geworden waren. Vielleicht fürchteten sie sich auch noch, wie sie gemeint hatte, daß nur Kinder sich fürchten können. Vielleicht fürchteten sich alle, die in Traurigkeit geboren waren, um in Traurigkeit zu leben? Selbst wenn sie fröhlich waren?

Die zweite Flasche machte die Runde, die dritte auch. Die Worte, die man sprach, kamen schwerer, mancher Satz blieb unbeendet in der Luft hängen.

»Es ist nicht leicht, einen Blinden vorzutäuschen. Man darf nicht mit den Lidern zucken, auch wenn ein Mißtrauischer daherkommt ... er hebt die Hand und fährt dem Bettler plötzlich vor die Augen ... Wenn man blind spielt, darf man auch nicht hinsehen, wenn ein gebefreudiger Mensch nach seiner Börse greift. Von echten Bettlern, die einen Blinden mimen, können sogar große Schauspieler etwas lernen. Und die werden dafür bezahlt, daß sie den Leuten Dinge vormachen, die auch nicht stimmen.«

Mamie hörte aufmerksam zu. Je wärmer man sich trank, je mehr Erinnerungen fielen einem zu.

Da war jemand, der einen jungen, unglücklich verliebten Bürger getroffen hatte und klug hatte trösten können. Dafür hatte der Galan ihm eine Geldbörse mit acht Goldstücken geschenkt. Eine Woche hatte der Bettler mit seinen Freunden davon gelebt . . .

Da war die andere Geschichte eines Bettelmädchens, das eine vornehme Dame so sehr an ihr verstorbenes Kind erinnerte, daß sie es zu sich genommen hatte.

Am besten gefielen den Kindern die Geschichten aus der alten, sehr alten Zeit. Oder schien das nur so lange her zu sein? – Keine fünfzehn Jahre mochte es gewesen sein, da waren die fürchterlichen Hugenottenverbrennungen in Paris gewesen: auf kleinem Feuer, bei den Füßen angefangen, wurden die Opfer geröstet. Anderen Ungläubigen hatte man die Zunge herausgerissen, und sehr wohl konnte der alte Matou sich noch daran erinnern, daß man die Leichen der Missetäter an dem Galgen hängen ließ, bis das Fleisch von den Knochen fiel. »Nicht mal beerdigen durften die Angehörigen einen Hugenotten . . . nur heimlich, bei Nacht. Aber das hat der König abgeschafft, dieses Gesetz.«

»Der jetzige?«

»Eben der.«

Man wandte sich der Gegenwart zu. Man sprach darüber, wie weit die Revolution fortgeschritten sei und davon, daß sie noch viel weiter fortschreiten müßte. Wenn die Revolution die ärmsten Schichten erreichen wollte, mußte sich noch einiges tun. Nach dem ersten Anfang schien alles in die Hände der Bürger geglitten zu sein. Denn bürgerlicher als die Girondisten, die nur an Krieg und freien Handel dachten, konnte doch eine Volksversammlung nicht sein! Da saßen Kaufleute, Notare, Rechtsanwälte, Dichter – lauter Studierte aus der Provinz, die meinten, man könnte Frankreich retten, indem keine Zölle mehr von einer Provinz zur anderen zu zahlen waren. Sicher würden die Preise davon sinken, aber noch immer würde man für das liebe Brot Geld kassieren. »Dabei sollte doch«, so sprach Vater Matou, »wie im alten Rom das Brot wenigstens umsonst zu haben sein, liebe Leute, jawohl, umsonst!«

»Umsonst!«

»Seitdem sind die Menschen Christen geworden, man hat gepredigt, daß der Himmel für die Armen ist, aber für das Leben auf dieser Erde läßt man sie kräftig zahlen. Kann das mit rechten Dingen zugehen, daß man in einer heidnischen Stadt mildtätiger gewesen sein sollte als in der Christenzeit?«

Mamie wußte nicht, wie sie sich alles merken sollte. Niemals war im Findelkinderhaus über alte Zeiten gesprochen worden. Mal hatte man aus dem Heiligenbuch eine Legende vorgelesen, wie zum Beispiel die Geschichte der frommen Geneviève, die Paris alle Jahre beschützt hatte. Aber für die Heiden hatte Mamie höchstens einmal beten müssen.

Sie erfuhr, was eine Volksversammlung war und daß diese Volksvertreter nun wirklich den Angestellten des Hospizes das Verwaltungsrecht entzogen hatten. Zwar sei in der Praxis alles beim alten geblieben, doch das sei der Tatsache zuzuschreiben, daß man noch kein neues Personal hatte finden können, das der Revolution treu ergeben war. Nur die Nonnen hatte man entlassen.

Hatte man genug politisiert, sprach man dem Wein noch kräftiger zu. Dann artete die Zusammenkunft meistens in ein Saufgelage aus. Wenn es schlimm herging, verkrochen sich die Kinder unter ihren Schlaflumpen und taten, als ob sie schliefen, bis die Rauferei ein Ende gefunden hatte oder empörte Mitbewohner mit Stuhlbeinen bewaffnet Barbes Bude stürmten, um die Krakeeler davonzujagen. Danach war Barbe am Morgen noch einsilbiger als sonst. Man schrieb Ende 1791. Bereits vor einem Jahr hatte der Herzog de la Rochefoucauld-Liancourt, ein Deputierter aus dem Departement L'Oise, das

Komitee zur Auslöschung der Bettelei gegründet. Die Volksversammlung hatte es sich zur Pflicht gemacht, allen Bedürftigen des Landes, jeden Alters, in jeder Lage ihres Lebens beizuspringen. Mitglieder dieses Komitees besuchten Krankenhäuser und Gefängnisse, sprachen Bettler auf den Straßen an und überlegten, wie sie die seinerzeit so berüchtigten Arbeitshäuser, die man »ateliers« nannte, menschenwürdiger einrichten könnten. Aber sie vergaßen darüber, daß die Bettler gar nicht anders leben wollten als bisher. Auch Mamie hatte sich längst an den Bettelalltag gewöhnt. Längst schaute sie jedem mit ihren weitaufgerissenen Augen anklagend ins Gesicht, markierte die Taubstumme. Wurde sie angesprochen an Tagen, an denen sie beschlossen hatte, ihre Stimme zu benutzen, konnte sie mit stockender Stimme erschütternde Dinge erzählen, die sie sich gründlich ausdachte.

Längst hatte sie auch aufgehört, heimlich die Sachen zusammenzufalten, den Fußboden zu fegen, sich selbst zu säubern. Längst waren die bunten Farben jenes dikken Fadenstrangs, den sie sich an einem Fensterkreuz geträumt hatte, in ihrer Erinnerung verblaßt. Die verhornten Stellen an den zerstochenen Fingerkuppen waren verheilt. Nur manchmal, wenn Marcou sich mit ihr unterhielt, flackerte die Erinnerung wieder auf. Er sprach nicht oft zu ihr. Und wenn, dann nur über die Revolution. Er sagte, später würde keiner mehr oder weniger als der andere sein. Niemand würde mehr besitzen als sein Nächster. Zum Betteln würde für jeden zuviel da sein, allerdings zum Verschenken zu wenig. Wenn die Revolution so werden würde, wie er es sich erhoffte.

»Aber dann wird man doch arbeiten müssen – Brot backen, Kleider nähen, Holz fällen, die Felder bestellen.«

»Na und? Dann werden ja auch alle arbeiten müssen! Die Marquisen und die Prinzen, die Grafen und die Barone, alle werden etwas tun müssen, um ihren kleinen Teil zu verdienen.«

»Und wer nichts gelernt hat? Keinen Beruf?«

»Der wird sich eben zum Lernen bequemen müssen.«

»Ich glaube nicht, daß das Barbe gefallen würde . . .«

»Oh, Barbe würde auch von der Revolution erzogen werden. Alle würden erzogen werden. Natürlich nur, wenn sie so wird, wie ich es mir wünsche . . .«

Aber die Revolution wurde anders: der König wagte eine Flucht, die mißglückte. Und plötzlich debattierte man darüber, daß man den Monarchen absetzen sollte.

Die Bettler, die Barbe besuchten, waren nicht dafür. Immer hatte die Königin sich sehr freigebig gezeigt. Wenn auch der König nicht gut auf die neue Ordnung zu sprechen war: Wohltätig zu sein, legte ihm seine Stellung auf. Hingegen meinte er, die Geistlichkeit sollte weiterhin dem Papst unterstehen und keineswegs der französischen Nation.

Das kümmerte Mamie wenig. Sie hatte das Vaterunser vergessen. Zwar konnte es ihr geschehen, wenn sie etwas Hübsches sah – Sonne auf dem Wasser, zwei harmonierende Farben, ein schönes Kind – daß sie aus ihrer Abgestumpftheit hochfuhr wie aus einem einengenden Traum. Messerscharf traf sie die Ahnung, etwas Wertvolles sei ihr abhanden gekommen, etwas Nichtwiederauffindbares. Doch dann fiel sie zurück in die Gewißheit, ein Bettelkind zu sein, ein Bettelkind zu bleiben, eins, das höchstens fähig ist, einem Menschen von der Miene abzulesen, ob er sich erbarmen würde oder nicht.

Einmal sah Mamie den König: am 20. Juni 1792 defilierten zehntausend Arme und Ärmste an ihm vorbei. Sie hatten die Tuilerien gestürmt, die Pforten aufgebrochen, Tapeten beschmutzt und Möbel zertreten. Der größte Teil der Leute war betrunken. Ein Metzger hielt dem König eine lallende Rede, jemand anders reichte dem Monarchen die rote Mütze der Revolution. Gelassen nahm Ludwig XVI. sie hin und stülpte sie sich auf den Kopf. Mamie stand ihm hart gegenüber, sie sah den bestickten Rock über der beleibten Brust, die feiste gebogene Nase, den funkelnden Orden. Mit den anderen schrie sie im Chor: »Monsieur Veto! Monsieur Veto!« ohne zu wissen, was sie schrie, nur auf Geheiß.

Barbe war trunken vor Haß, sie schubste die Kinder vor sich her. Nur ein Tisch trennte sie von dem König, ein Tisch, den man hastig zu seinem Schutze vorgeschoben hatte. Hinter ihm befand sich die Königin mit dem jungen Prinzen. Ein General der Nationalgarde reichte ihr ebenfalls eine rote Mütze, sie setzte sie sich nur einen Augenblick auf und reichte sie dann dem Dauphin. Mamie sah, daß sie blond war und blaß aussah und nur mühsam die Fassung bewahrte. Das kleine Mädchen konnte nicht glauben, daß alles Böse, was man von ihr erzählte, stimmen konnte: daß sie Geld verschwendete, während Frankreich darbte, daß sie das Volk haßte und sich niemals als Französin gefühlt hatte, daß sie inbrünstig wünschte, alles möge wieder so wie früher sein, als die Armen sich noch geduckt hatten.

Der Dauphin trug lange blonde Haare und einen blauen Anzug mit einer weißen Schärpe. Verständnislos sahen seine Augen auf das tobende Volk.

Stundenlang hätte Mamie schauen können. Aber die Flut von betrunkenen Leuten drängte die Gaffer ab. Irgendwo ergatterte Mamie ein Fetzchen Tapete und verlor es im Gewühl. Als sie wieder draußen stand, hatte sie nur noch eine Erinnerung an Weiß und Gold und Blau, an schlitterglatte Böden, an einen gerundeten Stuhl mit besticktem Polster, an das Kalbsherz, das jemand auf einer Pike vor sich hergetragen hatte, über einem Schild, auf dem »Herz eines Adligen« stand.

Mit den anderen Kindern, die bei Barbe wohnten, verband Mamie nur Gleichgültigkeit. Wohl merkte sie, daß

Marcou alle Standorte zu kennen schien. Einige Male am Tag trabte er von einem zum anderen, um zu sehen, wie es um jedes Kind stand. Einmal konnte er Mamie aus der Patsche helfen, als ein merkwürdiger Mensch ihr zudringlich gekommen war.

Eines Tages traf Mamie Tire-Patte. Es hatte angefangen zu regnen, und sie hatte sich früher auf den Heimweg gemacht als sonst. Die Gossen in der Gassenmitte schwollen bereits an, Wasser schoß von den Dächern herunter, einige alte Frauen hatten sich den Überrock um den Kopf gelegt. Mamie war zum Auswringen naß. Tire-Patte trug seinen Bettelsack zusammengeknüllt zwischen den Händen, wie ein Bittsteller seinen Hut. Auch wenn der Junge nicht bettelte, zog er überbetont das linke Bein nach und gab sich ein erbärmliches Aussehen. Er blieb stehen, als er Mamie sah. Der Regen tröpfelte ihm in den Kragen, seine schwarzen Locken klebten an seiner Stirn.

»Du – hör mal . . .«

Noch niemals hatte er das Wort an Mamie gerichtet. Sie wartete. Blaß und straff lag die Haut über Tire-Pattes Wangen, wie bei kranken Menschen oder denen, die sich ständig anstrengen müssen. Dünne Lider lagen über den brennenden schwarzen Augen. Als er sie plötzlich aufschlug, blitzte Haß darin.

»Siehst du manchmal Marcou?«

»Hin und wieder kommt er vorbei.«

»Das wundert dich nicht?«

»Weshalb sollte es?«

»Paris ist groß. Aber man trifft Marcou.«

»Ich denke, er soll nach uns sehen.«

»Weshalb eigentlich?«

»Wer kann das wissen? Er paßt auf. Er ist größer.«

»Er tut nur so, als sei er größer. Er ist mit Barbe einig.«

»Bist du eifersüchtig?«

»Du nicht?«

»Oh, weißt du, ich mach mir nichts aus ihm, aus nichts.«

»Nun, ich mach mir schon einiges aus einigem. Und du siehst so aus, als ob du dir zuviel aus allem machtest.«

»Du bist wohl ein Neidhammel, Tire-Patte.«

Ohne darauf einzugehen, fragte er: »Wieviel schaffst du am Tag?«

»Barbe zählt, nicht ich.«

»Natürlich zählt sie. Aber nicht so rasch wie ich. Ehe ich meinen Sack abgebe, habe ich in einem Hausflur heimlich schon gezählt.«

»Ach?«

»Ja, und wenn ich dann heimgehe, lungere ich mal hier, mal dort. Ich hör mich wegen der Preise um. Ich vergleiche sie mit dem, was ich heimbringe. Findest du das gut, was sie kocht?«

»Ich habe abends Hunger.«

»Trotzdem. Schon von dem, was ich allein heranschaffe, könnte sie uns Besseres vorsetzen. Das heißt, wenn sie das Geld dafür ausgeben würde.«

»Was meinst du damit?«

»Hast du dich nie darüber gewundert, daß sie in unserer Gegenwart niemals mit Marcou spricht?«

»Nein . . .«

Mamie dachte nach: Zwiebelsuppe mit Brotschnipseln, Bohnensuppe, die vier Tage hintereinander mit Wasser verlängert wurde, kleingeschnittene Petersilie über billigem Kochfleisch sehr selten und so zäh, daß man es unzerkaut herunterschlucken mußte.

»Bringst du viel heim?«

»Sicher nicht so viel wie du, Tire-Patte. Aber etwas habe ich noch jeden Abend in meinem Sack gehabt.«

»Vilaine mit ihrer Narbe schafft sicher mehr. Im Durchschnitt haben wir vielleicht alle so viel wie sie. Was macht Barbe mit dem Geld? Ich bin sicher, daß sie etwas damit macht.«

»Aber was? Sie war gut zu mir. Sie war gut zu Vilaine. Sie schlägt uns nie. Sie schimpft auch nicht, wenn es mal wenig ist.«

»Das ist ihre Art. Glaubst du, sie behält uns aus lauter Nächstenliebe bei sich?«

»Sie sagt, es hängt mit der Revolution zusammen.«

»Ich glaube das nicht. Ich glaube, daß Marcou uns bespitzelt. Weißt du, damals, als sie mich klaute, habe ich auch gedacht, jetzt wird alles gut, jetzt wird alles geteilt. Mich haben sie daheim verhungern lassen wollen, weil ich ja sowieso nur ein Krüppel bin. Barbe ist wochenlang um unser Haus herumgestrichen, sie hat sie alle beobachtet, ich habe sie immer wieder gesehen, wenn ich damals auch noch klein gewesen bin. Aber jetzt habe ich sie durchschaut. Sie braucht Bettelkinder. Sie braucht sie für ihre Zwecke. Ich glaube, sie beutet sie aus.«

»Was ist das?«

Er seufzte über soviel Unwissenheit. »Sie nimmt das Allernötigste für uns von dem Geld, das wir heimbringen, den Rest versteckt sie. An einer Stelle, die nur sie und Marcou kennen.«

»Weshalb?«

»Das weiß ich nicht. Das finde ich noch heraus.«

Plötzlich verfinsterte sich Tire-Pattes Gesicht. »Wenn du es wagst, auch nur ein einziges Wort über unser Gespräch zu sagen, behaupte ich einfach, die Gedanken wären alle von dir gekommen.«

»Du bist gemein!«

»Möglich, aber ich schaffe mehr ran als du. Deshalb wird Barbe eher auf mich hören als auf dich. Das ist doch klar?«

»Bestimmt. Du vergißt bei alledem, daß sie uns Unterkunft gibt.«

»Hat sich was! Sie zahlt nicht einmal Miete!«

»Trotzdem. Es ist schrecklich, obdachlos zu sein. Ich

war es nur eine Nacht und möchte es nicht wieder erleben.«

»Findest du nicht, daß Marcou Barbe ähnlich sieht?«

»Darauf habe ich nie geachtet.«

»Überlege! Die gleichen Augen, der gleiche Haaransatz, die gleiche Art, den Kopf zu wenden . . .«

»Wenn man so lange miteinander zusammen ist.«

»Das ist angeboren. Ich glaube, daß Marcou Barbes Sohn ist und daß sie für den spart. Sie nimmt unsere Groschen und versteckt sie für ihn. Wenn ich es sicher weiß, zeige ich sie an.«

»Tire-Patte! Das kannst du nicht tun!«

»Doch, kann ich.«

»Du zeigst uns aber alle an, wenn du sie verrätst! Du weißt doch, daß Betteln verboten ist. Man soll arbeiten, hat in den Zeitungen gestanden, aber Barbe will es nicht. Sie sagt, nicht bevor alle arbeiten, auch die Reichen.«

»Das ist mir egal. Ich denke an mich. Ich möchte etwas von meinem Geld haben.«

Der Regen hatte aufgehört. Überall glitzerte es vor Nässe. Mamie konnte es durch zusammengekniffene Lider beobachten. Auch wenn Barbe das Geld versteckte, um es für Marcou allein aufzuheben, selbst wenn sie log und schwindelte: sie war erwachsen. Schon deshalb tat es gut, in ihrer Nähe zu sein. Ein Kind durfte nicht allein wohnen. Ein Kind gehörte irgendwohin. Und wenn es wirklich nirgendwohin gehörte, kam es in ein Findelkinderhospiz oder in ein Waisenhaus. Wenn Barbe verlorene Kinder brauchte, so brauchten verlorene Kinder Barbe.

»Sie beschützt mich.«

Tire-Patte zuckte die Achseln: »Ich bin der beste Bettler von uns allen. Ich binde den Leuten ständig neue Bären auf. Alles glauben sie mir. Aber ich will auch mein Teil von dem großen Brocken haben.«

»Und ich möchte nicht wieder ins Hospiz. Du kannst

nicht wissen, wie übel Kinder dort zu Kindern sind.«

»Das würde ich als Krüppel nicht wissen? Du bist lustig!«

»Ich bleibe, wo ich bin.«

»Und ich will vorankommen.«

»Willst du dich etwa selbständig machen?«

»Barbe wäre aufgeschmissen.«

»Du auch.«

Er gab es zu: »Ich auch.«

Das Gespräch stockte. Schweigend trennten sie sich.

Am Abend konnte Mamie nicht umhin, Marcou und Barbe miteinander zu vergleichen. Es stimmte: sie sahen sich ähnlich. Auch vermieden sie es, sich anzusprechen. Wie Schatten gingen sie aneinander vorbei. Und doch schien da eine wortlose Verständigung zwischen ihnen zu bestehen.

Am nächsten Abend versuchte Mamie mitzuzählen, als Barbe ihren Bettelsack auf den Tisch ausgeschüttet hatte. Es ging zu rasch. Marcou schob sich immer wieder zwischen Mamie und den Tisch. Mit Tire-Patte und Vilaine machte er es ebenso, aber Tire-Patte hatte sein Geld schon längst gezählt, bevor er den Sack ablieferte, und Vilaine kümmerte sich nicht darum, was sie nach Hause brachte.

Tags darauf zählte Mamie selbst ihren Bettelschatz, in einem verlassenen Hinterhof, wo einige Hühner scharrten. Es war genug Geld für eine ordentliche Mahlzeit darin. Wenn die anderen etwa ebensoviel heimbrachten, würde es für vier Tage gutes Essen reichen.

Barbe servierte eine magere Kohlsuppe, den Rest vom Vortag, mit viel Wasser verdünnt. Tire-Patte sah bedeutungsvoll zu Mamie hinüber. Mamie schaute fort.

Als zum nächsten Abend der Rest des Restes aufgetischt wurde, riß Tire-Patte die Geduld.

»Ich hätte Besseres erwartet!« entfuhr es ihm.

»Wie war das?«

»Besseres. Und mehr.«

»Was glaubst du, was du bist?« fragte Marcou grinsend.

»Was glaubst du, was du bist?« fragte Tire-Patte zurück. »Ich schaffe mehr als du.«

»Vielleicht. Aber du weißt, daß alles in einen großen, großen Topf kommt und jeder den gleichen Teil kriegt.«

»Wo ist der Topf?«

»Was für ein Topf?«

»Der, in den alles reinkommt.«

Marcou zögerte. »Brot ist teuer. Es wird alles immer alle.«

»Nicht so teuer, daß von unserem Bettelgeld nicht genügend übrig bliebe.«

»Miete und Holz vergißt du.«

»Wir ziehn um, ehe die Miete fällig ist. Und frieren tun wir auch.«

Mamie saß mit erhobenem Löffel und wagte nicht zu atmen.

Barbe schwieg noch immer. Vilaine aß.

»Morgen hätte ich gern Fleisch«, sagte Tire-Patte. »Und zwar für alle.«

»Wo sollen wir denn das Geld dazu hernehmen?«

»Vom Bettelgeld natürlich. Ich kauf es auf dem Heimweg.«

Vilaine löffelte noch immer die Suppe in sich hinein. Sie lebte auf einer Insel. Sie hatte Tagträume. Sie war Barbe blind ergeben.

»Tire-Patte«, sagte Barbe plötzlich. »Habe ich dich von deinen Eltern fortgenommen, die dich verhungern lassen wollten?«

»Das hast du. Und jetzt verhungre ich bei dir.«

Würdig erhob Barbe sich zu ihrer imposanten Größe.

»Ich schlage keine Kinder. Aber du, Tire-Patte, bist

kein Kind mehr. Du bist ein habgieriger Satan geworden.«

Der Kopf des Jungen flog zur Seite, als Barbes breite Hand ihn traf. Dem dritten Schlag konnte er erst ausweichen. Er humpelte zur Tür, drehte sich um und schrie: »Marcou ist dein Sohn! Du bestiehlst uns, damit du für ihn sparen kannst!«

Die Tür flog zu. Sogar Vilaine hielt jetzt mit dem Löffeln inne.

»Der kommt wieder«, sagte Barbe. »Er wird frieren und Hunger haben, und dann wird er wiederkommen.«

»Es ist Sommer«, sagte Mamie.

»Wir sollten ausziehen«, meinte Marcou.

»Wegen dem?« fragte Barbe. Und zu Mamie: »Was starrst du mich so an?«

Mamie schlug verschreckt die Augen nieder. Als alle unter ihren Lumpen lagen, blieb sie wach. Sie wartete, sie wußte nicht, worauf. Einmal hörte sie Marcou aufstehen und zu Barbe schleichen. Mamie hörte sie flüstern. Es gelang ihr nicht, auch nur ein Wort davon aufzufangen. Später kroch Marcou an seinen Platz zurück. Kurz darauf begann Barbe zu schnarchen.

Mitten in der Nacht fuhr Mamie hoch. Sie hatte geträumt, daß die Mädchen im Findelkinderhaus sie wieder heimgesucht hatten, alle zusammen, etwas schien sie am Atmen zu hindern: es war ihr eigenes Herz, das rasend klopfte, von noch nicht zu deutendem Schreck erfaßt.

Man hämmerte an die Tür der Mansarde. »Aufmachen! Im Namen der Nation! Bettelgesindel! Macht auf!«

Fremde Stimmen vermischten sich mit dem mürrischen Gebrumm des Hausmeisters: »Ich weiß, daß sie zu Hause sind. Ich weiß es!«

Marcou hantierte im Dunkeln und tastete nach dem Kerzenstummel, schlug Feuer. Dann öffnete er die Tür.

»Was soll das, mitten in der Nacht?«

Drei Soldaten der Bürgerwehr: braune Kappe, Kokarde am Hut. Barbe saß auf zwischen den Lumpen.

»Bist du das Bettelweib Barbe?«

»Barbe heiß ich schon.«

»Hast du fremde Kinder bei dir?«

»Fremde! Alles meine eigenen. Wie käme ich denn dazu, fremde Gören großzuziehen?«

Aus dem Schatten des Flurs trat ein vierter Mann hervor und hielt Tire-Patte beim Kragen.

»Ist sie das?« fuhr er ihn an.

Das zitternde Licht, das über Tire-Pattes Züge spielte, unterstrich seine ungewohnte Unsicherheit. »Ja.«

Er blickte fort.

»Also, Bürgerin! Man hat dich angezeigt! Du sollst Kinder stehlen und sie zu deinem Profit zum Betteln anhalten.«

»Daß ich nicht lache! Der Tunichtgut dort ist nach seinem Vater geschlagen. Er hat eine Abreibung von mir bekommen, und nun rächt er sich dafür. Kinder, heutzutage, wissen Sie . . .«

»Wovon lebst du, Bürgerin?«

»Von kleinen Diensten und von der Hand in den Mund. Wie alle Armen das immer schon getan haben, Bürger.«

»Komm mit und erzähl das auf der Wache. – Los, los, zieh dich an, pack die Gören! Alle kommen mit.«

Mamie begann zu beben. Man würde sie ausfragen. Wenn sie einander widersprächen, würde man sie alle einsperren. Sie wußte nicht einmal, was sie überhaupt antworten sollte. Umsonst versuchte sie, einen Blick von Barbe zu erhaschen, eine Anweisung von Marcou. Keiner kümmerte sich um sie.

Ein fahler Mondschein stand über den Gassen, als der Hausmeister die Tür hinter ihnen schloß. Eine einsame Droschke rumpelte um die Ecke, ein Hund heulte irgendwo. Unmittelbar vor ihren Füßen huschte eine aufgeschreckte Ratte davon. Alle Häuser hatten tote Augen: Paris schlief seinen dunklen Schlaf.

Die Schritte der Gruppe fielen seltsam laut in die Stille der Nacht. Unter einer schwingenden Laterne stand ein Pärchen und nahm selbstvergessen Abschied. Der Schimmer einer brennenden Fackel, die ein Heimleuchter vor seinem Kunden einhertrug, zitterte über das Pflaster, als die beiden die Straße überquerten. Nachdem sie in ein Haus getreten waren, blieb alles noch dunkler zurück.

Dort, wo die Gassen übermäßig winklig wurden, rissen Barbe und Marcou sich gleichzeitig los und rannten in verschiedene Richtungen davon. Nach der ersten Verblüffung handelten die Männer: einer verfolgte Barbe, ein anderer Marcou, während die restlichen ihnen gespannt nachblickten. Vilaine und Tire-Patte nutzten die kurze Gelegenheit aus und stürzten ebenfalls davon. Mamie reagierte in ihrer Verdutztheit eine Sekunde zu spät. Jemand hatte ihr bereits die dünnen Arme auf den Rücken gedreht. Sie kämpfte mit Zähnen und Füßen, aber es war umsonst. Sie stieß den Kopf vor und zurück. Doch der letzte Mann wankte nicht. Er verfolgte nicht einmal die Jagd des anderen, der Tire-Patte und Vilaine nachgesetzt hatte. Für ihn gab es nur Mamie.

»Bleib ja ruhig, du dreckige Göre, sonst schlage ich dich tot!«

Insgeheim hoffte Mamie, die Männer würden wenigstens einen von den vier Entflohenen zurückbringen – nur einen – nach dem sie sich dann würde richten können. Mal um Mal setzte sie wieder an, sich freizukämpfen, zappelte, spuckte, schrie.

Dem Mann gelang es, Mamie mit einer einzigen Hand in Schach zu halten. Mit der anderen begann er, auf sie einzudreschen. Blut schoß ihr aus der Nase und tröpfelte warm über ihr Kinn. Sie gab nach. Alle Glieder schmerzten.

Nach einer beträchtlichen Wartezeit kamen die Männer außer Atem zurück. Betreten und allein. Zu gut hatte die Meute sich ausgekannt, heimliche Schlupfwinkel erraten, die keiner kannte.

Mamie war ratlos.

Den Rest der Nacht verbrachte sie eingesperrt in einer zu niedrigen Zelle. Kurz hatte man zu Protokoll gegeben, daß sie ein gemeingefährliches Geschöpf sei, das sich gegen die Obrigkeit zur Wehr gesetzt hätte.

Schlaflos hockte sie auf dem Boden. Einige Türen weiter schrie jemand immer wieder, daß er rauswollte, raus ...

Ein Gefühl wie Heimweh beschlich Mamie. Nie hatte sie gewußt, wie gut die Freiheit gewesen war, wie köstlich die gemeinsame erbärmliche Mahlzeit am Abend, wie warm das Lumpenbett.

Eine Gelegenheit fiel ihr ein, als Vilaine eine Handvoll Haselnüsse geschenkt bekommen hatte. Sie hatten sie für das Läusewettrennen eingesetzt. Der alte Matou hatte ihnen das Spiel beigebracht, er kannte es noch aus seiner eigenen frühen Matrosenzeit. Barbe hatte lachend ein helles Tuch spendiert, das war über den Tisch gelegt worden. Dann hatte einer dem anderen vorsichtig eine Laus aus den Haaren geklaubt, die hatten sie alle zusammen um die Wette über das Tuch laufen lassen.

An jenem Abend waren sie sich alle gut gewesen, auch Tire-Patte.

Am nächsten Morgen fand das Verhör statt. Mamie hätte gern die Taubstumme gespielt, aber sie entsann sich, daß es irgendwo in Paris ein Heim für solche Unglücklichen gab, und sie fürchtete, daß man sie dort einliefern könnte. So stammelte sie mühsam, daß sie Barbes Kind sei, ja.

Weshalb Barbe sie denn im Stich gelassen hätte?

Das hätte sie nicht getan. Sie hätte wohl gemeint, Mamie würde ihr nachrennen. Aber jemand hätte sie grob festgehalten.

»Weshalb ist Barbe überhaupt geflohen?«

Weil arme Leute der Polizei nie trauten.

»Weshalb trauen denn die Armen der Polizei nicht?«

Weil immer die recht bekämen, denen es besser ginge.

»Wer hat dir das eingetrichtert?«

Niemand, das hätte sie erlebt.

»Weißt du nicht, was Revolution ist? Für die Armen?«

Hunger habe sie trotzdem.

»Womit hast du denn dein Brot verdient?«

Auf diese Frage blieb Mamie die Anwort schuldig. Der Verhörende schüttelte sie bei den Schultern.

Sie möge gefälligst Antwort geben.

Mamie schwieg weiter. Eine Maulschelle traf sie hart. Eine zweite.

»Antworte!«

Sie tat es nicht. Auch auf die nächsten Fragen blieb sie stumm. Sie war zurückgekrochen in ihr verstocktes Schweigen und blickte nur hochmütig auf das giftige Gesicht des Mannes, auf seine kleinen braunen Augen. Dabei zog sie die Nase kraus, wie ein in die Enge getriebenes Tier, bevor es beißen will. Es kam noch jemand dazu.

»Bist du noch nicht am Ende mit diesem hartgesottenen Brocken? Reif für die Salpêtrière, wenn du mich fragst!«

Der Name des Gefängnisses sagte Mamie nichts. Eine Macht war ihr bewußt geworden: wenn sie nicht reden mochte, konnte niemand sie dazu zwingen. Nie zuvor hatte sie erfaßt, daß sie einen eigenen Willen hatte, der nur ihr gehorchte. Bisher hatte sie gedacht, die Großen wären so mächtig, daß sie von den Schwachen alles erzwingen konnten, immer. Es stimmte nicht. Anscheinend gab es da Bereiche, in die keiner eindringen konnte, dem sie es nicht gestattete. Dies war wichtig, sie mußte es behalten. Es gab ihr Kraft, weiterhin zu schweigen.

Mochte Barbe für Marcou gespart haben oder nicht – einmal hatte sie Mamie gerettet. Mochten Tire-Patte und Vilaine sie im Stich gelassen haben oder nicht – lange waren sie wie Geschwister gewesen. Eine einzige Angst dominierte: daß man sie ins Hospiz zurückschaffen könnte. Es schien ihr in ihrer Ahnungslosigkeit das Allerschrecklichste, was ihr geschehen könnte.

Schon deshalb war es notwendig, alle in dem Glauben zu lassen, sie sei Barbes Kind. Nicht einmal den Namen verriet sie ihnen. Womöglich hätte man nachschlagen können, daß irgendwann einmal ein Mädchen dieses Namens aus dem Hospiz entwichen sei. Rechtzeitig hatte sie sich darauf besonnen.

Es wurmte die Männer, daß ein so winziges Ding sie offenbar an der Nase herumführte. Der Bericht über den nächtlichen Fang, von dem nur dieser magere Vogel übriggeblieben war, fiel entsprechend aus. Barbes Mansarde wurde als Lasterhöhle beschrieben, die Mädchen als kleine Huren.

Ein schnüffelnder Richter, der Tabak schnupfte und große Gesprächspausen einlegte, in denen er sehnsüchtig auf ein befreiendes Niesen wartete, das viel zu zögernd kam, tat das seinige dazu.

»Hast du gebettelt?«

. . .

»Hast du gestohlen?«

. . .

»Hast du dich herumgetrieben?«

. . .

Sein Hammer schlug schließlich auf den Tisch. »Sie wird wohl. Sonst hätte sie geleugnet. Abführen! Salpêtrière.«

Er klappte den Aktendeckel zu und konnte plötzlich ausgiebig niesen.

Quer durch Paris führte man Mamie am Strick, zusammen mit anderen Mädchen und Frauen, die man aufgelesen hatte. Südöstlich der Stadt lag der berüchtigte Gefängniskomplex. Gäßchen und Straßen, Sackgassen, Pavillons und Kapellen machten ein richtiges Dorf daraus.

Ursprünglich hatte man im Hauptgebäude einmal Salpeter gewonnen. In der Mitte des siebzehnten Jahrhunderts hatte Ludwig der XIV. dann die Salpêtrière offiziell zu einem Armenspital ernannt, um Paris von dem Bettelvolk zu befreien, das die Straßen gar zu sehr verunsicherte. Alte Leute, die weder Bleibe noch Einkünfte hatten, konnten dort paarweise in sehr kleinen Räumen hausen. Es gab ein Gebäude für die Krüppel, ein anderes, in dem man nur Geisteskranke untergebracht hatte, und wieder eins für unverheiratete schwangere Frauen, die ihrer Niederkunft entgegensahen und ihr Kind bei sich behalten wollten. Es gab auch ein Haus für Töchter besserer Leute, die um eine Erziehungshilfe gebeten hatten, weil die Mädchen widerspenstig oder unverbesserlich waren. Mit eiserner Faust wurden sie dort regiert.

Schließlich gab es die Abteilung für Straffällige, wo Frauen und Mädchen, wegen oft geringfügiger Vergehen eingesperrt, zusammen mit Mörderinnen, Diebinnen, Giftmischerinnen, Abtreiberinnen hausten.

Straßenmädchen, die öffentliches Ärgernis erregt hatten, waren gesondert untergebracht.

Eine grauhaarige Wärterin nahm Mamie in Empfang, sie schob sie vor sich her, denn sie war die kleinste in der Gruppe. In einem kahlen Raum wurden ihr die Haare abrasiert. Sie mußte sich unter Aufsicht waschen und bekam Anstaltskleidung: ein grobes Hemd, einen alten Rock, ein graues Kleid, graue Strümpfe, Holzschuhe und eine häßliche runde Haube.

Ein trauriger Geruch stieg aus diesen Kleidern am Mamie empor. Man führte sie zu jener Offizierin – wie man sie nannte –, die das Gefängnisbuch verwaltete. Der große Foliant lag aufgeschlagen, die Hand der Frau hob bereits die Feder. Nachdenklich ruhte ihr Blick auf Mamies Gesicht.

»Wie heißt du?«

Schweigen.

»Du mußt doch einen Namen haben, Kind! So klein, wie du noch bist . . . komm, sag ihn.«

Nichts.

»Wir müssen Buch darüber führen, ob du dich gut oder schlimm beträgst. Wie sollen wir das machen? Irgendwann möchtest du doch wieder frei sein? Nun?«

Immer noch keine Antwort.

»Schämst du dich deines Namens?«

»Soll ich dir einen neuen geben?«

Mamie sah über den Kopf der Frau hinweg auf die eisernen Verstrebungen hinter dem Fenster.

»Es ist schlimm, keinen Namen zu haben. Man kann hier vergessen werden, weißt du das? Inzwischen verrinnt die Zeit . . . Wenn du jetzt schon widerspenstig bist, muß ich dich zu den Straffälligen geben.«

Sie sah in die Akte, die vor ihr lag.

»Hast du dich wirklich herumgetrieben? So winzig, wie du bist?«

Ganz leicht, ganz kurz, ein heftiges Verneinen. Die riesigen grauen Augen füllten sich mit Tränen. Dann – vorbei. Wieder ein starres kleines Gesicht.

»Na schön, du schweigst. Du bekommst eine Nummer. Wie die unglücklichen Verrückten, die nichts mehr von sich wissen.«

Die gleiche Wärterin führte Mamie über einen großen gepflasterten Hof zu dem Gebäude der Straffälligen. Sie schloß eine Tür auf, nachdem sie aus einem riesigen Schlüsselbund einen Schlüssel gewählt hatte, schubste Mamie in den Raum, schrie: »Neue schwierige Göre, hat die Nummer 97, will keinen Namen sagen«, und knallte die Tür wieder zu. Mamie hörte, wie der Schlüssel sich wieder im Schloß drehte. Sie sah sich um.

Großer Raum – hohe Fenster mit Eisenstangen. An der Wand gegenüber diesen Fenstern waren viele Betten unordentlich zusammengeschoben worden, als habe man Platz machen wollen für die Tische und Stühle, an denen Frauen und Mädchen saßen, mehr als fünfzig, schätzte Mamie. Zwei Aufseherinnen befanden sich an jedem Ende des Saals. Die Straffälligen hatten eine Näharbeit vor sich, doch sie sahen alle auf Mamie.

»Weitermachen!« schrie eine Aufseherin. »Ihr wißt, daß jede, die am Tag nicht ihr halbes Hemd schafft, zweimal die Peitsche bekommt! Steht auf dem Schild an der Wand, aber ihr dämlichen Weiber könnt ja nicht lesen!«

Und zu Mamie: »Na, was stehst du denn da und gaffst? Komm näher, 97.«

Widerwillig neigten sich die grauen Hauben von neuem über die Arbeit. Aber seitwärts schielend, verfolgten die Frauen Mamies Schritte.

»Setz dich dorthin. Kannst du überhaupt nähen?«

Ein sehr leichtes Lächeln verirrte sich in Mamies Mundwinkeln und erlosch, als sie nickte.

»Das überrascht mich aber! Zeig, wie du das machst . . . Starrt nicht so, ihr anderen! Weitermachen!«

Mamie setzte sich auf den Binsenstuhl, faltete das bereits zugeschnittene Hemd, das man ihr reichte, so auf dem Tisch, daß sie einen Zipfel bequem in den Händen halten konnte, blickte auf die Nadel, fädelte ein. Erinnerungen an Goldfäden waren weit. Nähen allein war bereits Glück, wenn man monatelang nur hatte betteln dürfen . . .

»Was!«

Die Wärterin war verblüfft. »Wo hast du das gelernt?«

Natürlich Schweigen. Alle Frauen hatten jetzt aufgehört zu nähen und sahen großäugig auf Mamie. Die zweite Wärterin trat hinzu. Kleine flinke Finger, fast unsichtbare Stiche, nebeneinander, schnurgerade.

»Seht es euch an! Nehmt euch ein Beispiel daran!« schrie die Aufseherin.

Mamie nähte verbissen, rasch. Eine Frau nach der anderen stand folgsam auf, lief um den Tisch herum, zupfte an Mamies Näharbeit, betrachtete sie und schlurfte wieder fort.

Es dauerte eine Weile, bis Mamie nicht mehr den stechenden Blick der Aufseherin auf sich spürte. Sehr kurz danach aber schob ihr die Frau, die neben ihr saß, die eigene Näharbeit immer dichter zu, stupste sie an und zeigte mit den Augen. Mamie begriff nicht sofort. Ungeduldig kniff die Frau sie ins Bein, deutete eindringlicher auf die Arbeit. Als die Aufseherin einmal anderweitig aufmerksam werden mußte, tauschte das Weib die Hemden aus. Mamie nähte an der fremden Arbeit weiter, wo die ungleichen groben Stiche ausgesetzt hatten. Nach einer halben Stunde schob jemand anders ihr wieder eine andere Arbeit zu, während einige Frauen dafür am anderen Ende des Tisches absichtlich die Aufseherinnen ablenkten.

Mamie zählte wohl sieben verschiedene Hemden, an denen sie nähte. Es war ihr gleichgültig. Hauptsache, sie durfte etwas tun. Das Weib neben Mamie, ein großes, dickes, flüsterte:

»Wie heißt du, kleines Ding?«

Mamie winkte mit einem Zeigefinger ab.

»Stumm?«

Sie lächelte mit zitternden Nasenflügeln, sah aber nicht auf.

»Natürlich ist sie nicht stumm«, sagte die Frau neben der dicken.

»Wenn die stumm wäre, würde sie nicht gelächelt haben!«

»Das ist nicht gesagt. Ich kannte mal einen . . .«

»Will keine wissen, wen du kanntest! Wird schon was Großes gewesen sein . . .«

»Wenn ich so viele Engel gemacht hätte wie du!«

»Giftmischen ist wohl feiner, was?«

»Sag das nicht noch einmal!« schrie plötzlich die Beleidigte laut.

»Immer sage ich das! Woran sonst ist dein Kerl gestorben!«

Ehe die Aufseherinnen sich dazwischenwerfen konnten, hatten Giftmischerin und Hebamme sich in der Wolle. Sie schlugen, kratzten, rissen sich gegenseitig die Haube vom Kopf. Die nackten Schädel verhöhnten sich unter dem schallenden Gelächter der anderen Frauen, die dem Kampf mit funkelnden Augen und kräftigen Anfeuerungen folgten. Nur ein paar Peitschenhiebe einer der Aufseherinnen konnten die zwei voneinander trennen.

Mamie hörte nicht auf zu nähen. Es war wie ein Hunger, den sie stillte und der doch nicht zu stillen war. Immer wieder spielte ihr jemand ein anderes Hemd in die Hände. Es geschah mit der größten Selbstverständlichkeit, und Mamie ließ es ebenso geschehen. Hauptsache, es wurde schön, gleichmäßig, befriedigend fein . . .

Solange man sie nur in Ruhe ließ.

Als der Tag sich neigte, schob man Mamie das eigene Hemd wieder zu. Ungeschickte Finger hatten mit unsicheren Stichen lieblos daran weitergenäht.

Schon am nächsten Morgen bekam eine der Aufseherinnen den Schwindel spitz, als zwei Weiber sich wegen Mamie zu zanken begannen und sich verrieten. Sofort setzte man Mamie abseits, direkt unter die Augen einer anderen Wärterin, die an einem Nebentisch rechnete und schrieb. Gegen Abend beugte diese sich über die feinen Stiche und rief die anderen Wärterinnen herbei. Sie tuschelten miteinander, sahen auf Mamie, dann wieder auf die Arbeit.

Man schien sie im Auge zu behalten. Aber die Tage

reihten sich gleichmäßig aneinander wie herabfallende Tropfen.

Alles, was Mamie im Laufe ihrer Bettelzeit auf den Straßen von Paris noch entgangen war an Bosheit und Laster, erfuhr sie in der Salpêtrière. Sie erlebte, wie Frauen sich gegenseitig peinigten, verrieten, sich liebten und sich haßten, wie sie in verzweifeltem und vielschichtigem Ränkespiel versuchten, einander auszustechen. Obgleich die Aufseherinnen die Gefangenen niemals gänzlich ohne Aufsicht ließen und sie sogar nachts durch eine kleine Türöffnung beobachteten, sprachen die Gefangenen frei über ihre Vergangenheit und ihre Missetaten. Aber jede erzählte für die eigenen Ohren, bis zur Übelkeit irritiert und gelangweilt durch jene, die jede Stunde jedes Tages die lange Haft mit ihr teilten.

Die Engelmacherin hatte sich Mamies angenommen. Lange und oft sprach sie erfolglos auf das Mädchen ein. Mamie, fest entschlossen, sich keiner zu öffnen, hatte wieder angefangen, Träume und Gedanken um sich herum aufzutürmen, höher als im Hospiz. Auch hatte sie festgestellt, daß ihr anhaltendes Schweigen Respekt abforderte, sie vor Vertraulichkeiten und Übergriffen schützte. So saß sie Stunde um Stunde über dem schneeigen Hemd und dachte an die Frauen, die es einmal tragen würden. An ganz Paris dachte sie, sehr oft an Barbe. Niemals weinte sie.

Als sie unter den Augen der Wärterin an einem gesonderten Tisch ihr sechstes Hemd genäht hatte, raunte die Engelmacherin ihr im Vorübergehen zu, daß Zahltag sei, daß sie für ihre Näharbeit alle ihren Lohn bekommen würden. Nur einige Sous, aber dafür konnte man sich Zucker, Käse oder Kuchen kaufen.

Es war das erste Geld, das Mamie ihr eigen nannte. Verstohlen knotete sie es in einen Zipfel ihres Unterrocks. Wohl überlegte sie kurz, was sie sich dafür kaufen könnte, wenn sie lange genug sparte. Und plötzlich kam wie durch ein Wunder die Erinnerung an den Goldfaden wieder auf – an den Strang bunter Garne an ihrem Fensterkreuz.

Die Tage waren so gleichmäßig, daß man sie nur voneinander unterscheiden konnte durch die Verschiedenheit der Mahlzeiten: Suppen, Bohnen, Erbsen, Linsen, Schwarzbrot. Zum Sonntag eine Unze Fleisch, am Donnerstag ein Stück Käse. Wer sich nicht ordentlich verhielt, wurde zu Wasser und Trockenbrot verdammt. Mamie mochte etwa vier Wochen in der Salpêtrière gewesen sein, als eines Tages eine Wärterin eintrat. Sie sprach kurz mit einer der Aufseherinnen, blickte auf Mamie. Mit Daumen und Zeigefinger einer Hand nahm sie eine Ecke der Näharbeit auf, betrachtete sie und nickte. Auf das Zeichen, das die Frau ihr machte, stand Mamie verschüchtert auf, nicht bevor die Wärterin, an deren Tisch Mamie so viele Stunden schweigend gearbeitet hatte, ihr zunickte.

Sie reichte ihr das Hemd. »Nimm das mit . . .«

Mamies Holzschuhe klappten auf den Steinen des breiten Innenhofs, als sie der Wärterin zum Hauptgebäude folgte. Dort fand sie sich jener Offizierin gegenüber, die sie umsonst nach ihrem Namen gefragt hatte, als sie ins Register eingetragen werden sollte. Lange schaute die Frau auf Mamie.

»Setz dich. Willst du mir heute deinen Namen sagen?«

Mamie schüttelte nicht einmal den Kopf, sah auf die Staubteilchen, die in der einfallenden Sonne tanzten.

»Ich hätte gern gewußt, wo du gelernt hast, so fein und sicher zu nähen.«

Viel zu tief bereits war Mamie in das Schweigen hineingeglitten, eine zu liebe Gewohnheit war es ihr geworden, als daß sie es brechen wollte.

»Wenn ich wüßte, was du ausgefressen hast, brauchte ich dich vielleicht nicht zu jenen Frauen zu stecken . . .

Begreifst du denn nicht? Wie könnte jemand dich jemals finden, falls er dich sucht?«

Mamie war sicher, daß keiner sie jemals suchen würde, also erschreckte dieser Gedanke sie nicht.

»Schau mich einmal an, hat man dir wehgetan?«

Die Augen, in die Mamie blickte, waren graugrün mit goldenen Fleckchen. In dem ältlichen Gesicht hatten sie den Glanz eines stillen Gewässers, es leuchtete Güte darin. In Mamies Innerem wurde der Trotz wankend, eine empfindsame Stelle wurde frei. Es trieb ihr das Wasser in die Augen, bis sie sie niederschlug. Möglich, daß dies die Offizierin einen Entschluß fassen ließ.

»Da ist eine sehr fromme Dame, die den Gefangenen etwas Gutes zukommen lassen möchte. Ihre Tochter heiratet. Sie hat darauf bestanden, daß die ganze Aussteuer hier genäht wird. Du darfst mithelfen. Ich bringe dich zu den anderen.«

Benommen folgte ihr Mamie. Sie hatte nur verstanden, daß sie mit anderen kundigen Frauen würde arbeiten dürfen. Also konnte sie etwas dazulernen. Und es war lange her, daß sie etwas hatte lernen dürfen. Sie hungerte förmlich danach.

Es waren neun Frauen im Raum. Einige standen vor einem Ballen weißen Stoff, den sie auf einem Tisch abgerollt hatten und von dem sie mit einer Elle Stücke abmaßen. Andere saßen gebeugt über eine Nadelarbeit. In einer Ecke hockte ein älteres Mädchen und klöppelte. Der Flechtspitzenstreifen lag über einem Sandkissen, von dem links und rechts Holzspulen mit aufgerollten Fäden herunterhingen. Manchmal schlugen diese Klöppel zart aneinander, während unter den tüchtigen Händen das Muster langsam wuchs.

Auch eine Stickerin sah Mamie. Zwar hatte sie keinen Goldfaden in ihrer Nadel, aber das schimmernde Garn bildete schmale Blätter von einer vollendeten Form.

Die Augen der Frauen ruhten auf Mamies Händen, als

sie nach dem Stoff, den man ihr reichte, faßte. Ihre Beine waren so kurz, daß sie die Füße in den Holzpantinen auf die oberste Stuhlsprosse setzen mußte. An ihren Fingerspitzen fühlte der Batist sich so zart wie Rosenblütenblätter an.

Mamie begann zu nähen.

Obgleich das äußere Bild fast an das Hospiz erinnerte, war die Stimmung im Raum gelöst und froh. Auch diese Frauen trugen die unschöne Gefängnisuniform, aber sie schien um ein Geringes weicher und gefälliger zu fallen. Die runde Haube saß nicht gar so klobig auf den Haaren, die hantierenden Hände waren sauber. Manchmal lächelte eine der Frauen leise vor sich hin. Alle schienen sich der Auszeichnung, die ihnen widerfahren war, bewußt zu sein. Diese Arbeit war kein Zwang. Sie war eine Ehre. Die Dankbarkeit dafür äußerte sich in gegenseitigem kameradschaftlichen Wohlwollen. Auch Mamie kam dies zugute.

Die Gruppe hatte keinerlei Verbindung mehr mit den anderen Gefangenen. So erfuhr Mamie nichts von dem Haß jener, die keine Freude an der Arbeit hatten, diesen Bevorzugten gegenüber, die sich durch ihre Fähigkeit und Willigkeit Vorteile zu verschaffen wußten. Es gab eine Spur besseres Essen, ein höheres Handgeld und eine freundlichere Behandlung für diese »Bijous«, wie man sie außerhalb des Raumes höhnisch nannte.

Mamie war bei weitem die jüngste. Weil sie so schweigsam war und so verloren wirkte in ihrer zu großen Tracht, legten die Frauen eine rührende Bereitschaft an den Tag, ihr zu helfen, die sie mütterlich machte.

Man zeigte Mamie, wie geklöppelt wurde, wie man ein Hemd zuschnitt, wie man eine Spitze gefällig raffte und ansetzte, wie man Initialen ineinanderflocht, daß sie dem Auge schmeichelten, wie man eine Schleife band, wie man zwei Bahnen Linnen zu einem breiten Laken zusammennähte – wie man mit einem Bügeleisen hantierte, es aus der glühenden Holzkohle zog und so lange über Papier hin- und herschob, bis es eine völlig blanke, völlig saubere Unterfläche hatte, die man getrost auf eine Naht drücken durfte.

Allmählich türmten sich die Wäschestücke für die Aussteuer der unbekannten feinen Braut aufeinander, alles säuberlich zusammengefaltet, mit Bändchen zu Stapeln gebunden.

Mamie träumte davon, daß noch viele Damen im großen Paris auf den gütigen Gedanken kommen möchten, ihre Aussteuer von unglücklichen Gefangenen nähen zu lassen. Und darüber wurden die Stiche winziger als ein Nadelöhr.

Jacques und Toinette heirateten im September 1782, vier Jahre bevor der Marquis Jean-Antoine-Nicolas Caritat de Condorcet seine Sophie Grouchy heimführte. Wäre Toinette eine adlige Braut wie Sophie gewesen, hätte man sie in Schwarzgold gekleidet. Nun trug sie ein buntes Kleid, wie es sich für einfache Mädchen an einem solchen Tag geziemte.

Beim Verlassen der Kirche, voran im Zug, dem Freunde und Verwandte in der angenehmen Erwartung des Hochzeitsschmauses folgten, fiel Toinette das Findelkind ein, das vor der Kapelle unter der blühenden Robinie gelegen hatte und mit dem alles zwischen Jacques und ihr begonnen hatte. Niemals wieder war das Geschöpf ihr in den Sinn gekommen. Es mochte jetzt zwei Jahre alt sein, wenn es noch lebte.

»Was machst du für ein ernstes Gesicht?«

»Das Findelkind, Jacques – von damals. Wie ungerecht es im Leben zugeht. Von Anbeginn wird mit vielerlei Maß gemessen: ein reiches Kind – ein armes Kind – ein ausgesetzes Kind . . .« Jacques hörte wohlwollend zu. Für ihn gab es nur ein Gesprächsthema, einen Gewährsmann, den er zu allen Gelegenheiten zitierte, seinen Brotherrn, der den Adelstitel abgelegt hatte und sich meistens Caritat nannte.

»Er sagt das auch oft. Nicht einmal die Natur ist gerecht: denke an die Begabung, die Schönheit, die Gesundheit, die Lebenskraft. Das alles ist bereits unterschiedlich aufgeteilt. Und wenn man bedenkt, daß es Leute gibt, die meinen, daß nur wenige vom Anfang ihrer Tage dazu auserkoren sind, die himmlische Seligkeit zu gewinnen und Gottes Gnade zu erfahren – was immer sie auch tun mögen, dann faßt man sich an den Kopf. Es hieße die menschliche Ungerechtigkeit auf Gott übertragen.«

»Man kann nachhelfen oder verhüten, Jacques.«

Er zuckte die Achseln.

»Doch, Jacques, doch. Zum Beispiel: versprich mir, daß wir niemals unsere Kinder aussetzen werden, so arm wir auch werden mögen.«

Er war gerührt. »Das verspreche ich dir. Obgleich ein solches Versprechen in der Gesellschaft, wie mein Herr sie sich erträumt, überflüssig sein wird.«

Das war es noch nicht: Paris gab weiterhin seine unerwünschten Kinder in den Spitälern ab – die Räte der Hospize mühten sich umsonst, das Problem des Ammenmangels zu lösen, während die Totengräber weiterhin zahlreiche Leichen verhungerter Säuglinge jeweils einer toten Frau zwischen die Beine legten, ehe sie begraben wurden, um Platz auf den überbelegten Friedhöfen zu sparen.

»Wenn damals das Findelkind nicht gewesen wäre, hätten wir uns nicht kennengelernt. Und du meintest noch, es sei eins wie alle anderen auch.«

»Da habe ich es noch nicht besser gewußt.«

»Es hieß Mamie.«

»Nun, da du es sagst . . .«

»Als du mich deinem Herrn vorgestellt hast und er uns fragte, wie wir uns kennengelernt hätten, erzählte er mir, daß die Römer früher fremde Kinder an Kindes Statt angenommen haben.«

»Damals war ein Vater aber auch Herr über Leben und Tod seiner Kinder.«

». . . nur eine Akte mußte man dazu vor Gericht unterschreiben, und das Kind hatte Namen und Heim . . . Es ist wohl aus der Mode gekommen?«

»Was?«

»Die Adoption. Schade . . . Eine so gütige Gewohnheit!«

Vor nicht ganz einer halben Stunde war Toinette kirchlich getraut worden, vor einem blumengeschmückten Altar mit brennenden Kerzen. Der Pfarrer hatte das Paar in sein Kirchenbuch eingetragen. Wenn sie Kinder haben würde, würde er sie nach der Taufe dort ebenfalls eintragen, nachschlagbar für alle Zeit. Wenn . . . Und wenn nicht . . .?

»Stell dir vor, Jacques, wenn ich einfach zum Findelkinderhaus ginge, an das große Portal klopfte und nach Mamie fragte?«

Jacques spürte eine Vorsicht, deren er sich schämte. »Wenn ich ein reicher Mann wäre! Aber wie die Sache heute steht, muß ich froh sein, wenn ich für uns und eigene Kinder aufkommen kann.«

»Gewiß.«

Schweigend schritten sie über das ungleiche, schmutzige Pflaster, sahen Dinge, ohne sie zu sehen.

»Versprich, daß du deinem Herrn helfen wirst, die Armut verschwinden zu lassen, Jacques!«

»Und die Dummheit, ja! Eines Tages, so sagt Monsieur Caritat, eines Tages wird das Volk klug und stark genug sein, um sich weise sein Recht zu nehmen. Dann wird mancher sich wundern, der glaubte, die Macht stünde nur ihm zu. Mein Herr ist großartig! Er glaubt nicht an Gott, er geht nicht in die Kirche, aber er ist gütiger, hilfreicher und besser als manche frommen Leute, die ich kenne. Er hat so unendlich viel zu tun. Kommt aber einer, der ihn braucht, hat er für ihn eine Fülle von Zeit. Er korrespondiert mit dem König von Preußen, mit der Zarin von Rußland – und doch ist er bescheiden, gleichbleibend höflich, sogar zu den sehr Armen. Er sagt, die Welt gehört allen, die darin leben.«

»Daß ein so vornehmer Mann so viel für das einfache Volk übrig hat, Jacques! Fürchtet er sich davor, daß es über die Stränge schlagen könnte?«

»Er glaubt, ihm helfen zu können, bis es sich selbst helfen kann.« Jacques senkte die Stimme: »Es ist schon ungeheuerlich, manchmal, was er mir diktiert. Stell dir vor, er glaubt nicht, daß ein Land einen König braucht, um regiert zu werden. Er sagt, jeder Adlige, jeder König, jeder Reiche, der nicht bald erkennt, daß er mit einem mündigen Volk wird zusammenarbeiten müssen, bald, wird verloren sein.«

Toinette schauderte. »Was hast du denn?«

»Ich dachte gerade – an später . . . wir wissen nichts, nichts. Was mag wohl in zehn Jahren sein?«

»September 1792 wird in zehn Jahren sein! Aber wenn du möchtest, werde ich dich an diesen Augenblick erinnern, und dann machen wir gemeinsam die Summe aller Geschehnisse auf. Wozu sich beunruhigen? Die Götter lassen sowieso immer nur das Unerwartete geschehen.«

Er drückte ihren Arm, sie blickte zu ihm auf. Die Zukunft leuchtete wieder, die Erfüllung freudiger Erwartung stand nahe bevor. Als sei eine graue Wolke über das Straßentreiben der Stadt geschoben worden, um weiterzuwandern, ohne daß das drohende Gewitter ausgebrochen war.

Toinette ängstigte sich nicht mehr über die Zukunft. Stand nicht alles vor ihr wie in einem Buch, das sich langsam, jeden Tag nur ein paar Zeilen, lesen ließ? In zehn Jahren würde sie einiges mehr wissen.

Aber als die zehn Jahre vorüber waren, hatte sowohl Jacques als auch Toinette vergessen, woran sie sich erinnern wollten. Zu viel war in der Zwischenzeit geschehen: der König, seiner Macht enthoben, saß gefangen im Temple-Gefängnis. Und hatte doch nur durch Zaudern gesündigt, wo er hätte durchgreifen müssen, durch Energie gesündigt, wo er hätte langmütig bleiben sollen. Das Land hatte eine Verfassung bekommen, man sprach viel vom vierten Stand. Ein aufgehetztes Volk lag auf der Lauer. Schon wurde es gefährlich, gegen den allgemeinen Strom zu schwimmen.

Und dann waren ja auch die Kinder gekommen, sie wurden nach der neuen Art erzogen: im ehernen Rahmen der Vaterlandsliebe und der Freiheit, der Brüderlichkeit und der Gleichheit: Michou, dunkel und schweigsam, klüger als die meisten seines Alters, Toinettes einziger Sohn. Sie liebte ihn besonders, ohne es ihm oft zu zeigen. Kurz nach ihm wurde die entzückende Valérie geboren, nach ihr kam dann Bibiche, die Kleine mit dem sanften Augenaufschlag und dem einschmeichelnden Lächeln, mit dem sie sich über die striktesten Befehle hinwegsetzen konnte. Jacques stand weiterhin im Dienst des Sieur Caritat. Dieser war im August 1792 seiner Stellung als Inspektor der Münze – für die er niemals Gehalt bekommen hatte – enthoben worden. Er hatte mit seiner Familie in der Münze wohnen dürfen. Nun war er ausgezogen. Mit Frau und seiner kleinen Tochter Elisa hauste er in der Rue de Lille, Ecke Rue Bellechasse, auf dem linken Seine-Ufer. Jacques und Toinette wohnten ebenfalls dort.

Hatte Caritat sich früher stark mit Mathematik beschäftigt, so hatte er sich nun der Politik verschrieben. Er verfaßte Manifeste, Zeitungsartikel und hatte obendrein einen Sitz in der Nationalversammlung erhalten. Große

Pläne für neuartigen Unterricht entfalteten sich aus seinen hastig diktierten Gedanken. In schlichter Würde traten geistige Größe und Menschenliebe aus seiner Arbeit hervor. Äußerlich sah man ihm das nicht an. In seinem schwarzen Rock, mit seinen breiten, gebeugten Schultern und den spindeldürren Beinen ähnelte er eher einem verlegenen Marabu. Er war schüchtern, nervös, schwach auf der Brust und sprach leise mit stockender Stimme. Sein Löwenmut wurzelte im geistigen Widerstand gegen jedes Übel. Zu Jacques sprach er wie zu seinesgleichen. Früher ein leidenschaftlicher Jäger, hatte er sich das Jagen versagt, weil er überzeugt war, daß man nicht töten dürfe, nicht einmal ein Insekt.

Er haßte die Intoleranz und glaubte unerschütterlich daran, daß man die Menschen verbessern könne.

Caritat hatte dem jungen Paar drei Mansardenräume überlassen. Wenn Jacques im eigenen Zimmer das Diktat in seiner klaren Schrift nachschrieb, sah Toinette ihm manchmal über die Schulter, las die Sätze, die von selbst aus der Feder zu fließen schienen, und wunderte sich, daß sie diese verstand.

Sie hatte viel gelesen seit ihrer Hochzeit. Jacques brachte oft neue Bücher aus Caritats Beständen mit. Toinettes Gedanken brauchten sich nicht mehr auf die »Zehenspitzen« zu stellen, wie damals, als sie Jacques kennengelernt hatte. Jetzt reichte ihr Denken bequem an das seinige heran. Sie hatte den eigenen Verstand entdeckt und geschult, spürte aber, daß er anders war als der des Mannes: ihr Denken lief quer durch ihr Herz und kreiste das ein, was sie liebte und rührte, und das, wofür sie sich verantwortlich fühlte.

Brach sie ihr Brot oder schnitt sie es für die Suppe zurecht, fielen ihr die Hungernden ein. Niemals konnte sie ihren Kindern eine Kumme Milch reichen, ohne an die Säuglinge zu denken, die verhungern mußten.

Die Priester bezeichneten es als Gottes weisen Ratschluß, daß Kinder Opfer sogenannter unlösbarer wirtschaftlicher Probleme werden mußten. Sie aber nahm es nicht mehr hin. Obgleich sie sehr fromm erzogen worden war, suchten sie die Gedanken heim, auf welche die Erwachsenen niemals eine Antwort geben konnten. Daher entsetzte sie sich nur mäßig, als Jacques ihr gestand, er stelle die Allmacht Gottes, seine allumfassende Güte und Gerechtigkeit in Zweifel.

»Wie kann er den Menschen, den Dummen, den freien Willen gelassen haben, wenn er in seiner Allwissenheit erkannt haben muß, daß sie diesen freien Willen auf Kosten der Schwächeren und Hilflosen mißbrauchen würden?« fragte Jacques.

Und Toinette fragte zurück: »Was hat der eine Teil der Menschheit getan, daß der andere Teil das Recht haben sollte, an ihm schuldig zu werden?«

»Weshalb«, so forschten sie gemeinsam weiter, »muß die Auffassung des Guten, das Gott den Menschen in die Seele gelegt haben soll, so verschieden sein von dem, was in der Welt geschieht?«

Unter dem heilen Dach Caritats litten Jacques und seine Familie keine Not.

Vielleicht hatte er deshalb die Muße, mit Toinette aus dem engen Kreis der Ichbezogenheit herauszutreten – wenn auch nur gedanklich – und sich über das Elend der Unglücklicheren zu neigen, während außerhalb des schützenden Kreises der Terror sich bereits zu einer würgenden Faust zusammenballte.

Toinette bekam Caritat nicht oft zu Gesicht. Selten sprach er mit ihr. Wenn sie ihn traf, begnügte er sich damit, ihr zuzunicken, verlegen zu hüsteln und sich durch sein langes nach hinten gekämmtes Haar über der fliehenden Stirn zu streichen. 1791 war er in die Nationalversammlung gewählt worden, nachdem die Gesetzgebende Versammlung endlich die Verfassung des Landes dem König vorgelegt hatte, ehe diese Volksvertretung sich auflöste.

Im Juni war der König von seiner Flucht ins Ausland bei Varennes abgefangen worden. Im Juli 1791, zur Feier des Bastille-Gedenktages, gab es eine unerlaubte Manifestation, von jenen auf die Beine gestellt, die für die Abdankung des Königs waren. Danton, ein Hüne, grobschlächtig, unschön, doch voller Mutterwitz, hatte mit seiner donnernden Stimme das Volk fasziniert. Man munkelte, daß er die Hand bei dieser Manifestation im Spiel gehabt habe. Etwas undurchsichtig, nicht frei von Eigennützigkeit, ein blendender Redner, leitete er jenen politischen Club, der sich nach den Cordeliers nannte, weil sie in deren Kloster tagten. Danton war für die Republik, für den freien Handel, für den Krieg. Er stand für die besitzende Bourgeoisie. Ohne alles an ihm zu akzeptieren, zeigte Caritat deutlich, daß er Danton für die Revolution für sehr nützlich hielt.

Die meisten Mitglieder der Gesetzgebenden Versammlung waren 1791 für die Beendigung der Revolution. Bürger und liberaler Adel fürchteten um ihren Besitz und um die Freiheit, die in der Diktatur des Volkes untergehen könnte. Fürsprecher eben dieses Volkes war Marat, der mit seinem Blatt »Freund des Volkes« die Armen und Unwissenden eher aufzuwiegeln als aufzuklären verstand. Von Anfang an hatte Marat gegen Caritat gegeifert und aus der Luft gegriffene Anschuldigungen erhoben. Wenn Jacques sie las, wurde er blaß vor Empörung. Caritat hingegen beachtete die Verleumdungen nicht. Er war seit jeher gefühllos gegen das gewesen, was man ihm selbst antat, und ereiferte sich nur über Unrecht, das seinen Freunden geschah. Noch stand er hoch im Ansehen, doch das Gift sammelte sich im Unterbewußtsein sogar jener, die es besser hätten wissen müssen als Marat. Seinen geschmacklosen Beleidigungen lag ein bösartiger Brotneid zugrunde, der noch aus der Zeit datierte, als Condorcet in seiner Eigenschaft als Sekretär der Akademischen Wissenschaften eine physikalische Schrift Marats abgelehnt hatte.

Am 13. September 1791 hatte man dem König die Verfassung vorgelegt, an der die Versammlung zwei Jahre gearbeitet hatte. Um des Monarchen Gefühle zu schonen, hatte man jene Stellen daraus gestrichen, die sich auf die Verstaatlichung der Kirche bezogen. Am 14. September 1791 schwor der König zum Schein, der Verfassung die Treue zu halten. Schon hatte er die Beziehungen geknüpft, die ihm zum Verhängnis werden sollten. Übliche Feier – übliche Lieder – in der Begeisterung der Menge wurden einmal wieder einige Leute zu Tode getrampelt. Man ließ den König lauthals hochleben.

Auch Jacques und Toinette meinten jetzt sicher zu wissen, daß die Revolution zu Ende sei. An ihrem runden Tisch, vor ihrer dampfenden Suppe, erhitzten sie sich über die Verfassung, die Jacques seiner Frau stokkend erklärte.

»Hör, Jacques, ich denke, es geht um die Armen, die klug werden sollen, ja?« fragte Toinette ziemlich kriegerisch. Bibiche zahnte. In den Nächten wimmerte sie so laut, daß Toinette sie auf den Arm nehmen mußte und durch die Stube hin und her tragen.

»Ja, ja, schon.«

»Weshalb dürfen dann die Armen nicht wählen?«

»Jeder darf wählen, der pro Jahr einen gewissen Betrag an Steuern zahlt. Drei Arbeitstage von 365, verstehst du?«

Toinette steckte ihren Finger in Bibiches Mund, und das kleine Mädchen kaute mit ihrem harten Zahnfleisch darauf. Es kitzelte ein wenig.

»Nun gib's doch zu, Toinette: wer noch weniger Steuern zahlt, kann sowieso keine Übersicht haben, kann wahrscheinlich nicht einmal schreiben und lesen. Was nützt dieser Mangel an Einsicht einem Staat?«

»Ich denke, die Armen sollen lernen –?«

»Später, Toinette. Es ist kein Geld für Schulen da. Noch nicht. Lehrer gibt es auch keine.«

»Das laß ich durchgehen. Aber: wer zum Deputierten gewählt werden darf, muß zweitausend Francs pro Jahr an Steuern bezahlen. Bezahlst du soviel, Jacques?«

»Das weißt du doch. Natürlich nicht.«

»Bezahlt mein Vater, der Böttcher, soviel?«

»Auch nicht.«

»Und mein Onkel, der Gemüse anbaut?«

»Nein.«

»Sie können aber lesen und schreiben! Sie haben um die Bastille gekämpft. Sie sind Mitglieder der Bürgergarde, sie sorgen für Ordnung. Deputierte dürfen sie aber nicht werden. Weißt du, was das bedeutet? Es ist abscheulich: nur die reichen Bürger dürfen sich wählen lassen, die haben gewonnen, Jacques! Nicht du! Nicht mein Vater, nicht mein Onkel – die! An denen liegt mir aber nicht. Ging es um die Armen?«

»Himmel, bist du stürmisch, Toinette! Nun warte es doch ab. Es muß stufenweise vor sich gehen, stufenweise. So viele Gesetze mußte man in Wort und Schrift festlegen. Das fordert Männer, die mit dem Kopf arbeiten, die das Recht studiert haben, begreife es doch!«

»Immer die, die schon alles haben. Immer die!«

»Das Recht ist für alle da . . .«

»Ist das für alle?«

»Reg dich doch nicht so über die reichen Bürger auf. Die wollen meistenteils gar nicht gewählt werden oder wählen. Sie möchten in Ruhe gelassen werden.«

»Das glaubst du!«

»Aber du ahnst ja nicht, wie wenig Leute wirklich zur Wahlurne gehen. Darin liegt eine Gefahr . . .«

»Verstehe ich nicht.«

»Wir werden von einer Minderheit regiert werden.«

»Von welcher denn, wenn's die reichen Bürger nicht sind?«

»Journalisten, Advokaten, Leute vom Gericht.«

»Hat Monsieur Caritat neulich nicht selbst zu dir gesagt, daß es eine kümmerliche Gruppe ist, die für die neue Versammlung gewählt worden ist?«

Jacques grinste. »Er ist ja selbst gewählt worden, du Schaf! Aber er hat nur seine Unterrichtspläne im Kopf. Andres interessiert ihn nicht. Wahrscheinlich wird er immerfort drängen, daß man dieses Gesetz vorbringt.«

Bibiche hatte Mutters Finger so lange in ihrem Mund herumgeschoben, bis er zwischen die vier Zähne geraten war, die bereits vorhanden waren. Der Schmerz trug nicht zu Antoinettes Zufriedenheit über die Politik bei.

»Man braucht sich nur in den Läden umzuschauen, was alles fehlt . . .«

»Hast du einmal Marat aus der Nähe gesehen?« fragte Jacques plötzlich. »Ich schon. Er sieht zum Fürchten aus. Er sagt immerfort, daß er für die Armen, die Mittellosen kämpfen will. Mir kommt es so vor, als würden die Blutrünstigen solche Dinge immer am ehesten behaupten. Sei vorsichtig, Toinette – nicht alle Armen sind Opferlämmer! Das, was dich jetzt beseelt, könnte sich gegen dich wenden.«

Sie blies ihre Locke aus der Stirn, zuckte die Achseln.

»Gestern noch sagte Monsieur Caritat bedrückt, es seien Machenschaften im Gange, die Mehrheit der Versammlung in ihrer Aktionsfähigkeit lahmzulegen. Recht haben und Recht bekommen – in der Praxis sind das zweierlei Dinge. Du glaubst, daß die Gerechten siegen werden? Die Stärkeren werden siegen, und das ist etwas ganz anderes. Wer stark ist, braucht nicht unbedingt gerecht zu sein.«

An dem mütterlichen Zeigefinger saugend, war Bibiche endlich eingeschlafen. Toinette legte sie in die Wiege zurück, sah auf das Gesichtchen herab und lächelte. »Sie hat, wenn sie schläft, immer ganz besorgte Züge ... Wirst du nicht ein wichtiger Mann, Jacques, jetzt, wo dein Herr den Vorsitz der Nationalversammlung übernommen hat?«

»Mir ist nicht wohl dabei, wenn ich lese, was für Dreck die Zeitungen verspritzen! An den Haaren herbeigezogenes Zeug. Sie ziehen über seine Ehe her, dabei sieht doch jeder, wie glücklich die beiden miteinander sind. Neulich hat jemand gewagt zu schreiben, er habe sich auf unlauteren Wegen über seine Frau Geld besorgt ... alles Neid und Gemeinheit. Aber es gleitet an ihm herab. Er ist viel zu sehr mit Wesentlichem beschäftigt. Ich mag das sehr an ihm ...«

Jetzt schrieb Jacques weiter und hatte vergessen, daß er die Kerzen hatte schneuzen wollen. Die Flammen rußten bereits. Während sie mit der Dochtschere hantierte, dachte Toinette: »Ist Politik ein Schachspiel? Ist es dann nicht unbedingt nötig, daß die Besten sich an ihr beteiligen? Sind es die Besten in unserem Land?«

Sie starrte in die klein gewordenen klaren Flammen. Jedenfalls beteiligte sich Monsieur Caritat, und er war ein guter Mensch. Er würde schon aufpassen, daß in Frankreich das Richtige geschah. Er kämpfte für die Schwachen, die Armen, die Dummen. Er schon! Anders als Marat, der sie nur aufwiegeln wollte. Caritat wollte die Menschen klug und besser machen. Er sagte, alles käme von der Unwissenheit, auch das Böse. Man könne das Gute entwickeln, indem man den Verstand entwikkelte, das ginge Hand in Hand. Er arbeitete an einem Gesetz, das allen Bürgern die höchstmögliche Bildung bringen sollte. Er meinte sogar, diese Bildung müsse für die Frauen die gleiche sein wie für die Männer. –

Das war ein Tumult in der Volksversammlung gewesen, als Caritat diese Rede vorgebracht hatte! Vermeintliche Gleichheit zwischen Männern und Frauen! Jacques war bedrückt von der Sitzung nach Hause gekommen: »Stell dir vor, er sagte, Frauen wären so wenig von den Männern verschieden, daß man ihnen gleichwohl die politischen Rechte zusprechen sollte! Also, da war es aus! Lange konnte Caritat nicht weitersprechen, man lachte, man schrie, man machte zweideutige Bemerkungen! Sogar dem sonst Schweigsamen fiel noch etwas ein! Mit dieser schwachen Stimme, die immer ein bißchen zu zögern scheint, kam Condorcet nicht dagegen an. Zwar rief er, man möge sich auf vernünftige Argumente beschränken, aber keiner beachtete ihn. Später sagte er mir: ›In ein paar hundert Jahren ist das, was sie heute so aufregt, eine Selbstverständlichkeit. Dann wird es Politikerinnen geben, Ärztinnen, Rechtsanwältinnen –. Schade, Jacques, daß wir es nicht erleben! Zu gern hätte ich dann die schreienden Männermuffel einmal sehen mögen, die mich für den Schwachsinnigen gehalten haben . . .‹

Ich habe an dich gedacht, Toinette, also fragte ich: ›Und die armen Leute, Monsieur?‹

›Die armen Leute? Große Unterschiede wird es da nicht mehr geben, schätze ich. Auch armer Leute Kinder werden studieren können, ebenso leicht wie die der Reichen.‹«

»Ach«, sagte Toinette wehmütig, »wir sind viel zu früh geboren, Jacques . . .«

Immer noch nähte Mamie, nähten die Frauen an der Aussteuer der reichen Braut.

Dick waren die Mauern und Tore, die La Salpêtrière vom übrigen Paris trennte, so dick, daß man am 9. August 1792 zu Mitternacht dort keine Alarmglocke hören konnte, keine abgeschossenen Kanonen, als das Volk mordend in die Tuilerien drang und der König sich mit den Seinen zur Nationalversammlung flüchtete, zu der auch Caritat gehörte. Wenn man nicht einmal Kanonen gehört hatte, wie konnte man da schon am 3. September die Marschtritte jener Kerle hören, die sich dem Gefängnis näherten, in das allgemeine Gebäude drangen, in die Schlafsäle der Weiber, alle befreiten, die sie kannten, und unter lauter und obszöner Verbrüderung aus dem Tor hinausdrängten? Hundertsiebenundachtzig Frauen wurden auf diese Weise befreit, ehe die Bürgerwache einschreiten konnte. Bereits am Abend standen viele dieser Frauen allerdings wieder vor dem Eingang und bettelten um Einlaß, weil sie weder Unterkunft noch Nahrung hatten.

Am Nachmittag des folgenden Tages, am 4. September, marschierte wiederum ein Trupp auf das Salpêtrière-Gefängnis zu. Die Männer waren müde und betrunken, sie trugen Säbel, Messer, Knüppel. Im Männergefängnis Bicètre hatten sie, unter dem Vorwand einen Gefangenenaufstand niederzuschlagen, hundertvierundsiebzig Menschenleben ausgelöscht, darunter das vieler Knaben.

Am Tor der Salpêtrière verlangten sie den Direktor zu sprechen, er solle ihnen die Gefangenenlisten zeigen. Dann drangen sie brutal in die Frauenabteilungen ein. Rasch stellte man ein provisorisches Tribunal zusammen. Es thronte in einer alten Küche, die auf einen Innenhof führte. Die Männer verlangten Wein. Es wurde dunkel. Sie forderten Fackeln. Der Regen schlug an die Fenster.

Gegen sieben Uhr war man sich einig geworden: man würde die Gefangenen nach dem Alter vorführen lassen. Ein blödsinniges Gericht begann. Je nach Belieben wurden die Frauen freigesprochen oder erschlagen. Immer neue wurden geholt. Es ging die ganze Nacht.

Gegen Morgen waren alle Männer betrunken. Blutbesudelt drangen sie in die Schlafsäle der jungen Mädchen ein. Eine Orgie, der niemand Widerstand zu leisten vermochte, setzte ein. Bestien tobten, vergewaltigten, mordeten, was ihnen vor die Fäuste kam. Niedrigstes Gesindel schien sich für ein verkorkstes Leben an diesen Wehrlosen zu rächen. Vaterlandsliebe, Mordlust, Rache, alle billigen Gelüste hatten sich zu einem unüberwindbaren Haß geballt.

Diesmal hörte Mamie die Schreie, diesmal war sie dabei. Sie fühlte sich gepackt, von Pranken zerquetscht, wie auseinandergerissen und durchstoßen, einige viele Male, beiseitegeworfen, sah zwei Arme mit einem Säbel über sich, drohend zum Schlag erhoben, wich aus, sie wußte nicht wie, spürte das Blut aus ihrem Innern rinnen, glitt dem unsicher torkelnden Kerl zwischen den Beinen davon, verkroch sich unter ein Bett, unter ein nächstes, sah strampelnd sich wehrende Mädchen unter tierisch drängenden Massen, sah eine offene Tür. Hörte Schreie, Flüche, Schläge, erreichte die Treppe, rannte hinab, fand neben der Küche eine Kiste, kroch hinein, zog den Deckel zu, drückte sich die Fäuste an den Mund, nagte mit allen Zähnen daran, um sich das Schreien, das Schluchzen, das Wimmern um den fremden Schmerz in ihrem schmalen Leib zu versagen. Hielt den Atem an, als es auf der Treppe polterte, immer wieder, als werfe man achtlos Schweres hinab.

Im Innenhof hackten sie mit Säbeln auf reglose Mädchenkörper ein, trennten Bäuche auf, rollten Eingeweide auseinander, spießten Herzen auf ihre Säbel.

Warmes Blut dampfte gen Himmel. Und immer noch nicht genug. Als es tagte, entfernten sich die Mörder. Stieren Blickes sahen sie aneinander und an dem Werk ihrer Hände vorbei, wischten die roten Säbel an den Ärmeln ab, zogen ab wie müde, satte Tiere.

Die Stille war schreckgeladen. Lange hielt Mamie die Hände an die Ohren.

Lange dauerte es, bis sie den Mut fand, aus der Kiste zu kriechen, aus dem Gebäude.

Der Innenhof des Hauses Sainte-Claire war mit Leichen besät. Steifschultrig schob Mamie daran entlang, glitt einige Male in Blutlachen aus, rappelte sich wieder hoch.

Das große Tor stand gähnend offen. Dahinter lag ein feuchter junger Tag. Neblig. Kühl. Friedlich.

Die Freiheit. Wieder eine Freiheit.

Mamie begann zu rennen.

Lange rannte Mamie. Trotz der frühen Morgenstunde kamen auf den Hauptstraßen die Leute aus der Umgebung nach Paris: Gemüsehändler und Blumenfrauen, Milchmädchen und Brotmänner, Geflügelverkäufer, Obstweiblein und jene, die man Essigleute nannte, weil sie Sauereingelegtes jeder Art feilboten. Sie kamen mit Hundekarren und Eselswagen, trugen Kiepen auf dem Rücken, Eimer am Joch, Henkelkörbe in den Armbeugen, Krüge auf den Köpfen. Humpelnd, trabend, laufend, eilten sie auf die große Stadt zu, von der sie lebten, die sie brauchte. Mamie hatte die Nebengassen gewählt, die kleinen krummen, an Hinterhöfen entlang, wo die Wohnstätten schief wie Kaninchenställe waren, von Apfelbäumen beschirmt. Kohlstrünke prangten inmitten blaßblauer Blumen auf schmalen Gartenstücken. Ratten flüchteten, von streunenden Katzen gejagt. Es stank nach Schweinen und Latrinen, nach Aas und nassem Staub.

Im Laufen riß Mamie einen im Wind tanzenden, noch feuchten schwarzen Rock von einer Leine. Ohne stehen zu bleiben, schlug sie ihn sich um die Hüften. Ein schwarzes Dreiecktuch, das woanders ebenfalls zum Trocknen hing, nahm sie dazu. Sie legte es sich um das daumenlang nachgewachsene Haar, das nach allen Seiten abstand, kreuzte es über die Brust, band es auf dem

Rücken, zog die Enden wieder nach vorn und knotete sie über der Taille. Den zu weiten Rock zog sie darüber hoch. Jetzt sah sie aus wie eine alte Frau, die durch einen unfaßbaren Zauber am Großwerden gehindert worden war. Den Saum des viel zu langen Rocks mit beiden Händen schürzend, lief das Mädchen weiter, langsamer, plötzlich erschöpft.

Wie weit war sie gekommen? Weit genug vom – Grauen? Eins war ihr klar: ein Kind durfte sie nicht bleiben. Kinder konnten sich nicht wehren, sie hatten keine Rechte, es konnte über sie bestimmt werden wie über ein Tier. Immer waren die Großen im Recht, selbst, wenn sie schreiendes Unrecht taten. Sie hatten die Macht. Also mußte sie versuchen, erwachsen zu scheinen, wenigstens zu scheinen – ein Wesen, das seine Kindheit weit hinter sich gelassen hatte.

Der Entschluß setzte sich fest, verhärtete sich bei jedem Gedanken an die Nacht, in der sie tausend Jahre alt geworden war. Die Schmerzen in ihrem Unterleib, von Angst und Hast betäubt, setzten wieder ein. Die Blutungen ebenfalls. Verzagtheit lähmte die Glieder.

Sie blieb stehen, witterte wie ein Tier. Wo gab es Sicherheit? Man konnte nicht weit genug laufen, nicht weit genug. Sie zwang sich erneut zum raschen Gehen. Aber sie mußte sich an eine Wand stützen, gekrümmt vor Schmerzen. Die Erschöpfung griff in das Bewußtsein hinein, zerriß die Gedankenfäden, griff Teile davon wieder auf, knüpfte welche zusammen, die nicht zueinandergehörten, verlor sie an ein Nichts.

Zwischen zwei Scheunen fand sich eine Nische, von Himbeergestrüpp verdeckt, in einem verwahrlosten Garten. Mamie kroch hinein, verschränkte die Arme über die Knie, die sie in den langen Rock eingewickelt hatte, legte den Kopf darauf, schloß die Augen. In der Ferne brodelte die Stadt: Räder rollten, Pferde trappelten

– Glocken bimmelten überall. Menschen riefen: der Arbeitstag begann.

Mamie kam zu sich von einem Gewieher, unmittelbar hinter der Wand, an der sie lehnte. Sie hörte Gäule schnauben. Männer schrien, und Hufe stampften. Ab und zu erklang ein Horn. Nicht aus unmittelbarer Nähe. Aus unmittelbarer Nähe vernahm sie nur Gemurmeltes.

Sie tastete mit den Händen nach einer Ritze, durch die sie würde schauen können. Das Holz war rissig und roch nach Teer. Die Fingerkuppen fanden ein Astloch. Mamie atmete tief davor ein. Sie roch Pferdeäpfel, Stroh.

Ein Stall.

Sie blickte durch das Loch: Dunkelheit. Dann, plötzlich, doch sehr kurz: der Schimmer einer falbenfarbenen Pferdekruppe. Ein Funke rotes Haar. Von neuem Dunkelheit.

Mamie lauschte.

Eine Bubenstimme.

»Leise – leise – Câline-ma-Jolie – willst du, daß sie uns finden? Du weißt genau, daß ich eigentlich, eigentlich arbeiten müßte . . . Schon gut, schon gut . . . Schnapp nicht nach meinem Ärmel! Ja, ja, du fühlst dich allein. Du sehnst dich nach der Weide. Hast du schon einmal ein richtiges Kornfeld gesehen, ehe man es mäht? Man sagt, es wachsen rote, blaue und weiße Blumen zwischen den Halmen . . . Die Farben der Revolution . . . ja, ja, du bist schön, Câline-ma-Jolie . . . Nachher gehst du wieder auf Orléans zu, irgendwo unterwegs werden sie dich auswechseln . . . hehe – nicht so stürmisch. Und puste mir nicht gar so stark in den Nacken . . . Brrrr – ich weiß, ich weiß, man hat dir dein Kleines genommen. So ist das Leben, Câline. Ich hätte gern meine Mutter, du hättest gern dein Fohlen – uns hat es beide erwischt . . . Das ist eine miese Welt, o ja – aber durch die Revolution scheint sie noch mieser . . . Ich mag das nicht – Blut, das fließt. Soll hübsch in den Menschen drinbleiben, das Blut, finde ich. Sei froh, daß du kein Mensch bist. Was die alles machen! Manchmal schäme ich mich. Blöd, nicht? Sagt Baloche auch immer, daß ich verrückt bin und in Schwierigkeiten gerate – und doch . . .«

Die Stimme verlor sich in nachdenklichem Schweigen.

»Wo ist denn dieser verdammte Wurzelzwerg?« schrie es ungehalten von irgendwoher.

Am Stampfen der Hufe begriff Mamie, daß das Pferd, das Câline hieß und dem man das Fohlen fortgenommen hatte, zur Stalltür geführt werden mußte. Hinter der Wand war es jetzt still. Zwischen Mamies Schulterblättern zauderte ein Frösteln: es regnete. Schon klebte das Tuch durchnäßt an Kopf und Rücken. Hunger nagte an den Eingeweiden. Der ganze Körper tat weh. Auf den Armen zeichneten sich Striemen und blaue Flecken ab. Als Mamie einmal mit den Händen ihr Gesicht abtastete, fand sich überall verkrustetes Blut.

Das Frösteln wurde zum Schüttelfrost. Oh, irgendwo in Geborgenheit sich im Dunkeln lang ausstrecken dürfen, tief aufseufzen – warm einschlafen . . .

Im Stall, wo das Pferd Câline gestanden hatte, das sich nach seinem Fohlen sehnte.

Aber man würde warten müssen, bis es dunkel war.

Zusammengekauert, mit schmerzenden Knochen und schmerzender Haut, hielt Mamie mit klappernden Zähnen einen endlos langen Tag aus. Sie wurde ohnmächtig und kam wieder zu sich, und immer noch war es hell.

Dann erschaute sie mit einem Mal die Sterne, den Nachen eines Mondes. Sie schöpfte Mut. Sie mußte versuchen, um die Scheune herumzukommen. Da mußte doch ein Eingang zu finden sein. Aber sie entdeckte Besseres: eine lose Planke, durch deren Schlitz sie sich hindurchzwängen konnte. Heimtückisch federte das Brett aus den zu schwachen Händen zurück und versetzte dem Kind einen Schlag. Aber es war bereits geborgen in einem warmen Dunkel.

Mit ausgestreckten Händen tappte Mamie weiter, erfaßte ein hängendes Bündel Stroh hinter einer Raufe, patschte in eine Pfütze, stieß an eine lose Kette, fand eine Ecke und streckte sich dort mühsam in ganzer Länge aus.

Sie schlief lange. Einmal, so träumte ihr, nahm jemand sie in die Arme und trug sie ächzend eine wacklige Leiter hinauf. Sie fühlte sich in duftendes Heu gebettet, eine Hand strich ihr einen Halm aus der Stirn, hob ihren Kopf. Danach wurde sie eine ganze Zeit nicht mehr von Durst geplagt. Der Traum verwischte sich, riß ab, wiederholte sich teilweise. Schenkte ihr den Schimmer eines violetten Jackenzipfels, der sich vor ihren Augen bewegte und sich naß über ihre Züge schob. Dann glitt wieder ein leerer schwarzer Schlaf über den Traum, und einmal leuchteten durch das Dach des Heubodens große Stücke des blauen Himmels. Tief unten stampften Pferde, ein strenger Geruch stieg von ihnen auf.

In großer Regelmäßigkeit drangen Geräusche der Betriebsamkeit wie: fahrende Wagen, klappernde Hufe, schmetternde Hörner und Fetzen lauter Befehle bis an ihr Ohr, dann schloß sich die Stille wieder darüber.

Als sie zum ersten Mal die Augen groß aufschlug, hockte ein dünner Junge mit feuerrotem Haar vor ihr. Aus dem blassen Gesicht schauten grüne Augen nachdenklich zu ihr herüber. Mamie zog die Brauen zusammen. Langsam senkten sich die Lider über den grünen Augen, als wollte der Junge Mamie zugleich grüßen und beruhigen. Er trug eine schmutzige, viel zu große violette Jacke und roch nach Pferden.

Mamie wandte den Kopf ab. Wie Feinde auf der

Flucht, so waren jetzt die Schmerzen. Versuchten sich wenigstens noch als Erinnerung zu behaupten.

»Na, endlich«, sagte der Junge. »Wer bist denn du?«

Als hätte sie nicht monatelang gegen alle und alles geschwiegen, sagte das Kind: »Mamie.«

»Und weiter . . .?«

»Gar nichts.«

»Hm«, machte der Junge. »Ich heiße Tignasse.« Er zupfte an einer Strähne seines wirren, leuchtenden Haares. »Deswegen. Vermächtnis meiner Mutter. Die hat mich immer so genannt.«

»Ist sie – tot?«

»Schon fast drei Jahre.«

Er blickte weg, hinunter auf seine geschundenen Hände.

»Sie war gut, meine Mutter.«

»Ich hab' nie eine gehabt.«

»Hat man dich wohl im Kohlkopf gefunden, wie?«

»Nein. Vor der Kapelle von St.-Julian-dem-Armen. Unter der Robinie.«

»Findelkind?«

Sie antwortete nicht.

»Aha. Ausgerissen?«

Wieder schwieg Mamie.

»Hör mal zu! Ich hab' dich gefunden in einer Ecke im Stall. Hast Glück gehabt, weißt da das? Ausgesehen hast du! Ausgesehen! Ich hab' mich anfangs nicht getraut, dich anzufassen. Dachte, dir wären alle Knochen zerbrochen. Hab mir gesagt, daß es mit dir nicht stimmt. Also hab' ich dich auf den Heuboden geschafft, wo niemand hinkommt, außer mir, weil ich mich besser tummeln kann als die alten Knacker hier. Denn die Jungen, die sind schon in den Krieg gezogen.«

»Hast du mich gepflegt?«

»Och – ich hab' nur mal so nach dir geschaut und dir zu trinken gebracht. Bunt und blau warst du, überall.

Einmal hab' ich versucht, dich zu waschen . . . bin selbst nicht so fürs Waschen, aber ich wollte doch sehen, wie du aussiehst, ohne Blut im Gesicht. Was ist dir passiert?«

Sie wandte die Augen ab.

»Hör mal – damit dies von Anfang an klar zwischen uns ist, Mamie: ich hab' dich gefunden, du gehörst mir. Sag die Wahrheit, wenn ich dich etwas frage. Ich muß wissen, woran ich mit dir bin, damit ich richtig lügen kann, wenn's nötig sein sollte. Und überlegen können muß ich auch, wen ich zur Hilfe ranholen muß. Kapierst du das oder kapierst du's nicht? Fang also an. Ich höre.«

Die grünen und die grauen Augen maßen sich, eine ganze Weile.

»Schön, ich verstehe, daß man dir übel zugesetzt hat. Einiges kann ich mir denken. Aber wer denn? Und wieso? Ein Krümel so wie du . . .«

»Männer«, sagte sie plötzlich heiser. »Viele Männer. Im Gefängnis . . .«

»Also – du warst im Gefängnis, wieso?«

»Ich hab' mal gebettelt mit anderen . . .«

»Und du sagst, du bist ein Findelkind?«

»Weggelaufen. Wegen – eines Goldfadens . . . Barbe hat mich zum Betteln geschickt. Nichts durfte ich tun, nicht beten, nicht nähen und nicht sticken.«

»Das machst du wohl gern, nähen und sticken?«

»Ich kann noch viel mehr.«

»Glaub ich dir. Und dann . . .?«

»Die Miliz – die anderen konnten fliehen. Mich haben sie festgehalten. Ich wollte keinen verraten, darum habe ich überhaupt nicht gesprochen. Kein Wort habe ich gesagt, bis heute, zu keinem.«

Er pfiff durch die Zähne. »Wie lange?«

»Ich weiß nicht. Wochen – Monate – es war Frühling damals.«

»Ein halbes Jahr also. Und wo war das?«

»In der Salpêtrière . . .«

Plötzlich wurde der Junge noch blässer, grau. Seine Brauen zuckten. »Waren die Kerle dort?«

Sie nickte.

»Hast du sie richtig angesehen?« fragte er hastig, gejagt.

»Ich weiß nicht. Sie waren schlecht – gemein – Säbel – und . . .«

Sie begann zu zittern. Tränen liefen aus ihren Augenwinkeln.

»Mich wollten sie danach – danach – umbringen – wie die anderen Mädchen. Aber ich konnte mich verstecken, erst unter den Betten und später in der Mehlkiste in der Küche. Und über den Hof bin ich gerannt, wo alle die aufgeschnittenen Toten lagen. – Es war überall so still, als sei ich taub geworden.«

»Ganz Paris weiß Bescheid. Man nennt die Kerle die Septembriseurs . . .«

Tignasses Stimme brach. Zu ihrer Verwunderung sah Mamie, daß er schluckte, um seiner Tränen Herr zu werden. Heiser fragte er: »War ein großer breiter Mann mit roten Haaren dabei? Hast du einen solchen gesehen?«

»Ich habe nicht darauf geachtet.«

»Natürlich nicht . . . Sicher hast du Hunger?«

»Glaub schon.«

Er langte in seine Tasche und reichte ihr ein Stück Brot. »Es ist alt.«

»Das macht nichts.«

Aber sie war zu schwach, um zu kauen.

»Vielleicht kann ich dir nachher ein bißchen Suppe bringen. Wenn ich die Nacht durchmachen muß, gibt mir die Frau vom Stallmeister manchmal einen Teller. Sie kocht gut . . .«

Er sah nachdenklich auf sie herab.

»Hör gut zu: lauf mir nicht fort! Ich muß dir helfen, laß es mich nicht erklären müssen, bitte! Wenn ich dich hätte verraten wollen, hätte ich es längst tun können, nicht wahr? Das ist dir doch klar?«

Sie nickte. Ein heiteres schwebendes Gefühl überkam sie. Sie war geborgen, beschützt. Sie konnte sich wieder unterhalten. Alles wurde lichter.

»Bleib unter allen Umständen hier . . . versprich!«

»Ich verspreche.«

Ein Streifen Sonne glitt durch die schadhaften Dachbalken über Tignasses Haar, das sich daran zu entzünden schien. Seine schrägen grünen Augen über den hohen Wangenknochen blickten eindringlich und ernst. Es ging eine große Willenskraft von ihnen aus, als sei der Junge gewohnt, zu Schweres auf sich zu nehmen, immer wieder.

Der schwarze Schlaf der Erschöpfung stand bereits auf der Schwelle ihres Denkens, aber Mamie wehrte ihm noch. Erinnerungen an Heiligengeschichten, die im Findelkinderhaus vorgelesen worden waren, kamen ihr in den Sinn, Fragmente nur, bunt wie die Fenster in der Kirche.

Tignasse rückte eine Pferdedecke über das dünne Wesen zurecht. »Bist du ein – Engel?« fragte Mamie benommen, bereits im Traum, wo es wieder lila und violett und rötlich schimmerte.

Er grinste unheilig. »Glaubst du, daß es Engel mit roten Haaren gibt?«

Sie konnte ihm nicht mehr antworten, daß für sie fortan alle Engel rote Haare haben würden. Sie war eingeschlafen.

Wie fauliges Wasser durch den haarfeinen Riß einer Vase über eine Tafel sickert, so sickerten die Gerüchte über die Septemberuntaten durch Paris. Sie beschmutzten die Ideale der Freiheit und der Brüderlichkeit für alle, die an die Revolution wie an das gemeinsame Glück der Zukunft geglaubt hatten. Endgültig vollzog sich die Trennung zwischen Fortschrittlichen und Gemäßigten, zwischen Blutsäufern und Friedfertigen.

Man schob die Verantwortung für die bestialischen Geschehen Danton in die Schuhe, jenem Winkeladvokaten, der kurz vor der Revolution aus der Provinz nach Paris gekommen war, um Karriere zu machen, und der sich dann erfolgreich in den Strudel der Politik geworfen hatte. Nach dem Sturm auf die Tuilerien im August 1792 hatte man ihn zum Justizminister ernannt.

Ein Klotz an Beredsamkeit, dieser Danton. Kühn hatte er erklärt, man müsse das Innere des Landes schonungslos von den Feinden säubern, ehe Frankreichs starke Männer alle an die Front marschiert waren.

Danton hatte erschreckende Visionen von aufgespeicherten Waffen in unterirdischen Verstecken, von perfiden Spionen in Priesterröcken heraufbeschworen. Doch glaubte er selbst nicht daran. Es ging ihm darum, Volk und Soldaten durch eine gemeinsame Schuld aneinander und an die Revolution zu binden, vom Blut der Einfältigen befleckt.

Schon nach wenigen Tagen entzog man den Septembriseurs jede Bewunderung. Die Gerechten im Lande forderten, daß die Verantwortlichen Rechenschaft darüber ablegen sollten, wieso auch Buben und Mädchen, streunende Gören, die man seit Jahr und Tag hinter Schloß und Riegel gehalten hatte, für die das Wort »Revolution« gar kein Begriff war, als Feinde Frankreichs hingemordet worden waren. Die Farce der sogenannten Gerichte, von halben Analphabeten in den Innenhöfen der Gefängnisse abgehalten, empörte die Aufrichtigen. Artikel erschienen in den Zeitungen, man ereiferte sich. Jäh kam die Parole auf, es sei gewagt, über diese Septembriseurs den Stab zu brechen. Verdutzt brachen die Sprecher ihre Sätze ab, zogen sich in die Muschelschale ihres

Privatlebens zurück, versuchten die Revolution zu vergessen. Die erste Saat des Terrors ging auf.

Wiederum blieb die Minderheit, eine unerwünschte obendrein, wachsam, streitbar am Hebel. Das Gleichgewicht verlagerte sich, verschob sich zur Kommune hin, wie sich der feurige Gemeinderat von Paris nannte. Zwar versuchten die Gemäßigten noch, in den Sektionen und den Klubs für ihre Sache zu werben, wurden aber niedergeschrien von dem linken Klüngel, der mehr Ausdauer, mehr Unverschämtheit, mehr Rücksichtslosigkeit besaß als alle, die besänftigen wollten und lieber feige heimschlichen, als sich eine Blöße zu geben. Zu lange schon hatte man hinterrücks im Konvent und den Sektionen jene Angst und jene Einschüchterung verbreitet, die der Gewalt die Wege ebnen.

»Die Milden sind doch immer im Nachteil«, sagte Jacques. »Wieso, Monsieur Condorcet, haben wir überhaupt dulden können, daß die Septembriseurs . . .«

»Mein lieber Jacques, es war geschehen, als wir davon hörten.«

»Auch, wenn die Aktion nicht so geheim vonstatten gegangen wäre . . .«, beharrte Jacques.

»Wir befinden uns in einer Revolution. Da muß man manchmal von minderwertigen Instrumenten Gebrauch machen, damit etwas Hochnotwendiges, wenn auch Verabscheuungswürdiges geschieht.«

Ungläubig starrte Jacques seinen Herrn an. Das konnte nicht von dem gleichen Manne kommen, dessen Toleranz und Menschenfreundlichkeit er immer bewundert hatte, der in seinen Schriften zum Mitleid aufgerufen hatte, nicht nur gegenüber der leidenden Menschheit, sondern auch gegenüber dem leidenden Tier.

»Es könnte sein, daß man die minderwertigen Instrumente, deren man sich bedient hat, gar nicht mehr los wird . . .«

Dieses Argument wischte Condorcet mit einer Handbewegung fort. »Man sagt, Danton . . .«

Condorcet winkte nochmals ab. »Sie wissen, daß ich Danton sehr bewundere. Er ist ein großer, kühner Mann, der sich über Nebensächlichkeiten hinwegsetzen kann. Er sieht das hohe Ziel.«

»Er ist nicht ehrlich in Geldsachen«, entgegnete Jacques.

Seit dem Anfang seiner Tätigkeit hatte Condorcet ihn ermutigt, sein eigenes Urteil gelten zu lassen, seine Gründe gegen die des Gesprächspartners zu stellen: »Ich brauche kein Echo. Ich brauche ein Contra. Aus Ihnen spricht das Volk, Jacques, jenes biedere, das die Last der Mühen trägt. Mir liegt daran zu hören, was es denkt, damit auch ich den besten Weg erkenne. Fürchten Sie sich deshalb nicht, zu sprechen.«

Jacques fürchtete sich nicht. Er kannte die Milde, die Condorcet jenen gegenüber walten ließ, die er als seine Freunde erkannte, und die Härte und Strenge, mit denen er sich selber maß.

»Mag sein, daß Danton einiges mehr an Geld braucht . . . Die Menschen haben verschieden großen Appetit . . . Geben Sie zu, Jacques, daß wir Fortschritte gemacht haben: einmal beklagten Sie sich, daß nur Bürger mit einem bestimmten Einkommen wählen dürfen. Nun, jetzt dürfen alle wählen, außer Domestiken . . .«

»Das will ja keiner mehr, wählen«, warf Jacques verbittert ein. »Man sagt, es ist zu gefährlich geworden. Vielleicht merkt sich dieser oder jener, was man einmal gewählt hat, und vielleicht wird es just das Falsche gewesen sein? Neulich sagte einer zu mir, ›ich glaube, daß nur die Blutsäufer zur Wahl gehen werden, jene, die sich breit machen wollen. Bald‹, so sagte der Mensch, ›werden wir von Leuten regiert werden, die wir gar nicht haben wollten‹.«

Caritat schmunzelte. Zu spät erkannte Jacques, daß er

hoffte, ja, fast sicher wußte, man würde ihn in den Konvent wählen, Ende September.

»Jemand von Marats Zeitung, irgend so ein kleiner Spitzel, fragte mich, ob Sie ein Girondist seien.«

»Ich bin gar nichts. Ich gebe zu, daß unter den Girondisten einige Männer sind, die ich schätze. Brissot zum Beispiel. Danton auch, obgleich der ja auch kein Girondist ist. Ich verkehre im Jacobinerclub, wie du weißt.«

»Dann wären Sie ein Montagnard! Und doch ist Robespierre kein Freund von Ihnen und Marat ebensowenig. Wie das alles doch verflochten ist! Die Feuillants haben mit Ihnen gebrochen, als Sie sich freiheraus zum Republikaner bekannten.«

»Das bin ich immer noch. Deshalb habe ich auch den Posten als Hauslehrer des Dauphins abgelehnt. Ich hätte aus dem kleinen Prinzen einen glühenden Republikaner gemacht.«

»Sie sind gegen die Gewalt und die Todesstrafe. Aber Sie haben befürwortet. daß Frankreich den Krieg erklärt.«

»Eine Frage der Zeit. Weil wir ihn erklärten, konnten wir den Zeitpunkt wählen. Hätten die anderen ihn erklärt – und das hätten sie gewiß – hätten sie uns einen Zeitpunkt aufgezwungen, der uns vielleicht lästig gewesen wäre.«

»Der Haß zwischen den Jacobinern und den Girondisten wird immer größer. Man sagt, während der Septembergreuel hätte man die Verhaftungsbefehle gegen die Girondisten schon unterzeichnet! Man hätte nur nicht gewagt, damit an den verschiedenen Adressen vorstellig zu werden. Es wird nicht leicht für Sie sein, wenn man Sie zum Präsidenten des Konvents wählt . . .«

»Gewiß nicht. Weil ich zu keiner Gruppe gehöre, bin ich weder kompromittiert, aber auch nicht geschützt. Wenn bestimmte Leute das Heft in Händen haben, ist es gefährlich, so wie ich, zu sagen: es wird gut werden, anstatt: es ist gut. Offen gesagt finde ich, daß man beide Parteien benutzen sollte und keine vernichten.«

»Aber es ist doch eine Tatsache, daß die Girondisten die Mehrheit haben und auch die klügeren Köpfe.«

»Sie schwafeln viel und lange. Beide Parteien stehen sich im Wege. Die Regierung tritt auf der Stelle. Es ist, als zankten sich zwei Ärzte am Bett eines Todkranken, anstatt ihm beizustehen. Ich möchte wohl versuchen, beide Ärzte zur Raison zu bringen.«

»Gar nicht so ungefährlich«, sagte Jacques.

»Die Zeit, in der wir leben, ist auch nicht ungefährlich«, antwortete Condorcet leichthin. An der Art, wie er den Kopf über seine Blätter beugte, bemerkte Jacques, daß die Unterhaltung beendet war. Er wußte, daß Condorcets Gedanken größtenteils um seinen Gesetzentwurf über die Schulbildung kreisten. Unzählige Blätter hatte Jacques abgeschrieben und nach den Korrekturen wiederum abschreiben müssen. Im April und Mai des Jahres 1792 hätten die Entwürfe verlesen werden sollen. Aber einmal fiel die Lesung aus, weil Mirabeau gestorben war und ganz Frankreich mit Recht um diesen genialen Mann trauerte – ein andermal, weil das allgemeine Interesse von der Kriegserklärung überschattet worden war. Niemand hatte etwas über ein neues Schulsystem wissen wollen. Brot war soviel wichtiger. Und davon gab es nie genug.

Jacques dachte daran, daß man einen Menschen niemals ganz erfaßte. Dieser Herr, dem er nun fast zehn Jahre diente, der ihm blind vertraute, den er vergötterte – war er vielleicht nur ein gütiger Denker, der seinen Traum von der verbesserten Menschheit träumte, während diese Menschheit sich immer weiter von dem entfernte, was ihm vorschwebte? Mußte ein Politiker nicht von dem ausgehen, was Menschen noch waren, anstatt von dem, was sie einmal vielleicht werden konnten? In einer Zeit wie dieser konnte Integrität so leicht als

Schwäche verkannt werden, und persönlicher Mut mochte zu schierer Waghalsigkeit werden, wenn man ihn mit Intrigen konfrontierte.

Besser, er erzählte Toinette von diesen Gedanken nichts. Seit den Septemberereignissen hatte sie eine befremdliche Art, ihre drei Kinder zugleich in die Arme zu reißen, wann immer man über Politik sprach. Als rollte das Rad der Revolution erschreckend gerade auf sie zu.

Gewiß, Toinette hatte Sorgen: ihre Mutter lag im Sterben. In der schmalen Rue de Nevers, wo jetzt nie mehr ein Licht in der Nische der Madonna brannte, nie mehr Blumen leuchteten, fand die kranke Frau ihren letzten Seufzer nicht. Immer wieder mußte sie stöhnend in dieses Leben zurückkehren, als wäre die Seele zu schwer, den Flug ins Jenseits zu wagen.

Jacques fand Toinette reglos mit dem Küchenmesser in der Hand vor einem Bund Porree am Tisch sitzen. Starren Blickes fixierte sie die grauen Wurzelfasern. Als sie ihn ansah, liefen ihr die Tränen über das Gesicht.

»Ach Jacques, Jacques, ich habe sie von Herzen lieb, meine Mutter, du weißt es – aber ich möchte ihr so sehr die ewige Ruhe gönnen. Sie versucht zu sterben, immer wieder, sie schafft es nicht. Wie ein Pferd, das ein Hindernis nehmen soll und versagt. Ich beuge mich über sie. Ich frage: Mutter, gibt es etwas, was du mir vielleicht sagen mußt, etwas Schweres? Kann ich nichts für dich tun? Sehnst du dich nach etwas, nach jemand? Sage es mir, Mutter . . . Sie schaut mich schweigend aus diesen großen braunen Augen an, hebt eine Hand, läßt sie wieder fallen und ist enttäuscht, daß ich ihr Schweigen nicht deuten kann.«

Jacques hatte die eigene Mutter kaum gekannt. Was ihn an der Angelegenheit rührte, war die Tatsache, daß seine geliebte Toinette litt.

»Weißt du, Jacques, was meine Mutter sich wünschen könnte?«

Er schüttelte den Kopf. Aber mitten im Kopieren jener Schrift seines Herrn über das Mitleid, die er seit dem zynischen Ausspruch über die Septembergreuel nicht mehr uneingeschränkt würdigen konnte, fiel ihm eine unverhoffte Antwort ein. Er ging zurück in die Küche.

»Ist deine Mutter noch sehr gläubig, Toinette?«

Sie zuckte zusammen, faßte nach ihrer Stirn.

»Hast du ihr einen Priester besorgt?«

»Einen, der den Treueeid geschworen hat, ja. Meine Mutter ist eine gute Bürgerin, das weißt du.«

»Sie liebt im Sterben. Vielleicht denkt sie an ihr Heil. An Gott. Viele Leute glauben, die Priester, die sich der neuen Ordnung gefügt haben, seien nicht die wahren Diener Gottes.«

»Ich denke, wenn Priester einmal geweiht worden sind, kann nichts, was sie tun, dies ändern! Nicht einmal eine Missetat!«

»Vielleicht gilt es nicht für die heutige Politik?«

»Wenn Mutter einen unvereidigten Priester haben will, hätte sie es mir gesagt.«

»Vielleicht fürchtet sie, dich in Ungelegenheiten zu bringen.«

Toinette schluckte. »Dann muß ich einen suchen, Jacques . . .«

»Das wird nicht leicht sein. Bedenke: vor einigen Tagen erst hat man ihrer zweihundertunddreiundzwanzig erschlagen . . .«

»Ich gehe mit den Kindern zu meiner Mutter und frage sie rundheraus. Wenn noch ein einziger Priester in Paris am Leben geblieben ist, werde ich ihn finden.«

»Du wirst es ihnen nicht an der Nasenspitze ansehen, ob sie Priester sind. Jetzt nicht mehr. Man muß vorsichtig sein, heutzutage.«

»Meinst du? Ich glaube, daß die meisten Leute auf seiten der Priester stehen. Schon weil wir ja alle einmal sterben müssen.«

Toinette rollte Bibiche in ihr breites Umhangtuch und setzte sie sich auf die Hüfte. Michou war groß genug, seine Schwester Valérie bei der Hand zu halten. So machten sie sich auf den Weg. Erst seit sie im geräumigen Haus der Condorcet wohnte, war Toinette bewußt geworden, wie schmal die Rue de Nevers war. Die Giebel neigten sich einander müde zu. Sonne fiel nie zwischen die Häuserzeilen. Es roch dumpf und abgestanden nach unerklärlichen alten Dingen, selbst wenn eine Regenbö allen Unrat weggeschwemmt hatte.

In der Stube der Kranken hatte eine gutmütige Nachbarin ein Kaminfeuer angezündet, einen Kräutertee bereitgestellt, einen Fensterladen halb aufgestoßen.

Die Küche schien gespensterhaft unbewohnt. Toinette machte Licht. Sie rückte Stühle um den Tisch herum, fand eine alte Zeitung, zeigte Michou, wie man Schiffchen faltete, viele Schiffchen.

»Es ist wichtig, daß ihr jetzt artig seid. Ich muß mich um die Großmutter kümmern. Vielleicht muß ich sogar weggehen.«

»Gut, Mama. Wir spielen . . .«

Toinette setzte sich zu der Mutter und faßte nach ihrer Hand. Vor einem Jahr war der Vater gestorben, ganz plötzlich und unerwartet. Toinettes Mutter hatte sich danach mit Näh- und Flickarbeit, mit Kochen auf Taufen und Hochzeiten allein durchs Leben geschlagen. Sie hatte den Fortschritt in den Zeitungen wach verfolgt, mit auf die Königin geschimpft, die Verfassung studiert. Aber dann mußte ihrem einfachen Geist mit einem Male der rote Faden der Geschehen entschlüpft sein. Sie wurde bettlägerig, zehrte das wenige in ihrem Sparstrumpf auf . . .

»Hörst du mich, Mutter? Ich muß dich etwas fragen. Du sollst mir ehrlich antworten. Möchtest du einen Priester haben, einen von der alten Sorte, Mutter?«

Obgleich sie zusammenzuckte, sprach die alte Frau

nicht sofort. Nur die Augen wandte sie Toinette zu. Dankbarkeit leuchtete darin.

»Es ist – so gefährlich, Kind . . .«

»Aber nein. Ich finde schon einen.«

»Du mußt das – verstehen . . . mag sein, daß nun alles anders wird . . . für die Armen – mag aber auch sein, daß die Welt . . . sich nach Gottes Willen . . . verändern soll – nicht so, wie es jetzt – geschieht.«

»Kennst du einen Priester, Mutter?«

»Nein. Als ich noch gesund – war – habe ich nicht darüber nachdenken . . . wollen . . . was ich täte, wenn . . . Jetzt ist es zu spät.«

»Gewiß nicht.«

»Ich möchte – möchte . . . das ewige Leben, Toinette . . . In Gottes Händen ruhn.«

»Ja, Mutter. Das wirst du. Ich verspreche es dir.«

Michou faltete immer noch vor seinen gespannt zuschauenden kleinen Schwestern.

»Bleibt ihr brav, Michou? Ich gehe einmal fort.«

Er nickte nur, faltete vertieft weiter seine Schiffchen. Sie hatten schon eine ganze Flotte, große und kleine, schiefe und adrette, und die Tischplatte war das weite Meer.

Als sie die Tür hinter sich geschlossen hatte, lehnte Toinette die Stirn daran. Nachdenken jetzt. Suchen in der Reihe bekannter Gesichter, sich fragen, wer von denen, die sie sich vor Augen führte, noch einen Schimmer Treue an die alte Zeit bewahrt hatte, an seinen Kinderglauben.

Alle Menschen trugen jetzt Masken. Die Kinder, die geboren wurden, erhielten betont unchristliche Namen, man taufte sie: »Vierzehnter-Juli«, »Humanität«, »Konstitution«, »Frankreich«, »Gracchus«, »Cäsar« und wie die römischen Helden sonst noch heißen mochten. Man sprach bereits davon, die Monate in Dekaden aufzuteilen, jeder zehnte Tag ein Feiertag. Kirchliche Feste sollten in vaterländische Feste umgewandelt werden, die Zeitrechnung mußte mit der Revolution beginnen.

Wo waren die frommen Abende, reihum bei jedem abgehalten, als man Lieder sang und Legenden erzählte? Sogar den Fronleichnamstag, das große katholische Fest des Jahres, hatte man abgeschafft. Keine farbenfrohe Prozession mehr mit dem Allerheiligsten unter dem Baldachin, quer durch Paris getragen. Keine Altäre in Türen und Fenstern, mit Kerzen und Blumen geschmückt. Keine Blütenblätter-streuenden Kinder, keine Frauen und Männer, die in die Knie sanken. Vorbei.

Ihr ganzes Leben hatte Toinette vor ihrer Heirat in dieser schmalen Gasse gelebt. Jetzt versuchte sie, sich auf einen Menschen zu besinnen, der lauter genug sein mochte, sie nicht zu verraten.

Es durfte kein junger Mensch sein, dachte sie. Lieber einer, der sich aufs Sterben vorbereitet hatte und dadurch wieder an seine Kinderzeit erinnert worden war.

Zerstreut schritt sie auf die Gasse. Stieß auf den schiefen Meilenstein mit der ausgebrochenen scharfen Kante, über den sie einmal, als kleines Mädchen, gestürzt war, auf der Flucht vor einer imaginären Gefahr. Ach ja, der alte Mann mit dem hohen Stecken, auf den er sich wie St. Christophorus stützte: Vater Toussaint. Die Kinder belauerten ihn. Sie raunten einander zu, daß er ein Kinderdieb sei, und liefen vor ihm davon. Toinette, die damals die Geschichte zum ersten Mal gehört hatte, waren die Haare unter dem Häubchen zu Berge gestanden: was, wenn er sie fänge? Was? Kreischend jagte sie mit Mühe auf ihren kurzen Beinchen hinter den größeren, wendigeren Kindern her. Aber da war eben dieser Meilenstein gestanden, über den sie gestolpert war, während hinter ihr der lange Stock des alten Mannes immer rascher und immer lauter auf die Steine gestoßen war, bis das Gesicht über ihr gestanden hatte: ein grauer Bart und graues Kopfhaar, durch dessen Strähnen zwei sanfte Augen blickten. Liebevoll hatte Vater Toussaint dem kleinen Mädchen wieder auf die Beine geholfen, das lädierte Knie betrachtet und dann ernsthaft ein winziges Zeichen des Kreuzes darüber gemacht.

»Jetzt wird es besonders rasch heilen!«

Er hatte in seine Tasche gelangt und Toinette ein buntes Zuckerstück vorgehalten. Zitternd hatte sie es angenommen und in den Mund gesteckt. Als sie dann die Süße schmeckte, konnte sie plötzlich das Lächeln des alten Mannes beantworten. Er hatte ihr die Wange getätschelt und war weitergegangen, während die anderen Kinder aus Ecken und halboffenen Türen zugesehen hatten.

Immer wenn Vater Toussaint danach in der Gasse aufgetaucht war, hatte Toinette ihn begrüßt, seine Hand zutraulich gefaßt und ihn ein Stück begleitet.

Er hatte ihr erzählt, daß er sehr kleine Kinder aufs Land zu den Ammen brachte. Er wohnte mit seiner Frau in einer Mansarde am Ende der Rue de Nevers. Mutter Toussaint konnte gute Waffeln backen und trug die Haube der Frauen aus der Auvergne. Als krankes Kind war sie seinerzeit mit den Eltern nach Paris gekommen und anläßlich einer Prozession zu Ehren der Reliquien der Heiligen Geneviève von Paris, die so viel für die Stadt getan hatte, von einem Leiden geheilt worden. Nie hatte sie sich von dem freudigen Schock dieses Wunders erholen können: lautlos bewegten sich ihre Lippen im Gebet, wenn sie ihre Gedanken für sich haben konnte.

Irgendwann, als sie erwachsen geworden war, hatte Toinette die beiden alten Leutchen aus den Augen verloren. Aber das besagte nicht, daß sie nicht mehr dort wohnen konnten, wo sie damals gehaust hatten.

Selbst wenn Mutter Toussaint eine Frau der neuen Ordnung geworden war, sie wäre es der heiligen Geneviève schuldig, niemanden zu verraten, weil doch ein Wunder an ihr geschehen war. So dachte Toinette. Sie würde also Mutter Toussaint aufsuchen und sie einfach nach einem Priester fragen. Doch als sie jetzt vor der alten Frau stand, blieben Toinette die Worte im Halse stekken. Ein solches Entsetzen zeigte sich in den faltigen Zügen, daß Toinette den Blick niederschlug.

»Ich bin doch Toinette, Mutter Toussaint, kennen Sie mich nicht mehr? Vater Toussaint hat einmal ein Kreuz über mein blutiges Knie geschlagen. Da hatte ich keine Angst mehr vor ihm. Und Ihre Waffeln habe ich auch gegessen.«

»Was willst du? Weshalb kommst du her nach all den Jahren?«

Nur widerwillig hatte die alte Frau Toinette eingelassen. Die Küche war leer.

»Nur einen Rat, Mutter Toussaint. Meine Mutter liegt im Sterben, sie schafft es nicht, sie quält sich. Sie braucht einen Priester, einen von der alten Sorte, der ihr die letzte Wegzehrung reicht.«

»Einen Priester von der alten Sorte? Ihr habt sie doch vor kurzem alle abgemurkst! Widersprich mir nicht, schweige! Du gehörst doch zu denen, die Gottes Ordnung über den Haufen werfen wollen! Ich weiß es! Ich erkenne sie alle am Blick . . .«

Toinette hielt die Stirn gesenkt.

»Ich bitte für meine Mutter, nicht für mich. Alles andere geht mich nichts an. Wenn ich an die neue Ordnung glaube, so nur, weil ich Mitleid mit denen habe, die in ihrem Elend ersticken.«

»Und woher sollte ich ihn nehmen, deinen Priester von der alten Sorte? Soll ich dir einen backen? Glaubst du, ich fasse nur in die Tasche und ziehe wie eine Zauberin einen hervor?«

»Sie sind fromm, Mutter Toussaint. Immer noch . . .«

»Und woher sollte ich wissen, daß du mich nicht verrätst? Oh, vorausgesetzt, daß ich einen Priester wüßte, immer vorausgesetzt!«

»Es geht um den Frieden meiner Mutter. Wenn ich einen Priester an ihr Sterbebett führe, bin ich dann nicht ebenso schuldig vor dem Gesetz? Sitze ich dann nicht im gleichen Kahn? Soll ich schwören beim Leben meiner Kinder?«

Die alte Frau faßte sich an den Kopf. »Alle kommen sie und fragen mich – mich!« klagte sie. ›Ich soll alle zu ihm führen‹, hat er gesagt. ›Und die Verräter, frage ich, auch die Verräter?‹ – Er sagt: ›Die auch! Man weiß vorher niemals sicher, wer ein Verräter ist – ob nicht im letzten Augenblick die Gnade über ihn kommt . . .‹ – Ich sage: ›So viele brauchen Sie! Ihr Leben ist zu wertvoll!‹ – Er sagt: ›Vergessen Sie nie, Mutter Toussaint, daß ein Kind mir dieses Leben gerettet hat. Es gehört Gott.‹

›Und Angst haben Sie keine?« fragte ich. – Und er antwortet: »Das Kind hat mich endgültig von aller Angst befreit . . .‹«

Sie seufzte. »Also, Toinette, ich schicke dich zu ihm. Über dem Aushängeschild ›Zur Goldenen Tonne‹ wohnt im vorletzten Stock ein Altkleidersammler. Drei Treppen hoch, die vorletzte Tür links. Sag einfach, du hättest einen alten Rock, der ausgebessert werden müsse, ob er ihn holen will. Das genügt.«

Sie schob Toinette durch die Tür. »Geh mit Gott und übe dich im Schweigen.«

Das Haus mit dem entsprechenden Aushängeschild gehörte einem Weinpanscher. Schon von weitem roch man es durch alle anderen Gerüche der Gasse hindurch. Im Hinterhof lagerten Fässer. Zwischen den Pflastersteinen trockneten winzige Weinpfützen. Ein paar Hühner, die davon getrunken haben mußten, torkelten durch den Hof.

Ehe Toinette sich auf den Eingang zubewegte, schaute sie sich unauffällig um. Die Gasse lag im Dämmer, obgleich es noch früh am Nachmittag war. Am Brotladen standen einige Hausfrauen Schlange, wie immer. Eine schludrige Bäuerin in rotem Kamisol bot auf einem flachen Korb im Ofen gebratene Birnen an, an einer Ecke sangen ein Mann und ein Mädchen die allerneuesten Lieder, Zuhörer hingen aus den Fenstern, Kinder umstanden die Sänger und sangen den Kehrreim mit. Der Mann hielt eine Violine unter dem Arm. Mit dem Geigenstock schlug er den Takt, wenn er nicht spielte.

Auch ein Junge, der auf dem Rücken adrett aufgestapelte Holzspäne trug, säuberlich gebündelt, hörte zu. Ihm gegenüber ließ sich ein Mann mit roter Mütze die Schuhe putzen. Keiner sah in Richtung der »Goldenen Tonne«. Toinette trat ein.

Ihr war, als sähe sie nun die Welt spiegelverkehrt. Seit Jahren hatte sie in der Annahme gelebt, daß alle Armen von Paris der Revolution gewogen waren. Nur unter ihresgleichen war gesprochen und diskutiert worden. Selbst wenn sie kritisiert hatten, dies oder jenes nicht gutgeheißen, so waren sie doch stets von dem wohlwollenden Standpunkt ausgegangen, daß die Revolution eine absolute Notwendigkeit gewesen war – eine Binsenwahrheit, von der sie geglaubt hatten, daß sie allen klar sein müßte.

Hinter der Tür, vor der sie nun zögernd stand, erklang Stimmengemurmel. Verdrießlich schloß sie daraus, daß der Altkleidersammler, an den sie sich wenden sollte, nicht allein war. Die Hand bereits zum Klopfen erhoben, überlegte sie. Gewiß würde der Besucher nicht davon angetan sein, wenn eine Fremde sie störte. Auch schien es ihr selbst nicht angebracht, den Priester in Gegenwart eines anderen anzusprechen. Sie legte keinen Wert darauf, sich unnötige Blößen zu geben. Also hörte sie vorerst einmal zu.

Zwei ungleiche Stimmen unterhielten sich: eine ältere, geduldige, eine draufgängerische, die sehr viel jünger schien.

»... immer gesagt, daß er dazu prädestiniert ist, jedem, mit dem er zu schaffen hat, Schwierigkeiten zu bereiten. Er ist wie ein Schlafwandler: hat die Augen zu und spaziert über die Dachrinne. Und weil er nichts sieht, ahnt er auch nicht, an welchen Abgründen er entlangbalanciert. Ich habe mich ganz schön erschreckt, sage ich Ihnen. Na ja, Ihnen hat er das Leben gerettet, ich weiß . . .«

»Damals habe ich ihm Schwierigkeiten bereitet, Baloche, nicht er mir«, sagte die ruhige Stimme.

»Ja, ja. War auch eine Leistung für so ein Kerlchen, gebe ich zu. Aber da treffe ich ihn also heute in seinem Stall, gerade als die Diligence aus Orléans angekommen war. Großer Trubel, alles geht ein bißchen drunter und drüber. Der ideale Moment, sich gegenseitig etwas zuzuraunen, ohne daß ein Oberschnüffler etwas mitbekommt . . . Sie lachen? – Wohl weil ich selber so ein Schnüffler bin? Ja, aber das ist doch etwas ganz anderes! – Also, er sagte, er muß mich sprechen. Ich ahne nichts Gutes. Aber, denke ich, immerhin ist es möglich, daß er etwas Interessantes gehört hat. Schließlich muß ich ja leben. Er hat mal wieder ein blaues Auge. Der Vater muß im Suff erneut nach dem Stuhlbein gegriffen haben. So was nimmt der Kleine wie schlechtes Wetter hin. Er zieht mich beim Ärmel und führt mich zu den Pferden. Ich muß die Leiter zum Heuboden hochsteigen. Ich bin zwar mißtrauisch, aber noch harmlos in meinen Vermutungen. Und was sehe ich unter einer alten Pferdedecke, halbwegs versteckt? Das da – was mich mit zwei großen Augen anguckt wie ein geprügelter Hund! . . . Also – am liebsten hätte ich mich aus dem Staube gemacht. ›Baloche‹, sagte ich nachdrücklich zu mir selber, ›diesmal geht es zu weit! Schließlich ist das oberste Gebot für Baloche, dafür zu sorgen, daß Baloche mit heiler Haut durch die Zeiten kommt. Hiermit willst du nichts zu schaffen haben, ehrlicher Nachrichtenzubringer, der du bist . . .‹ Tja – da stand ich also – ein paar graue Augen, ein paar grüne Augen . . . Sie schauen mich an wie den lieben Gott, der alles kann! Es ist wie im Traum, wissen Sie: man will fort, aber man kann es nicht. Man bleibt stehen und sieht auf das geschundene Bündel im Heu, es zittert wie ein Kaninchen. Und was tut der Bengel? Er tut so, als sei es meine tagtägliche Aufgabe, geschändete und zerschlagene kleine Mädchen unterzubringen . . .«

»Ja, ja, Baloche«, ließ die sanfte Stimme sich wieder vernehmen. »Die pure Gnade! Wider Ihren eigenen Willen wird sie Sie noch ins Paradies drängen . . .«

»Da bin ich gar nicht so sicher, mein Vater . . . – ›Kerl‹, sage ich, ›was hast du bloß angestellt?‹ – ›Ich?‹ fragt er zurück. ›Ich nicht. Die Septembriseurs. Ich muß ihr helfen, Baloche. Du weißt warum. Und du mußt ihr auch helfen.‹ – ›Wieso ich?‹ frage ich empört. – ›Du weißt doch, wie ich es halte: erst kommt Baloche, immer nur Baloche, dabei bin ich gut gefahren, bis ich dich getroffen habe! Der Tag, an dem ich glaubte, ich könnte dich für meine Angelegenheiten einspannen, der dämliche Tag!‹ – Wissen Sie, was er tut? Er grient mich an. Sagt einfach: ›Ich vergesse das nie. Du hast gesagt, das Elend braucht nicht in der Welt zu bleiben, wenn wir es nicht wollen . . .‹ Stopft mir auf diese Weise den Mund mit meinen eigenen Worten von Anno dazumal! Was man eben so sagt, wenn man jemanden überzeugen möchte, ohne daran zu denken, daß ein Dreikäsehoch es Jahre später gegen einen verwenden könnte. Vater Magloire, Sie sind mein Zeuge: ich bin ständig unterwegs. Fromm bin ich auch nicht, ein Wohltätigkeitsverein allemal nicht. Mir hat Tignasse noch nie das Leben gerettet, aber Ihnen. Deshalb habe ich dieses Bröckchen Mensch stillschweigend aufgenommen, habe es ganz in den großen schwarzen Rock eingeschlagen, daß es so aussähe, als trüge ich nur ein Bündel alter Kleider, – habe Tignasse wütend angeblickt, um ihm zu zeigen, was ich von ihm halte. Und was tut er? Küßt mir meinen Ärmel, als sei ich ein Heiliger . . . Und jetzt bin ich hier. Ich bringe es Ihnen, Vater, in Tignasses Namen, verstehen Sie? Eine Rechnung, die Sie begleichen könnten . . .«

»Eine Rechnung, ja.«

»Also – kann ich es bei Ihnen lassen?«

»Natürlich, ich denke mir schon etwas aus.«

»Das glaube ich Ihnen. Aber es ist gefährlich und anstrengend, Vater Magloire, gestatten Sie mir das offene Wort: es ist äußerst gefährlich, Leute wie Sie und Tignasse auch nur zu kennen. Deshalb möchte ich Sie bitten: vergessen Sie Baloche. Vergessen Sie ihn so rasch wie möglich.«

»Das ist nicht Ihr Ernst, Baloche.«

Beide Männer lachten jetzt. »Ich will nicht sagen, daß ich viel Geld in meiner Tasche hätte, Vater Magloire, immerhin kann es sein, daß Sie welches brauchen. Schon aus Freude, daß ich das Menschentierchen da loswerde – brauchen Sie Geld?«

»Danke, Baloche. Man ist sehr gut zu mir.«

»Na ja, schließlich öffnen Sie ja auch die Tore ins Himmelreich, das heißt, zumindest einen Schlitz. Das ist auch etwas wert. Erwarten Sie nicht zuviel von Ihrem neuen Gast, ein unterhaltsamer Typ ist es nicht. Ich hab immer gedacht, gleich wurschtelt sie sich los und büchst mir aus. Aber anscheinend hat Tignasse ihr eingebläut, daß ich wie der Heilige Antonius alles wiederfinde, was sich verliert. Im übrigen heißt sie Mamie, etwa vor zwölf Jahren unter der alten Robinie von St.-Julian-dem-Armen aufgefunden. Adieu – mein Vater.«

»Adieu Baloche.«

Im Flur prallte der Mann, der Baloche hieß, mit Toinette zusammen, die die Hand bereits auf die Klinke gelegt hatte. Lieber Gott, dachte sie, plötzlich in die Geborgenheit ihres anspruchslosen Kinderglaubens zurückgeworfen, wenn du meine Mutter mit Hilfe dieses Priesters den Frieden ihrer Seele finden läßt, ohne daß wir erwischt werden, nehme ich mich des Kindes an. Ich hätte es von Anfang an tun müssen, ich weiß, daß du es von mir erwartet hast, wenn so etwas auch aus der Mode gekommen ist, wie Jacques einmal erzählte ... Laß diese Revolution nicht zwischen dir und mir stehen, Gott! Du hast den Menschen diese Welt überlassen, siehe, was sie daraus gemacht haben! Gestatte mir, ohne dich zu erzürnen, mich dagegen aufzubäumen, Herr – verzeih ...«

Nach dem ersten Schock trat Baloche zur Seite, um Toinette den Zutritt ins Zimmer freizugeben, aber er blieb ihr frech auf den Fersen und trat unmittelbar hinter ihr wieder ein. »Hier ist jemand für Sie«, sagte er, ehe Toinette sich vorstellen konnte, »scheint so, als hätte die Dame sich eine Weile vor dem Schlüsselloch aufgehalten.«

Rot vor Scham, leierte Toinette: »Einen Gruß von Mutter Toussaint. Sie hat mich als kleines Kind gekannt ... Ich habe daheim einen alten Rock, er muß repariert werden. Wenn Sie ihn haben wollen ...«

Nur kurz sah sie auf den schmutzigen alten Mann mit dem schütteren weißen Haar, der inmitten alter Kleider saß und sie aussortierte. Sehr bald irrten Toinettes Augen zu dem kleinen Mädchen auf dem Stühlchen am Kamin. Eingehüllt in Rock und Tuch starrte es in ratlosem Unbegreifen mit weitaufgerissenen Augen ins Leere.

Toinette ging auf das Kind zu. Sie kniete nieder und schlug die Arme um das Geschöpf.

»Guten Tag, Mamie. Ich kenne dich. Als du unter der alten Robinie gelegen hast, habe ich dich aufgehoben. Damals schon hattest du so große, graue Augen.

Ich habe viel an dich gedacht ...«

Mamie war aus dem kältesten Dunkel ins Helle geraten, aber sie riß nicht beglückt die Augen auf, um alles zu sehen. Geblendet kniff sie die Lider zu. Hob den Ellbogen hoch, das Gesicht zu schützen, wann immer jemand ihr nahekam. Hatte die Kehle zugeschnürt und wagte kein Wort. Blinzelte höchstens einmal durch die Finger hindurch, wenn sie glaubte, daß keiner sie beobachtete. Dachte, daß sie ja doch aus dem Traum erwachen müßte, zurückgestoßen in bekanntes Leid.

Als der Traum dauerte, versuchte Mamie beunruhigt, seine Gesetze zu erkennen, sich nach ihnen zu richten, weil der Traum nicht abreißen sollte. Aber sie fand keine. Auf der sauberen Strohmatratze, deren Wäsche nach Lavendel roch, wagte sie nicht einzuschlafen. Stundenlang blickte sie verkrampft in die Nacht. In den anderen Betten schlummerten die Kinder: ein Junge, etwa drei Jahre jünger als sie, doch kaum kleiner, zwei Mädchen, die sie morgens anziehen durfte. Sie trugen Blumenkleidchen, die man im Rücken schnüren mußte, weiße Leibchen, weite Röcke und plapperten immerzu. Sie riefen: »Mamie!« wie noch niemand es gerufen hatte und kuschelten sich an ihrer Seite. Es war neu und befremdend für sie, und manchmal wurde ihr so, als müßte sie tief innen weinen, obgleich ihre Züge ohne Ausdruck blieben.

Einen Tag nach ihrer Ankunft in der Rue de Lille hatte Mamie gesehen, wie die Bürgerin Toinette ihren grüngestreiften Rock gegen einen schwarzen auswechselte und immerzu die rotgeweinten Augen trocknete. Später wurden diese leuchtenden Augen wieder blank. Manchmal strich diese fremde Frau mit der Hand an Mamies Wange entlang, nachdenklich, ohne ein Wort. Einmal kam ein vornehmer Herr, für den der Bürger Jacques viele Stunden am Tag und in der Nacht Dinge aufzuschreiben hatte. Der vornehme Herr hatte leise mit Bürger Jacques gesprochen und Tränen in den Augen gehabt. »Armes, armes Kind«, hatte er gemurmelt. Wenn der Bürger Jacques nicht für den vornehmen Herrn arbeitete, mußte Michou unter seinen Augen das Lesen und Schreiben üben. Mamie wurde dazugerufen und übte auch. Sie hatte es fast vergessen. Der Stift zitterte in ihren Händen, und das Zittern übertrug sich auf die Buchstaben, die sich so gern lang auf die Zeilen gelegt hätten, weil sie so müde waren oder weil sie sich vor so vielen freundlichen Menschen verneigen wollten.

Als Toinette Mamie den alten, viel zu langen und weiten Rock, den gestohlenen, abnehmen wollte, sperrte sich das Kind und hielt ihn mit beiden Händen fest.

»Willst du ihn unbedingt behalten?«

Mamie nickte.

»Aber du bist zu klein.«

Sie schüttelte den Kopf. »Ich bin groß, Bürgerin.«

Und begann zu weinen.

»Ich wollte dir aus einem meiner eigenen Röcke ein hübsches Kleid nähen! Ein buntes!«

Wieder das Kopfschütteln. »Dies, Bürgerin. Lang bis auf die Füße. Bitte.«

»Aber warum? Warum, Mamie?«

Sie schwieg. Sie konnte nicht von den Männern sprechen, die ihrer Kindheit ein furchtbares Ende gesetzt hatten. Nicht von ihrem Entschluß, nun endgültig vor aller Welt als erwachsen zu gelten. Vielleicht eine zu klein geratene Erwachsene, sei es drum. Es beinhaltete, daß ihrer schmächtigen Figur etwas entgegenzusetzen war: ein langes schwarzes Kleid, das ihre kindlichen Glieder verbarg, eine Haube, die sie alt und streng machen sollte, eine herbe Miene.

»Du wirst aussehen wie eine kleine Magd vom Lande.«

»Ja«, hatte Mamie mit Überzeugung gesagt, »ja, Bürgerin, wie eine Magd.«

Und ihre Augen hatten geleuchtet.

Da war sie bereits zutraulicher geworden, hatte nicht mehr befürchtet, aus dem Traum zu erwachen, brauchte sich nicht mehr vor Schwäche an den erstbesten Stuhl zu klammern, wenn sie zu lange gestanden hatte.

Den abgesteckten Rock hatte sie enger und kürzer gemacht, bis er fest um die Taille saß und auf die Füße reichte. Das war im Handumdrehen unter Toinettes erstaunten Augen geschehen.

»Das ging aber rasch!«

Wieder die leuchtenden Augen. »Sie sollten mich für sich arbeiten lassen, Bürgerin! Ich bin nützlich. Nur spielen habe ich nie gekonnt. Aber alles andere – Sie werden sehen.«

Gemüseputzen, Feuerschüren, Bodenscheuern, Flikken, Waschen, Spinnen, Nähen: tätige Dankbarkeit unermüdlich williger Hände. Vielleicht wollte sie sich auch unentbehrlich machen.

Toinette sprach viel mit dem Kind, aber Mamie entgegnete wenig. Wohl wagte sie es jetzt, die forschenden Augen lange und ohne Scheu auf jene Menschen zu legen, die sie zu sich genommen hatten. Sie blickte auf sie, als müßte sie ihre Gesichter auswendig lernen, nach einer Antwort auf die Frage suchen, wieso diese, die doch Hände, Füße, Augen, Stimmen und Gedanken wie alle anderen hatten, so verschieden waren von denen, die sie bisher gekannt hatte. Sie studierte das Wunder dieser gelösten Mienen, mühte sich, alles zu verstehen, was man um sie herum sagte: über die Zeit, über das Land, über die Revolution, die im Lande herrschte.

Wenn diese Leute meinten, daß die Armen ihre Armut bald ablegen würden wie ein gar zu verschlissenes Kleid, Mamie war bereit, es zu glauben. Wenn sie meinten, alle Menschen würden bald so sein wie sie selbst, sich zu den Unglücklichen hinabneigen und ihnen beistehen – so mußte Mamie es wohl annehmen, obgleich sie da ihre Zweifel hegte. Wenn sie behaupteten, der König hätte das Land schlecht regiert, die meisten Adligen wären nur groß gewesen, weil die anderen so klein gehalten worden wären –, wenn sie versicherten, Frankreich würde als Republik ein Beispiel für die ganze Welt sein – so lag das alles weit außerhalb des großen Zimmers, in dem sich das Familienleben abspielte. Für Mamie bestand das Universum aus diesem einen Raum und den fünf Geschöpfen, die darin wohnten: drei Kinder und zwei Erwachsene. Gewiß ließ sie am Rande den rothaarigen Jungen gelten, dem sie das alles auf Umwegen verdankte, ihm und dem großmäuligen Mann, der sie wie ein Wäschepaket vermummt unter seinem Arm zu dem verkleideten Priester getragen hatte.

Manchmal träumte sie mit offenen Augen von dem rothaarigen Buben, von dem sie immer noch glaubte, daß er hatte zaubern können, der mit den Pferden wie mit seinesgleichen sprach, der eine violette Jacke trug, sie geschützt und geschont hatte und doch hartnäckig behauptete, kein Engel zu sein.

Jacques Chardet hatte den plötzlichen Zuwachs seiner Familie gelassen hingenommen. Seit Toinette angefangen hatte, selbst zu denken und zu kombinieren, war er immer auf Überraschungen gefaßt. Er erinnerte sich des öfteren des Gesprächs nach der Trauung. Sehr rasch war ihm die Erkenntnis gekommen, daß seine Toinette vielleicht doch nicht bereit war, nur sein getreues weibliches Gegenbild zu werden. Nach der ersten langen Zeit des Bücherlesens – und Jacques war es wie das Essen eines Verhungerten, der nicht hatte aufhören wollen, vorgekommen – hatte sich bei Toinette dieser merkwürdige Eigensinn entfaltet, diese erfinderische Skepsis, die sich festigte. Jacques war ehrlich genug, einzusehen, daß ihre Beharrlichkeit Lösungen für Probleme fand, denen er selbst nicht gewachsen war. Stets hatte er zu theoretischen Gedanken geneigt. So hatte er immer mehr Vertrauen zu Toinettes Aktivität gefaßt, ihr willig den Krimskrams des Alltags überlassen. Manchmal fand er sogar, daß sie Farbe in seine graue Theorie brachte, obgleich er es ihr niemals sagte. Sie zwang ihn einfach, einen Gedanken von mehreren Seiten zu betrachten, das brachte Tiefe in seine Wirklichkeit.

Condorcet hatte sich lobend geäußert über den Entschluß, Mamie aufzunehmen. Er steuerte sogar etwas dazu bei.

»Ihre Toinette wird also dieses Kind neu formen, so wie die Revolution es verlangt, Wunden heilen, die die Gesellschaft dem armen Ding geschlagen hat. Eine großartige Verantwortung, die Ihre Frau da auf sich nimmt – Jacques ... hat einfach das düstere Leben aufgehellt.«

Caritat und seine Sophie taten selbst manch Gutes, auf einer anderen Ebene: verstohlen – schüchtern – treu. Nur Jacques wußte, wohin alle Gelder flossen, kannte den Strom von Besuchern, die auf alle Arten Hilfe erbaten. Vielleicht hatte diese Atmosphäre Toinette angesteckt.

Nun straffte Jacques unbewußt die Schultern und hob das Kinn.

»Danke für Ihre guten Worte ... Ich weiß natürlich nicht, ob Toinette sich große Gedanken darüber macht – zuwenig Zeit, um zuzuhören, was sie der Mamie alles sagt. Aber die Sache klappt. Wenn auch die Kleine nichts antwortet, es besteht kein Zweifel darüber, daß sie zuhört. Toinette sagt, sie guckt einen so groß an, daß man doppelt überlegen sollte, was man sagen will, denn Mamie nimmt alles auf wie das Evangelium.«

»Hat sie einen zweiten Namen bekommen?«

»Wir haben sie Robinier genannt, weil man sie doch unter der Robinie ausgesetzt hat. Mamie Robinier ... Neulich hat Toinette sie hingeführt, damit sie die Stelle sieht. Mamie mochte das Haus nicht verlassen, mit beiden Händen hat sie sich festgeklammert, keine Sekunde hat sie Toinettes Rock losgelassen. Als sie dann wieder daheim waren, hat Mamie ihr die Hand geküßt. Die erste herzliche Regung! Wenn Sie es nicht schon als Herzlichkeit deuten wollen, daß sie unentwegt im Haushalt arbeitet, alles wird gefaltet, geräumt, gereinigt, unentwegt . . .«

»Dienen aus Dankbarkeit und Dienen aus Verantwortung . . . Der Klügere soll dem Dümmeren verpflichtet sein, wie der Reichere dem Ärmeren. Jeder Angehörige, der vom Staat durch Bildung von Dummheit oder Vorurteilen befreit wird, ist sich und anderen ein Gewinn. Deshalb will ich ja unbedingt, daß das Unterrichtssystem neu organisiert wird.«

Ein Schatten zog über das breite Gesicht.

»Wahrscheinlich schütteln auch Sie wie so mancher anderer den Kopf über diesen Gedanken. Vielleicht sollten wir von der Gefahr sprechen, in der unser Staat steckt, davon, daß der Feind ins Land fällt und wir Waffen brauchen, Soldaten, Pferde, Offiziere. Offiziere vor allem. Aber die sind alle bei den Emigranten. Kennen Sie den letzten Witz? Man sagt, die drüben haben nur Leute, die befehlen, und keine Soldaten, die gehorchen.

Und wir haben nur Soldaten, die gehorchen können. Niemals habe ich gewußt, wie perfide es war, Nichtadlige aus dem Offizierskorps auszuschließen.

Eines Tages werden einige dieser Soldaten sich einer ganz neuen Selbständigkeit bewußt werden und bereit sein, Verantwortung für die anderen zu übernehmen. Dann, Frankreichs Feinde – wehe euch!«

Sehr bald wurden Condorcets Erwartungen bestätigt: nach der Schlacht von Valmy, am 20. September 1792, zogen sich die Preußen betreten und geschlagen aus Frankreich zurück. Mit Flaggenzeichen wurde die gute Nachricht von Etappe zu Etappe nach Paris »telegrafiert«.

Einen Tag später kam die neue Volksversammlung, der »Konvent«, zum ersten Mal zusammen. Condorcet war zum Vizepräsidenten gewählt worden. Die wichtigste und stärkste Gruppe stellte zweifellos jene der Girondisten dar, so genannt, weil viele von ihnen im Departement der Gironde ihre Anhänger hatten und auch von dorther kamen. Unter diesen hundertsechzig Männern befanden sich ausgezeichnete Redner, fähige Köpfe, aber auch Träumer, eitle Pfaue, die die eigene Person über die Sache stellten. Daraus entstanden immer wieder Unstimmigkeiten und Verzögerungen, die das Ansehen der Gruppe schwächten und den Konvent selbst daran hinderten, mit seinen Gesetzen voranzukommen. Um den »Montagnards«, ihren Gegnern – so genannt, weil sie auf dem »Berg«, das heißt oben im Saal ihre Plätze hatten – zu schaden, war den Girondisten jedes Mittel recht.

Die Montagnards waren radikaler, vielleicht weniger stark, doch entschieden geschlossener. Unter ihnen befand sich Robespierre, ein Jurist aus Arras, noch in den Anfängen seiner politischen Bahn. Er war eng befreundet mit dem schönen St.-Just, einem jungen Menschen, der heimlich mit den silbernen Löffeln seiner Mutter nach Paris ausgerückt war. Als Kind hatte er im Schatten eines Schlosses und unter der unumschränkten Macht eines Adligen gelebt. Er war von unerbittlicher Gemütskälte geprägt, der absoluten Liebe zu radikalen Ideen verfallen und glaubte, in Robespierre sein Idol der Unbestechlichkeit gefunden zu haben. Zwischen diesen beiden sich hassenden Gruppen, unsicher hin- und herwogend im Meer der Meinungen, standen jene, die man ein wenig verächtlich die »Ebene«, den »Sumpf« oder auch den »Bauch« nannte, lediglich, weil sie unten im Saal saßen, vielleicht aber auch, weil sie keine feste Meinung hatten, zum Teil gemäßigt, zum Teil farblos, sehr oft ängstlich oder feige, sich möglichst der Stimme enthaltend. Am profiliertesten, als Einzelgänger, zeichnete sich aus dem Ganzen Danton ab. Neben ihm Marat, der die Girondisten und die Bourgeoisie offen haßte und mit Gewalt die Revolution vorantreiben wollte, in jene Exzesse hinein, die Frankreich endgültig zu einem Staat gleichermaßen Armer und Primitiver machen sollten, bar jeder Regung echter Menschlichkeit.

Obgleich manche Deputierten in ihrem Herzen königstreu geblieben waren, rief man einstimmig die Republik aus. Mit diesem Tag begann das Jahr »I« der Republik, eine völlig neue Zeitordnung. In zehn Monate teilte man das Jahr auf, jeder Monat hatte vier Dekaden. Christliche Feiertage wurden übergangen, dafür gab es vaterländische Feste sowie einen Ruhetag am Ende jeder Dekade. Condorcet, als Atheist, hatte diese Regelung befürwortet, ja sogar bearbeitet. Es gab da ein Fest der Mütter, der Kinder, der Alten, ein Erntefest, ein Sommerfest, ein Frühlingsfest und andere Feste mehr. Veranstaltungen wurden inszeniert, lebende Bilder gestellt, es wurde gesungen und getanzt. Es gab Aufzüge mit lustig angezogenen Kindern: Bübchen als Soldaten, Mädchen als richtige Damen in blauweißrotem Gewand. Vaterländische Reden wurden geschwungen und Helden schwulstig verehrt.

Mamie nähte weiße Kinderkleidchen, auch für Elisa Condorcet. Wenn die Kinder sie zu sehr bedrängten, stickte sie ihnen mit Fadenresten etwas auf eine alte Serviette. Condorcet kam hinzu, als es ein schwarzes Kätzchen werden sollte, das den Kindern zugelaufen war. Fasziniert von der rauhen Kleinmädchenhand, die die Nadel so kunstgerecht einzustechen wußte, schaute er zu, wie aus den scheinbar wirren Stichen immer mehr das Bildnis einer flauschigen Katze wurde.

»Du malst mit deiner Nadel!«

Mamie sah auf, flatterte mit den Lidern, hob sie wieder. Condorcet sah ein paar verloren verträumte, viel zu große graue Augen, die an etwas Bestimmtes dachten. Woran? Woran dachte eine so schweigsame kleine Person, die immerfort etwas unter den Händen haben mußte?

»Ich kann – noch viel – viel mehr – und besser, Bürger!« Es klang heiser, heftig, und doch verlegen.

»Ich brauchte nur Farben, viele!«

»So?« fragte Condorcet mit jener trügerischen Gleichgültigkeit, die nur Außenstehende täuschte.

Anderentags kam er wieder. Seine schöne, gepflegte Hand zog einen ganzen Batzen bunter Fäden aus der Rocktasche.

»Reicht das vorläufig?«

Mamie starrte auf diesen Wust von Farben, hob halbwegs die Hände, spreizte die Finger. Sie zitterte am ganzen Körper. Aus langvergangenen Tagen kam ihr die Geste demütiger Dankbarkeit in die Erinnerung zurück: sie fiel auf die Knie und lehnte die Stirn an Condorcets Ärmel.

Er machte seine Hände frei, indem er Mamie das Büschel hinter den Schürzenlatz schob. Dann faßte er das Kind unter die Achseln und stellte es auf die Beine.

»Man soll vor keinem knien! Vor keinem! Was wirst du mit den Fäden sticken?«

Sie begann zu erklären, daß sie immer Ähren hatte sticken wollen, dicke, reife Ähren, die an Brot denken ließen. Es fielen Schweigelöcher in ihre verkrüppelten Sätze hinein. Condorcet hörte zu. Er, der niemals Zeit für sich selbst hatte, konnte bewundernswert geduldig und aufrichtig zuhören.

»Jacques soll dir ein Pflanzenbuch aus meiner Bibliothek mitbringen. Dann kannst du sehen, wie eine Ähre aussieht. Es sind auch andere Blumen in dem Buch . . .«

Nie würde Mamie ihm das vergessen. Die Güte des berühmten Mannes stand noch im Raum, als er gegangen war. Mamie begann die Fäden zu ordnen. Bei jeder neuen Nuance, die zu dem Farbfächer hinzukam, begannen die kleinen Mädchen zu juchzen.

»Vielleicht kann man die weißen Kleider besticken?« fragte Mamie in Toinettes Rücken. Schweiß stand ihr auf der Stirn, weil sie ihre Schüchternheit hatte überwinden müssen.

»Das könnte sehr hübsch aussehen«, antwortete Toinette, ohne sich umzudrehen. Würde der scheue Vogel, der ihr da zugeflattert war, sich endlich zähmen lassen?

Am nächsten Morgen brachte Jacques das Buch mit. Es lag auf dem großen runden Tisch. Mamie umkreiste es, ohne es anzufassen. Erst als alle Arbeit erledigt war, setzte sie sich auf einen Stuhl und schaute die Bilder an. Toinette sah, wie der Blick des Mädchens langsam jeder abgebildeten Linie folgte, nochmals und nochmals, jede Blattform in sich aufnehmend. Danach schloß Mamie immer wieder die Lider und versuchte, sich zu erinnern. Ein Tor war aufgegangen. Dahinter lag eine unbekannte, lang ersehnte Welt.

Glück: Menschen, die gut zu ihr waren, Kinder, die ihr nachliefen, sich anschmiegten. Ordnung, die sie schaffen durfte, jeden Tag aufs neue. Da war der Teller, den man ihr füllte, das Glas, der Löffel, der Stuhl. Da war ihr fester Platz am runden Tisch, das sauber bezogene Bett. Manchmal fiel ein freundliches Wort auf Mamie herab wie ein Kastanienblütenblatt, so sanft, süßer als die Marmeladenschnitte, die Toinette ihr wie den eigenen Kindern reichte.

Die weißen Kleider wurden hübsch.

»Willst du später Stickerin werden?« fragte Jacques.

»Darf ich?« fragte sie zurück.

»Weshalb denn nicht! Du bist begabt.«

»Als wir Brot holten, hat eine Frau uns angehalten und sich erkundigt, wer Valéries Jäckchen bestickt hat. Sie fragte, ob Mamie auch etwas für ihr Enkelkind machen würde. Ich habe ›ja‹ gesagt, aber Mamie meinte, wir müßten erst Erlaubnis einholen. Dürfen wir, wenn wir die Frau wieder treffen, ›ja‹ sagen?« fragte Michou.

»Aber ja.«

So erhielt Mamie ihren ersten Auftrag, dem andere

folgten. Selbst während einer Revolution wollten Mädchen heiraten, am liebsten mit einer handfesten Aussteuer, jedes Stück mit den Initialen, damit es keine Verwechslungen am Waschboot geben konnte. Die Mundpropaganda tat schon das übrige. Bald stand Mamie mit ihrem ersten selbstverdienten Geld vor Toinette.

»Für Sie, Bürgerin!«

»Soll ich es dir aufheben?«

»Nein, nein, für Sie!«

Aber Toinette fand einen alten feuerroten Strumpf, vom vielen Waschen über Gebühr eingeschrumpft. Sie steckte das Geld hinein und band ihn zu.

»Jetzt hast du einen Sparstrumpf, Mamie!«

»Nicht ich! Wir alle!«

Die Furcht verblaßte allmählich. Unbewußt begann Mamie Toinette nachzuahmen in ihren Bewegungen, in ihrem Tonfall, in der Art, wie sie sich frisierte. Es erschreckte sie nicht mehr, auf die Straße zu gehen, für Brot anzustehen, am Morgen Milch zu holen oder einmal hinter der Gemüsefrau herzurennen, wenn man ihren Schrei auf der Gasse verpaßt hatte. Nur wenn Mamie einen Kerl mit roter Mütze traf, wurden ihre grauen Augen dunkel. Dann drückte sie sich hart an die Häuserwand und machte sich noch kleiner, als sie bereits war.

Abends vor dem Einschlafen erzählte sie sich jetzt immer wieder das gleiche Märchen: wie sie in ihrem Elend auf die Verzweiflung zugetrieben war, die in Geborgenheit gemündet hatte.

In dieses Paradies.

Mamie war in den folgenden Monaten zu sehr damit beschäftigt, ihren Flecken Glück abzuschreiten, um zu bemerken, daß der Himmel darüber sich verdunkelte.

Manchmal warf Jacques angeekelt die Zeitung auf den

Tisch, wenn er die völlig aus der Luft gegriffenen Anschuldigungen gegen Condorcet gelesen hatte. Man warf Caritat vor, sich auf unehrenhafte Weise bereichert zu haben und die Republik zu gefährden. Hatte man ihn zu einer Epoche, wo es noch schicklich gewesen war, königstreu zu heißen, wegen seiner republikanischen Auffassung bloßgestellt, so beschuldigte man ihn jetzt – da der Prozeß gegen den König bevorstand – ein Monarchist zu sein, nur weil er sich als Gegner der Todesstrafe damit quälte, die politische Notwendigkeit eines toten Königs zu entkräften. Marat sprach Condorcet seine humane Weltanschauung, die alle seine Regungen beflügelte, in seinen Hetzartikeln in unredlichster Weise ab.

»Wie ist es möglich!« rief Jacques wütend. »Dieser Marat! Hinter allem, was er sagt und schreibt, steht nur Marat, Marat! Und er nennt sich der Freund der Armen. Man glaubt es ihm! Mein Herr dagegen überzeugt nicht. Man kann im Saal sein verlegenes, leises Organ kaum verstehen. Er hat Lampenfieber! Ein so großer, gelehrter Mensch fürchtet sich vor der dummen Menge, die sich von Scharlatanen um den Finger wickeln läßt . . .«

Der Prozeß gegen den König konnte deshalb beschleunigt durchgeführt werden, weil sich der Schlosser gemeldet hatte, der seinerzeit in den Tuilerien für den König einen geheimen Wandschrank gebaut hatte. Das Versteck barg den ganzen verräterischen Schriftwechsel, den der König mit dem Ausland oder mit bestechlichen Größen im Lande selbst geführt hatte. Da stand es nun endlich schwarz auf weiß, was man immer vermutet hatte: er schmiedete mit dem Ausland ein Komplott gegen sein eigenes Reich! Er hatte die Kriegspläne verraten.

Schon seit geraumer Zeit hatte man Ludwig XVI. von seiner Familie im Temple-Gefängnis getrennt, zu Recht ahnte man, daß Marie-Antoinettes scharfer Verstand dem Gatten die stichhaltigen Argumente gegen die Anklage liefern könnte.

Als im Januar 1793 der Prozeß begann, fand sich erst im letzten Augenblick ein Verteidiger für den König. Es blieb ihm keine Zeit, sich gebührend vorzubereiten. Viele seiner Kollegen hatten die prekäre Aufgabe abgelehnt, weil sie befürchteten, der Königstreue bezichtigt zu werden. Jener Gerechte, der sich bereit erklärte, hieß Malesherbes und hat seinen Mut und sein Mitleid einige Monate später in der Tat mit dem Leben bezahlt. Condorcet machte sich vollends verhaßt, weil er in pedantischer Weise darauf drängte, daß der Prozeß bis in die letzten Einzelheiten formgerecht und exakt durchgeführt werden müsse. Das Urteil über den König wollte er schließlich durch Volkswahlen untermauert wissen. Die Welt blicke auf die junge Republik, so sagte er, man müsse auch den geringsten Schimmer einer Ungerechtigkeit meiden, die Republik müsse frei von jedem Makel bleiben.

Natürlich sprach er in den Wind: ehe noch das Urteil offiziell gesprochen worden war, hatte man den König bereits gerichtet. Nach seinem Tode klaffte der Abgrund zwischen den Gemäßigten und den Progressiven in unüberbrückbarer Breite. Alle, die nicht offen für den Tod des Königs eingetreten waren, wurden als von Gefühlsduselei verblendete Bürger verschrien, die reaktionärer waren, als ihrem Nacken guttat, und denen nicht zu trauen war. Am 1. Februar 1793 erklärte Frankreich England und Holland ebenfalls den Krieg, am 7. Februar Spanien. Ende Februar setzte die Aushebung von dreihunderttausend wehrfähigen Männern ein: Auftakt zu den Aufständen in den Vendée, in Lyon, Marseille und Toulon.

General Dumouriez besetzte siegreich Belgien und Holland. Jubelnd hatten die Einwohner beider Länder sich dem »Befreier« ergeben. Bald mußten sie einsehen, daß sie lediglich dazu dienten, der Republik Korn, Waffen, Gold und Silber zu liefern. Wenn General Dumouriez auch im Konvent deswegen vorstellig wurde und um Milderung des Zwangs in den besetzten Ländern bat, so verfolgte er doch zu intensiv seine eigenen ganz privaten Machtpläne. In diesem Punkt stand er seinem Freund Danton nicht nach. Weil es nicht anging, daß ein Land, dessen König gerade hingerichtet worden war, ein Fest wie das der »Heiligen Drei Könige« duldete, wurde Epiphanias und im gleichen Zuge die Mitternachtsmesse abgeschafft. Die traditionstreuen kleinen Leute erboste dies dermaßen, daß am 10. März 1793 eine Revolte ausbrach, deren Hintergründe niemals geklärt werden konnten. Jakobiner und Dantonisten schoben einander die Schuld in die Schuhe. Beide Gruppen hatten Grund, im trüben zu fischen. Einmal wollten die Jakobiner schon lange den Girondisten an den Kragen, Danton hingegen mochte im Interesse Dumouriez' gehetzt haben, und dieser wiederum hatte auf die Hilfe der Girondisten gerechnet. Gemeinsam hatten Danton und Dumouriez Pläne zur Wiederherstellung der Monarchie gewälzt. Aber am 18. März verlor Dumouriez die Schlacht bei Neerwinden. Er fürchtete den Zorn des Konvents und floh einige Tage später ins feindliche Lager.

Um die eigene Haut zu retten, zeigte Danton sich flugs extrem links. Er verleugnete Dumouriez als Freund und intrigierte weiter ausschließlich in eigener Sache.

Die Zwischenfälle am 10. März hatten dem Konvent den willkommenen Anlaß geliefert, ein Revolutionsgericht zu schaffen, dem die Vernichtung der Feinde der Republik oblag. Danton stellte den Wohlfahrtsausschuß zusammen, der aus neun Personen bestand, welche darüber zu bestimmen hatten, wer eine Aufenthaltsgenehmigung erhalten und seinen Gesinnungspaß bestätigen lassen durfte.

Darüber hinaus wurde den Reichen eine Sondersteuer auferlegt. Robespierre brachte den Mittelstand mit seinen Reden in immer größeren Verruf. Alle inneren Gefahren kämen der Republik von ihm, so behauptete er. Um sich betont von allen Bürgerlichen zu distanzieren, begann man, sich im Äußeren gehen zu lassen. Allmählich vollzog sich das grause Wunder, daß eine verhaßte politische Minderheit jener anderen Gruppe, die sich doch allgemeiner Sympathie hatte erfreuen können, Schritt für Schritt Boden abgewann, ja sogar die Bestrafung ihrer Mitglieder forderte und erreichte.

Brotknappheit setzte verstärkt ein. Ein schwarzer Markt entstand und erhöhte die Not der Mittellosen. Jene, die ihr Heil von den Jakobinern erwarteten, blieben eine verhältnismäßig kleine Gruppe, einige Tausend etwa, Statisten im Intrigenspiel, immer bereit, blind zu agieren, wenn die Kommune und Sektionen es erwarteten, stürmische Bittschriften eingereicht wurden, die auf der Bestrafung abtrünniger und treuloser Deputierter bestanden. Dies zielte auf die Girondisten, die man nach Dumouriez' Flucht zu den Emigranten in Bausch und Bogen mit diesem gleichsetzte.

Marat forderte in seiner Zeitung, daß Brissot, einer der profiliertesten Girondisten, als Komplize des Generals verhaftet werde. Das Aufbegehren der Girondisten ob dieser Schmach wurde im Keim erstickt, wenn auch die Volksversammlung zunächst noch davon absah, Brissot zu verhaften, wie es die Schreier verlangt hatten.

Man schrieb den 3. April 1793. Am 10. April diskriminierte Robespierre, der immer schärfer aus seiner Anonymität hervortrat, in einer öffentlichen Rede mit Namen einige der Girondisten, darunter den Herzog von Orléans, Vetter des Königs, der sich als Anhänger der neuen Ordnung schon lange »Philippe-Egalité« nannte. Die zweiundzwanzig Deputierten, die im Kreuzfeuer der Debatte standen, verlangten ihrerseits die Verhaftung Marats wegen Diffamierung von Volksvertretern in seinem Blatt. Sie suchten Unterstützung in der Provinz, doch ohne nennenswerten Erfolg. Zwar wurde Marat vor Gericht zitiert, aber wie zu erwarten, wurde er freigesprochen. Das schwächte die Lage der Girondisten weiter. Paris war ein Hexenkessel, es brodelte überall. An Straßenecken, in Parks, in Tabakhäusern und Cafés, auf den Brücken und in den Schenken sprach man von Politik. Arm und reich, jung und alt, klug und dumm, ja, sogar Kinder plapperten das nach, was andere um sie herum behauptet hatten.

Um das Volk zu beruhigen, wurden einige wirtschaftliche Maßnahmen getroffen: am 4. Mai setzte man einen Höchstpreis für den Weizen fest, bereitete Beschlagnahmungen von Lebensmitteln vor, mit denen der Markt versorgt werden sollte, aber man führte sie nicht durch.

Indes holten die Sektionen betriebsam Unterschriften gegen die Girondisten ein. Die Aufgeforderten unterschrieben, um nicht selbst verdächtigt zu werden und des Gesinnungsscheines verlustig zu gehen.

Sturmglocken läuteten wieder einmal von allen Türmen, während sich würdelose Szenen in der Volksversammlung abspielten. Gruppen von Leuten drangen in den Saal, man schrie: »An die Guillotine, gebt die Verräter heraus!«

Als am 26. Mai 1793 die Girondisten bei einer besonders bedrohlichen Demonstration erschreckt den Saal verlassen wollten, wurden sie mit Waffengewalt zurückgehalten. Neunundzwanzig von ihnen verhaftete man auf der Stelle. Einige konnten fliehen, erreichten die Normandie, erreichten Brest, schifften sich nach Bordeaux ein und wurden dort verhaftet. Jene, die nochmals entkamen, verübten Selbstmord in den Wäldern. Erst viel später fand man die von Wölfen verstümmelten Leichen.

Nun spürte Paris den Würgegriff des nackten Terrors.

Am 24. Juni 1793 wählte man die Verfassung, aber

nicht jene, die Condorcet Mitte Februar verlesen hatte und die zweifelsohne die bessere war: man hielt einhellig das Recht auf Besitz bei, aber das Recht auf persönliche Freiheit, auf Glauben, auf Arbeit, wurde zurückgenommen, die Pressefreiheit blieb nur in beschränktem Maße bestehen. Die entflohenen Girondisten erklärte man für vogelfrei.

Im Frühjahr hatte die fromme und königstreue Vendée sich erfolgreich der neuen Ordnung widersetzt, und der Konvent schickte besorgt eine Freiwilligentruppe nach der anderen in diese gefährdeten Gebiete südlich der Loire.

Ein Schauspiel übrigens, von dem die Pariser nicht genug bekamen: auch Mamie stand mit Toinettes Kindern am Wegesrand, um die Männer zu sehen: ältere und jüngere, sehr junge, halbe Kinder noch, phantastisch angezogen, fast alle ohne Uniform, doch mit Begeisterung gewappnet.

Man schrie, man winkte, man klatschte in die Hände. Immer wieder wurde die Marseillaise angestimmt, und jedesmal fielen die Marschierenden in das Kampflied ein.

Michou sang mit besonders lauter Stimme. Er stand unentwegt stramm, um die Soldaten würdig zu grüßen. Am liebsten wäre er mitgezogen. Es war bitter, in dieser großen Zeit nur ein kleiner Junge von kaum zehn Jahren zu sein, und gar noch ein so behüteter!

Mamie trug Bibiche auf dem Arm und hielt Valérie bei der Hand. Das Schauspiel ließ Mamie ziemlich gleichgültig, bis sie an der Spitze eines der vielen Truppenteile einen rothaarigen Jungen kommen sah, der seine Trommel mehr schleppte als trug. Hin und wieder schlug er einen kunstlosen Wirbel, den Blick in die Ferne gerichtet. Schwer zu sagen, woran er denken mochte, gewiß nicht an Krieg und Blut.

Mamie überkam mit einem Mal die Erinnerung an

Pferdewärme, an duftendes Heu, an eine zarte Dankbarkeit, die sie für den Moment nicht deuten konnte. Dann zuckte sie zusammen.

»Tignasse!» schrie sie. »Das ist Tignasse!«

Der Junge wandte den Kopf, aber jenes alte Weiblein in schwarzem Rock, ein Kind auf dem Arm, hatte er niemals gesehen. Es winkte, aber taten das nicht alle? So hob er nur leutselig den Trommelstock, ohne Mamie zu erkennen.

Sie war wütend, daß sie so arm war. So gern hätte sie ihm etwas zugesteckt, ein dickes Brot, ein Stück Kuchen, ein gebratenes Huhn oder ein Paar Stiefel – denn er marschierte auf nackten Füßen in diesen Krieg.

Toinettes Kinder waren von Mamie keinerlei Begeisterung gewohnt. Nun schrien sie mit ihr um die Wette: »Tignasse!« als er schon längst vorüber war. Er sah sich auch nicht um. Schon kam ein neuer Trommler heran, ein älterer, der zu stolz zum Grüßen war.

Wehmütig dachte Mamie an die lila Jacke, die roten Haare, die besorgten Augen – an den Holzteller mit dampfender Suppe, ein Stück Brot ...

Alles hat Tignasse bewirkt: daß der große schmale Mann sie mürrisch als schwarzes Wäschebündel unter dem Arm aus der Posthalterei herausgeschmuggelt hatte, daß der Priester eine alte Schuld hatte begleichen wollen – worüber Toinette eingetreten war ...

Man sagte, der Krieg in der Vendée sei grausam.

Lange hatte Mamie den Herrgott vergessen. Es war nicht leicht, einige alte Gebetsbrocken in die Erinnerung zurückzurufen, bei Toinette wurde nicht von Gott gesprochen. Da das wenige, was Mamie behalten hatte, sich obendrein nicht auf den Krieg bezog, erfand sie einen lapidaren Satz, in dem alles zusammengefaßt war, was sie von Gott verlangte: »Schütze Tignasse, Gott! Schütze ihn!«

Das war wie ein Befehl.

Es gab bereits eine Handvoll Leute, die Mamie liebte. Früher hatte es keinen gegeben, um den sie sich sorgte außer um sich selbst. Jetzt hätte sie sich für Toinette vierteilen lassen, für Condorcet ebenfalls, auch wenn dieser gedankenverloren an ihr vorbeisah, wenn sie ihn im Flur traf und ihren verlegenen Knicks vor ihm machte. Er schien niedergeschlagen, daß man seine Verfassung unter den Tisch hatte fallen lassen. Mamie wußte, daß eine Verfassung eine Liste von Verboten und Rechten für das ganze Volk war. Mittlerweile hatte sie sogar begriffen, was Rechte und was Pflichten waren. Was Toinette ihr nicht alles erzählte, sagte, erklärte! Sie begriff die Bedeutung von Gleichheit und von Brüderlichkeit, wenn diese beiden Worte ihr an sich auch zu schaffen machten: der Gedanke, sie sei nun in Frankreichs Augen ebensoviel wert wie jene in Samt und Seide gekleideten Menschen, denen sie vom Apfelbaum aus im Garten der Amme sinnend nachgeschaut hatte, war schwindelerregend. Und ebensoviel zu gelten wie ein Kind, dem Vater und Mutter dem Namen nach bekannt waren, schien ihr noch unglaubwürdiger.

Sie hatte eine gewisse wortkarge Sicherheit gewonnen, die ihr Würde gab, aber ganz frei fühlte sie sich nur mit Toinette und den Kindern. Manchmal ließ sie sich herbei, ihnen etwas aus ihrem Leben zu erzählen. Wie an jenem Abend, als Tignasse vorbeigezogen war. In der Maisonne, im Gras am Ufer der Seine lauschten die Kinder mit roten Wangen der Geschichte dieser Rettung, der sie Mamie verdankten.

Danach verging kein Tag, an dem sie nicht von Tignasse sprachen. Leuchtend stand er in ihren Gedanken und wußte es nicht.

Fieberhafter denn je verfolgte Jacques nach dem Staatsstreich der Montagnards Presse und Gespräche. Manchmal mischte er sich unters Volk, lauschte, verglich Meinungen, zählte Stimmen für und wider und machte sich Notizen. Nur eine einzige Frage interessierte ihn brennend: was hielt man von Condorcet? Verstärkte sich der unbegründete Haß gegen den gerechten Menschen? Begann man Marats gedruckte Lügen zu vergessen? Siegte endlich die klare Vernunft?

Lange Monate hatte Condorcet Zeitungsartikel geschrieben, hauptsächlich Berichte über die Sitzungen der Volksversammlung, mit eigenem Kommentar. Dann kuppelte man seinen Namen mit dem eines verrufenen Journalisten zusammen. Und als die Girondistenzeitungen verboten wurden, entzog man Condorcet die Aufträge ganz.

Und doch war er niemals von seiner objektiven Haltung abgewichen. Oft genug hatte er nach beiden Seiten erklärt, als man noch um seinen Einfluß buhlte: man darf nicht darauf aus sein, Gironde oder Montagne zu zerstören. Man muß sich beider zum Wohle der Republik bedienen.

Bemerkte er den Abgrund nicht vor seinen Füßen? Erkannte er die Gefahr dieses Alleingangs nicht, in den ihn seine übertriebene Gewissenhaftigkeit jagte, während alle um ihn herum Intrigen knüpften oder sich davon einfangen ließen? Wie durch ein Wunder war er nicht in die fingierten Anklagen gegen die Gironde verwickelt worden, obgleich er mit Brissot und Danton befreundet war. Haarscharf entging Condorcet der Katastrophe. Daraus schöpfte Jacques Hoffnung.

Aber Anfang Juni 1793 schepperte mitten in der Nacht die dünne Klingel über seinem Bett. Jacques kam zu sich, fuhr in seinen Morgenrock und begab sich mit Schreibzeug auf seinem Tablett zu Condorcets Räumen hinab.

Condorcet hatte sich nicht hingelegt. Seine mächtige

Mähne, die hoch über der Stirn begann, war immer wirr gewesen. Jetzt standen ihm die Haare förmlich zu Berge, als habe er sie sich lange gerauft. Auf dem Schreibtisch häuften sich die Papiere. Die Kerzen im Leuchter waren fast heruntergebrannt und rußten stark. Jacques beeilte sich, neue aufzusetzen. Condorcet schaute zu.

»Man hat, wie du weißt, meine Verfassung nicht akzeptiert«, sagte er in seinem sachlichen Ton. »Sie haben die Girondisten in unzulässiger Weise schachmatt gesetzt, Frankreichs Gerechtigkeit angetastet und die Freiheit auch. Das sind keine Leute, denen man die Republik anvertrauen darf. Die Bürger werden betrogen. Selbst wenn die Montagne das Land vor dem Chaos rettet – der Preis ist zu hoch. Ich muß etwas unternehmen.«

»Sie allein, Bürger?«

Die Marmoruhr auf dem Kamin, die grüne Löwenfüße hatte, tickte laut in das Schweigen vor sich hin. Etwas schien mit dem Docht nicht zu stimmen, die Flamme knisterte.

»Schreib!«

Condorcet diktierte wie im Fieber. Das Ganze nannte er: »Über die Verfassung. Aufruf an die Franzosen.«

Er klagte an. Er verurteilte. Er warnte die Mitbürger, und er warnte die Republik.

Jacques Hände zitterten. Er kleckste. Dies war das Ende: Condorcet drehte sich seinen eigenen Strick.

Jacques konnte sich nicht mehr zurückhalten: »Bürger Condorcet! Ich flehe Sie an: Sie haben ein Kind – Sie haben eine Frau . . .«

»Meine Frau ist meiner Meinung: Recht geht immer vor. Zu lange haben wir der Dummheit schon den Vortritt gelassen.«

»Aber es geht nicht mehr um die Dummheit!« rief Jacques verzweifelt. »Es geht hier nur noch um die Macht, Bürger Caritat! Und jene, die sie nun in Händen haben, werden alle vernichten, die versuchen, sie ihnen streitig zu machen. Es gibt keine Pressefreiheit mehr, man wird Sie verhaften . . .«

»Vielleicht wird das die Aufmerksamkeit mancher Mitläufer erregen.«

»Es ist sinnlos!« entfuhr es Jacques.

»Na – und? Wo kämen wir hin, wenn wir nur einen Kampf gegen das Böse eingehen würden, wenn der Sieg uns gewiß ist? Es geht um uns alle, sogar um jene, die noch nicht geboren sind! Also, Jacques, schreib weiter und gräme dich nicht. Wenn der Aufruf fertig ist, sollst du ihn zum Drucker schaffen. Ich wünsche, daß die Broschüre sofort unter die Leute gebracht wird.«

Jacques legte die stumpfgewordene Gänsefeder beiseite und wählte eine neue. Sein Kopf wimmelte von Erinnerungen an alle die Arbeiten, die er für seinen Herrn niedergeschrieben hatte. Ein großer Fächer des Wissens hatte sich vor ihm ausgebreitet: da war eine Abhandlung über die Steuern, über die verbesserte Finanzregelung, über den Landarbeiter und den Handwerker in Frankreich – über die Freiheit im Handel – über das Mitleid, über die Integralrechnung, über den Fortschritt des menschlichen Geistes, sogar über die Zubilligung politischer Rechte an die Frau hatte Condorcet geschrieben, worüber man sehr gespottet hatte. Und dann war da noch das Bildungswesen . . .

Aus allen diesen teilweise in trockenem Stil verfaßten Thesen hatte Jacques die ganze Rechtschaffenheit eines großen Geistes kennengelernt.

Mit dieser Broschüre stempelte Condorcet sich zum Feind jener, die mit unlauteren Mitteln Frankreich knebeln wollten. Aber keiner würde ihn hiernach mehr lesen oder zitieren. Es gab zu viele Feiglinge.

»Wenn du beim Drucker warst, komm wieder, Jacques. Ich habe mit dir zu reden.«

Es tagte, als Jacques heimkehrte. Condorcet saß noch an seinem Schreibtisch. Kalt wie immer betrachtete er einen großen Ring, den er sich über den Finger geschoben hatte. Einer seiner Freunde bei den Girondisten hatte ihm diesen geschenkt. Wahrscheinlich enthielt er Gift, dachte Jacques.

»Ist es erledigt?«

»Es ist erledigt.«

»Höre, Jacques, du hast dein zerbrechliches Haus an die Flanke eines schmalen Deichs gebaut. Nun bittet dich der Deich, ihn zu verlassen.«

»Ich – ich habe verstanden«, murmelte Jacques erschreckt.

»Ihr müßt ausziehen, mein Junge, möglichst bald. Ich will euch nicht durch mich gefährdet wissen. Natürlich kannst du weiterhin für mich arbeiten, wenn es überhaupt etwas zu arbeiten gibt, aber nicht hier – nicht mehr unter diesem Dach.«

»Wie könnte ich Sie und Ihre Arbeit jemals im Stich lassen, Bürger Condorcet.«

»Möchtest du lieber Toinette und die Kinder im Stich lassen müssen? Ihr würdet ohne jeden Zweifel selbst in Verdacht geraten. Nein, mein guter Jacques, du wirst umziehen, ich befehle es dir . . .«

»Aber die Bürgerin Condorcet?«

»Bleibt in Auteuil. Dort ist die Luft sowieso besser für das Kleine.«

»Man wird kommen, Sie zu verhaften, Bürger Condorcet.«

Caritat spielte mit dem Ring. »Eben. Aber ich werde nicht mehr da sein. Ich weigere mich, von solchen mich verurteilen zu lassen, die das Recht mit Füßen treten. Geh und sprich mit Toinette. Suche euch sofort eine Wohnung, zieh noch heute um. Fragt man dich, so sage, wir seien uneinig geworden. Am besten, du ziehst dorthin zurück, wo man dich oder Toinette als guten Republikaner kannte, falls ihr einen Leumund brauchen solltet. Die Möbel könnt ihr natürlich mitnehmen. Ich schätze, daß sie Anfang Juli zuschlagen werden – aber das ist auch der letzte Termin, den ich uns gebe . . .«

Als Jacques verwirrt zu Toinette in die Küche trat, bereitete sie gerade das Frühstück. In der einen Hand die Kanne mit der kochenden Milch, in der anderen den Topf mit dem heißen Kaffee, goß sie geschickt die Flüssigkeiten gleichzeitig in die Kummen. Unterdessen schnitt Mamie das Brot. Bibiche war auf den Tisch geklettert und tupfte ein Zeigefingerchen in die Marmelade, das sie dann vorsichtig ablutschte. Michou versorgte das offene Feuer, über dem bereits der schwarze Suppenkessel an der verrußten Kette hing.

Mit einem gefiederten Gänseflügel staubte Valérie die Möbel ab. »Setz dich«, sagte Toinette zu Jacques. Vor kurzem war ihr der erste Zahn ausgefallen. Es rührte Jacques, daß sie sich jetzt auch mühte, beim Lächeln die Lücke zu verbergen. Frauen in Toinettes Alter, die einige Kinder geboren hatten, verloren alle früh ihre Zähne. Es mußte wohl mit der mangelhaften Ernährung zusammenhängen. Im übrigen blieb Toinette für ihn Toinette, mit Zähnen oder ohne: kindlich und mütterlich zugleich, immer bereit, sich selbst und andere gleichermaßen zu trösten.

Solange er ihr nichts sagte, dachte er bedrückt, blieb diese freundliche Morgenstunde ein tröstliches Idyll. Wenigstens für sie . . .

Er begriff nicht, was Condorcet zu diesem Schritt bewogen hatte. Er verstand nicht, wie man bis zur Selbstzerstörung aufs Ganze gehen konnte. Aber vielleicht taten das auf ihre Weise die vielen Freiwilligen, die an die Fronten strömten, ebenfalls. Nur standen die nicht allein. Wäre Condorcet auch nur eine Spur eitel gewesen, Jacques hätte glauben können, er sei enttäuscht, daß man seine so viel bessere und gerechtere Verfassung abgelehnt hatte: sie sah die Bürgerrechte für alle vor, Arme und Domestiken einbegriffen – darüber hinaus das

Wahlrecht für alle Männer über sechsundzwanzig Jahre, die Abschaffung der Todesstrafe für private Delikte. Auch enthielt sie eine Kontrollklausel über Gesetze, die möglicherweise von unlauteren Volksvertretern ausgeklügelt werden könnten und nicht im Einklang mit dem Grundgesetz standen.

Jacques fand eine Wohnung in der Rue Perdue, wo er schon einmal eine Behausung gehabt hatte, ehe Condorcet ihn für sich entdeckt hatte. Die Gasse führte abschüssig zum Fluß und machte im ersten Drittel einen scharfen Knick. Im übrigen standen alle alten, nicht sehr hohen Häuser in einer krakeligen Reihe. Von den hinteren Fenstern der Etage, die Jacques gemietet hatte, konnte man erstaunlich nahe die Türme der Notre-Dame sehen.

Die Räume waren lange unbewohnt gewesen. Es roch nach Feuchtigkeit und Ungeziefer. Die vielen Küchenschaben wurden aufgescheucht, als Toinette und Mamie zu scheuern begannen. Auf den schmalen Stiegen mühten sich fluchend die Lastenträger mit den großen alten Möbeln.

In den kleinen winkligen Zimmern wirkten Betten, Kommoden und Schränke fehl am Platze, wie in der Verbannung. Von den Wänden hingen die billigen Tapeten in Fetzen herab. Toinette nagelte die längsten Stücke fest. Über einen großen Fleck hängte sie die alte mit dem Kätzchen bestickte Serviette.

Ihr war so, als seien sie miteinander einer Gefahr entronnen, aber Angst und Unsicherheit blieben davon zurück.

Die Kinder standen verschüchtert und weinerlich im Raum. Nur Mamie blieb die gleiche: zuverlässig, schweigsam, rege.

»Werdet ihr mich fortschicken, Bürgerin?« hatte sie mit klopfendem Herzen gefragt, als Jacques an besagtem Morgen nach dem Gespräch mit Condorcet die Lage erörtert hatte. Plötzlich hatte Mamie damals an die Amme denken müssen, an die knarrenden Holzstufen unter ihren nackten Füßen, als sie sich in der Nacht bis an die Tür geschlichen hatte, um ihr Schicksal zu erfahren. Wiederholte sich alles?

»Nein!« hatte Jacques an Toinettes Stelle geantwortet. Und daß er es gesagt hatte, obgleich er nicht einmal gefragt worden war, hatte Mamie doppelt beruhigt, hatte sie doch in frühester Kindheit die Erfahrung gemacht, daß die Hausherren am wenigsten von ihrer Anwesenheit erbaut gewesen waren. Oh, sie würde alles für diese fünf Menschen tun, alles, alles, alles!

So lag sie eine Nacht mit einer Latte auf der Lauer, um die unverfrorensten Ratten zu erschlagen. Die kleine Katze war nur eine geringe Hilfe dabei. Zum Glück fand Jacques am nächsten Tag einen völlig ausgewachsenen Riesenkater, der sich seine Nahrung wohl erjagen konnte.

Da Jacques keine Arbeit von Condorcet bekommen hatte, war er drauf und dran, auf die Straße zu gehen und sich wieder als öffentlicher Schreiber zu betätigen. Aber er wartete noch, er wußte nicht auf was, kaute an den Fingernägeln, vermied ein Gespräch mit Toinette, war ungeduldig zu den Kindern und sah fort, wenn Mamies grauer Blick ihn traf.

Mit einem Schlag war die Sicherheit dieses kleinen Familienlebens ins Wanken geraten. Condorcet hatte Jacques zwar einige Assignaten ausgehändigt, mehr als Jacques jemals in seinem Dasein auf einem Haufen gesehen hatte. Aber er war sich klar darüber, daß das Geld für lange Zeit reichen mußte, während die Preise jeden Tag kletterten und der Wert der Assignaten ständig sank. Condorcets Broschüre kursierte vom 10. bis 24. Juni, ohne daß etwas geschah. Auch die Tage danach blieb es stumm: die Ruhe vor dem Sturm.

Am 8. Juli erfuhr Jacques, daß der Haftbefehl gegen Caritat offiziell ausgesprochen worden war. Noch am selben Tag klopfte es an die Tür in der Rue Perdue. Toinette, die Condorcet nur mit Mühe erkannte, schob wortlos alle Kinder in den Nebenraum und rannte, einen Stuhl zu holen, den sie mit dem Schürzenzipfel säuberte, ehe sie ihn anbot.

Condorcet dankte und setzte sich.

»Mamie, lauf! Hol den Bürger Jacques, er ist am Fluß, gleich um die Ecke – will wieder öffentlicher Schreiber werden, wissen Sie . . .« Schon immer hatte Condorcet eine schlechte Haltung gehabt und war in seiner Kleidung sorglos gewesen. Aber ein Schimmer adliger Würde hatte ihn dennoch umgeben. War es möglich, daß die Angst, die jene befiel, die sich verstecken mußten, bereits begann, ihn zu prägen? Er trug Kleider, die nicht zu ihm paßten und die Jacques nicht an ihm kannte: eine graue Arbeitshose, eine grüngestreifte Weste, das kurze braune Wams der Revolutionäre, eine weiße Zipfelmütze unter dem hohen schwarzen Hut. Es gab Jacques einen Stich, als er eintrat.

Condorcet stand auf, umarmte Jacques. »Vor dir steht der Maurer Pierre Simon! Guter Jacques . . . warst mir ein treuer Freund.«

»Ich möchte es bleiben. Sagt, was ich tun soll, Bürger Condorcet!«

»Nichts. Alles ist geregelt. Ich will nur Abschied nehmen. Vernichte alle Papiere, die du noch haben solltest, sie sind ohnehin unwichtig. Du sollst dich nicht in Gefahr bringen.«

»Und Sie?«

»Es ist vorgesorgt.«

Condorcet schob einen Zettel über den Tisch. »Merk dir die Adresse und vernichte dann das Papier: Rue Servandoni, bei Madame Vernet. Besuche mich nur, wenn es sehr dringend ist. Madame Vernet ist auf dem laufenden. Im übrigen – haltet euch abseits, beide. Es ist gut, daß du wieder öffentlicher Schreiber werden willst. Erzähle keinem, daß du jemals bei mir angestellt warst. Denke an die Kinder.«

»Und Sie?« fragte Jacques wieder.

Abermals antwortete er: »Es ist vorgesorgt. Vielleicht sehen wir uns wieder. Das Böse ist stark, aber es ist nie von Dauer. Betrachte die Geschichte: irgendwann besinnt sich das Volk, immer wieder. Schon deshalb glaube ich an den Fortschritt.«

Er sah auf seine Hände. Er trug den Ring. Sie schwiegen alle.

An der Tür stand Mamie, versteinert still, vergessen. Sie hatte etwas begriffen: Fürchterliches machte sich sprungbereit und zielte auf den Herrn. Er mußte sich verstecken, wie sie sich damals hatte verstecken müssen. Wer konnte helfen? Tignasse, der mit allen Pariser Wassern gewaschen war? Baloche, der so rasch reden konnte, daß man den Faden verlor? Der sanfte Priester etwa? Aber der Priester glaubte an Gott. Condorcet glaubte nicht an Gott. Der Priester war gut. Condorcet war gut. Was ließ den einen gut sein? Was den anderen? Caritat stand auf.

»Bürger Condorcet«, stammelte Toinette, »lieber Bürger – wir müßten Sie bei uns behalten, hier auf der Stelle. Wir sollten Sie keinen Schritt mehr vor die Tür machen lassen. Oh, ich schäme mich so.«

Sie weinte. Angst, Feigheit, Mitleid, alles stritt sich in ihrem Innern.

»Aber, aber Toinette! Deswegen bin ich nicht gekommen. Sieh mal, man kann keinen Menschen in einem Haus verstecken, wo kleine Kinder sind! Kinder plappern in ihrer Ahnungslosigkeit alles Mögliche aus. Ich sagte doch, daß vorgesorgt ist, und du weinst, weil du mich nicht aufnehmen kannst . . .«

Wider Willen mußte Toinette lächeln, dann schluchzte sie nur um so heftiger. Ach, das tun können, was man wollte. – Das tun können, was man sollte . . .

Mamie klinkte die Tür auf; drückte sich flach an die Wand, stand steif, als könnte man sie für ein Möbelstück halten. Aber Condorcet legte ihr die Hand auf den Kopf.

»Nur Mut, Mamie«, sagte er heiter.

Dann war er fort.

Mamie, feuerrot vor Staunen, daß sie beachtet worden war, rannte zu einem vorderen Fenster, öffnete es, blickte hinab auf die Straße. Da – da kam er. Ruhig schritt er davon, mischte sich unter die Menschen, als sei er nicht vor einigen Stunden für vogelfrei erklärt worden – so nannte man das, wenn jemand von keinem Gesetz mehr geschützt wurde. Er sah wirklich aus wie ein Maurer, wenn man es nicht besser wußte. Nur seine Hände. Die waren zart und weiß gewesen. Solche Hände hatten Maurer nicht. Hoffentlich verbarg er sie, wenn er unter die Leute kam.

Sie würden ihn verraten, diese Hände. Man hätte es ihm sagen sollen.

Aber sie wußte, daß sie eher gestorben wäre, als das Wort an ihn zu richten, der ihr jetzt in seinem bitteren Schicksal erhabener denn je vor Augen stand.

Schon zwei Menschen jetzt, für die sie betete und fast wieder fromm geworden wäre: »Schütze Tignasse, Gott, und schütze Condorcet.«

Der Haftbefehl für Condorcet war mit einem jener Gesetze begründet worden, die er mit seiner eigenen Verfassung hatte unterbinden wollen: man erklärte ihn in der Volksversammlung für einen Girondistenfreund und, aufgrund seiner kritisierenden Broschüre, zum Feind der erwählten Konstitution. Flugs bestimmte man, daß diese Haltung mit dem Tod zu ahnden sei. Marat blieb nicht viel Zeit, sich seines Sieges über den verhaßten und beneideten Gegner zu freuen: fünf Tage später, am 13. Juli 1793, erstach Charlotte Corday, eine überzeugte Girondeanhängerin, diesen größten Girondistenfeind in seiner Sitzbadewanne. Erschüttert von dem, was die flüchtigen Girondisten auf der Reise durch Caën über die politische Situation berichtet hatten, hatte das ernste Mädchen geglaubt, mit der Beseitigung dieses Scheusals die Republik und das Volk zu einem klareren Rechtsempfinden zu bringen. Das Gegenteil trat ein: Marat wurde als großer Märtyrer der Republik an allen Straßenenden von Paris durch aufgerichtete Altäre geehrt und bekam ein pompöses Staatsbegräbnis.

Im roten Gewand eines Vatermörders wurde Charlotte Corday am 17. Juli vor einer großen Menge auf der Place de la Revolution geköpft ... Sie war eine der ersten Frauen, die auf dem Schafott starben.

Toinette dachte manchmal an sie, versuchte sich vorzustellen, welche Begeisterung das junge Geschöpf dazu getrieben haben mußte, seinem Schicksal eine solche Wende zu geben. Die Sinnlosigkeit des Opfers betrübte sie: Marat war tot, aber ganz Paris steckte bereits voll ähnlicher Marats, es war wie eine Seuche. Toinette wußte nicht, ob sich große Taten in dieser Zeit noch lohnten. Sie war verbittert über den Lauf, den ihrer aller Leben genommen hatte. Nach Condorcets Abschied war Jacques einsilbig geworden. Den ganzen Tag hielt er sich am Fluß mit seinem Schreibpult bereit, aber er sehnte sich zurück nach den interessanten Texten, nach den lehrreichen Stunden mit seinem Herrn.

Nun entzifferte er für alte Mütterchen vom Lande, die ihre Gartenerzeugnisse frühmorgens nach Paris schleppten, die geschmierten Briefe ihrer Söhne von der Front. Manchmal schrieb er einem dieser Söhne im Auftrag seiner Mutter wieder. Dafür Geld zu verlangen, widerstrebte ihm. Häufig genug brachte er anstatt einiger Assignaten einen Bund Möhren, eine Handvoll komischer Dinge, die man Erdäpfel nannte, oder einen Zwiebelzopf mit heim. Toinette und Mamie erfanden die merkwürdigsten Gerichte, denn der Brotkorb hing sehr hoch. Oft träumte Mamie, es sei so wenig zu essen im Hause, daß sie sich freiwillig von den Menschen, die sie so liebte, fortschlich. Dann schreckte sie hoch, lauschte in die Dunkelheit, sah die funkelnden Augen der hungrigen Katzen ein Rattenloch fixieren, hörte eine späte Kutsche poltern und grübelte, was sie für Toinette tun könnte – wie sie sich unentbehrlich machen sollte.

Eines Tages, beim Anstehen nach Fleisch, das oft bereits morgens vor vier Uhr begann, erkannte Mamie Baloche, als er gerade wichtigtuerisch mit einem anderen Manne sprach. Sie glitt an ihm vorüber, ganz nah, gab sich aber nicht zu erkennen. Hinter einer Hauswand verbarg sie sich. War er es auch wirklich? Er mußte es sein.

Ihr war, als müsse sie jetzt eine hohe Hürde nehmen. Sie wollte etwas erreichen, sie würde sprechen müssen, sehr deutlich, vielleicht sogar bitten. Heftig schluckte sie, bebend am ganzen Körper. Aber sie wartete.

Baloche redete sehr lange. Als sich der Mann endlich entfernte, schlich Mamie auf den noch herumlümmelnden Baloche zu.

»Bürger Baloche – ich – ich bin Mamie.«

»Freut mich«, sagte Baloche gleichgültig. »Woher kennst du mich denn, du winzige Bürgerin?«

»Du hast mich mal – gerettet.«

»Nicht möglich!«

»Doch! Beim Priester in der schmalen Gasse hast du mich abgeliefert . . .«

Hurtig glitt sein Blick in die Runde. »Was fällt dir ein! Auf offener Straße! Solche Dinge darf man nicht einmal flüstern. Halt den Schnabel – oder es tut mir in der Seele leid, daß ich jemals . . . was soll das überhaupt?«

»Ich will etwas fragen.«

»Ich höre – unwillig, aber ich höre.«

»Tignasse ist nicht da. Sonst hätte ich den gesucht.«

»Der trommelt in der Vendée. Würde mich nicht wundern, wenn es ihn erwischt hätte. Er gerät von einer Patsche in die andere. Viele Male geht es gut, einmal geht es schief. Bei ihm ist es schon zu lange gut gegangen.«

»Meinst du das wirklich?« fragte Mamie erschrocken.

»Ja und nein. Es gibt natürlich solche, die immer wieder auf ihre Pfoten fallen. Aber in der Vendée! Beim Haarknoten meiner Mutter! Da geht es rund.«

»Und der – der Priester?«

»Pst! Willst du wohl stille sein! – Es geht ihm gut.«

»Kann man ihn in der Gasse dort noch finden?«

»Brauchst du ihn?«

»Ich habe Sorgen.«

»Meinst du, er hat keine? Und ich erst?«

»Aber meine Sorgen ... Es – geht um die Kinder.«

»Bist du kein Kind?«

»Schon lange nicht mehr ...«

»So. Na. Hm. Ist man nicht gut zu dir, dort, wo du bist?«

»Doch, sehr. Aber es geht ihnen schlecht.«

»Stehen sie auf der falschen Seite?«

Sie sah nur die Gasse hinab. »Wenn es ihnen zu schlecht geht, werde ich gehen müssen. Sonst hungern sie meinetwegen noch mehr. Deshalb ist es wichtig, daß ich Geld verdiene.«

»Ein Knopf wie du? Was kannst du schon?«

»Sticken, nähen – mag sein, daß die, die behaupten, ich könne es gut, recht haben. Gibt es noch Menschen, die gern ein Hemd mit besticktem Einsatz tragen?«

Er schmunzelte: »Ein Hemd? Damen immer. Bestimmt.«

»Kennst du solche?«

Er schmunzelte noch kräftiger. »Ne. Je weniger ich kenne, um so besser. Kind. Mich kennen schon zu viele.«

»Kann ich den Priester fragen?«

»Vielleicht.«

»Er kann keinen verraten, nicht?«

»Keinen. Ist das alles?«

»Nein. Aber ich merke, daß du nicht mehr zuhören willst.«

»Ach . . . Ich entsinne mich, daß damals kein Wort aus dir rauszubringen war. Das hat sich wohl geändert?«

»Wenn es wichtig ist, spreche ich. Sonst nicht gern. Es ist wichtig.«

»Na, denn weiter.«

Er knotete sein Sansculottenhalstuch neu. »Der Priester wohnt noch beim Weinpanscher in der Rue de Nevers. Das willst du doch wissen: immer dem Geruch nach, kannst es nicht verfehlen.«

Sie dankte.

»Wenn du nicht sagst, daß du mich getroffen hast, sage ich nicht, daß ich dich getroffen habe.«

»Wunderbar«, sagte Baloche spöttisch. »Das kenne ich noch von Tignasse! Sag lieber gleich bis zum nächsten Mal. Mich trifft jeder immer wieder.«

»Vielleicht treibst du dich zu oft auf den Straßen herum?« fragte sie ernsthaft. »Trotzdem ist es schön, daß es dich gibt. Als du mich damals zum Priester brachtest, hatte ich niemanden auf der Welt. Jetzt habe ich schon mehr als fünf Leute, für die ich beten muß.«

»Sag bloß, ich gehöre dazu.«

»Noch nicht, aber ab heute«, sagte sie aufrichtig. »Du meinst, ich kann den Priester aufsuchen?«

»Er wird es kaum erwarten können, dich zu sehen.«

Baloches Ironie war an Mamie rein verschwendet. Sie blieb stehen, als er sich trollte, verwundert, daß sie hatte sprechen können und mit ihren Worten erreicht, was sie hatte erreichen wollen.

Am Abend hatte Mamie die kleinen Mädchen zu Bett gebracht, aber Michou ließ sich nicht mehr von ihr bevormunden. Er hatte auf seine Weise Condorcet verehrt.

Daß gerade dieser Mann, von dem der Vater so gut sprach, von der neuen Ordnung verurteilt worden war, hatte Michous republikanische Gesinnung etwas verwirrt. Er sang nicht mehr so laut die Marseillaise. Meistens trieb er sich am Seineufer herum und holte Kunden für Jacques heran.

Jacques hatte angefangen, sich ausführliche Notizen zu machen, über das, was die armseligen Briefe, die er vorlesen oder beantworten mußte, von den Fronten berichteten. Was er da zusammenstellte, war bunt wie eine Lappendecke, doch mit den immer wiederkehrenden Motiven des Hungers, der Übermacht, der Entbehrung, der Opferbereitschaft und der Trunkenheit seltener, unerklärlicher Siege. Jacques stellte sich vor, wie er später Condorcet mit diesen Studien überraschen würde, ihn, der das Volk liebte, ohne wiedergeliebt zu werden. Mit dem Universalgänseflügel, der zu allem dienen mußte, fegte Mamie die wenigen Krümel vom Tisch, die die Kinder nicht aufgelesen hatten, in ihre Hand, um sie anschließend in den Suppenkessel zu werfen.

»Bürgerin, ich muß mit euch sprechen!«

»Kannst du denn sprechen?« fragte Jacques belustigt.

Mamie nahm die eine Hand in die andere. Das tat sie immer, wenn sie sich selbst Mut machen mußte. Ihr war dann so, als sei sie doch nicht so allein. Auch verbarg sie auf diese Weise das Zittern.

»Ich habe jemanden gefragt: es gibt noch Leute, die gern schön gestickte Sachen haben. Ein Hemd immer, hat er gesagt. Leute brauchen auch eine Aussteuer.«

Sie hielt inne. Toinette und Jacques sagten nichts.

»Ich kann sticken und nähen. Du weißt, daß ich es kann, Bürgerin.«

Toinette nickte.

»Es geht nicht an, daß Bürger Jacques allein für uns alle arbeitet und verdient. Ich will helfen. Sonst muß ich eines Tages heimlich fortgehen, damit das Brot noch reicht.«

»Du Schaf!« sagte Toinette. »Untersteh dich.«

»Laß sie weitersprechen«, sagte Jacques. »Also was?«

»Ich gehe zu dem Priester, wo Bürgerin Toinette mich gefunden hat, und frage ihn. Alle Menschen sprechen leise davon, wie tapfer die heimlichen Priester sind. Er wird herumhorchen, wer Arbeit zu vergeben hat. Ich hole sie bei ihm, die Arbeit. Ich bringe sie zu ihm. Niemand wird erfahren, wo ich wohne. Es ist sicher. Er wird uns nicht ums Geld betrügen. Er hat der Bürgerin Mutter in den Himmel geholfen . . . ich weiß das wohl.«

Toinette hielt den Kopf gesenkt, die Augen geschlossen. Dachte sie an den Plan, da sie das schreiende Bündel unter der Robinie hochgenommen hatte?

»Gar kein schlechter Plan«, sagte Jacques.

»Nadeln und Garn kosten Geld«, sagte Toinette.

»Sie hat ihren roten Strumpf!« rief Michou.

»Immer träume ich, daß ich gehen muß«, murmelte Mamie. »Wenn ich helfen darf, brauche ich das nicht mehr zu träumen. Du hast gesagt, Bürgerin, ich sei wie euer Kind. Große Kinder aber helfen überall. Wieso nicht ich?«

»Aber du hilfst ja! Immerfort bist du beschäftigt . . .«

»Ich werde ein kleines Tuch sticken und dem Priester als Probe zeigen. Darf ich das? Dann werden wir ja sehen?«

»Vielleicht kann ich auch helfen«, sagte Toinette. »Du zeigst es mir. Und Valérie ist schon so groß, die kann man anlernen. Danke schön, Mamie.«

»Ich bitte Sie, Bürgerin«, sagte Mamie höflich, wie man es sie gelehrt hatte. Sie hatte ihren Willen. Blieb nur noch der Priester.

Der alte Curé Magloire hatte sich sein Leben auf die verrückteste Art eingerichtet. Mal spielte er den Weinkommis und stolperte in blauer Schürze mit breitem Flaschenkorb die Stufen der Gefängnisse hinauf, um, wie man glaubte, den Gefangenen gegen einen gepfefferten Preis einen guten Schluck zu verkaufen. Mal gab er sich als Zuckerbäcker. Aber in Wirklichkeit nahm er den armen Menschen zwischen zwei Pfeilern flüsternd die Beichte ab, tröstete, merkte sich Namen und Adressen. In der Nacht schlich er sich dann hin, um Berichte auszutauschen. Er taufte und traute, erteilte Letzte Ölungen, versteckte einen flüchtigen Amtsbruder, verschenkte ein Stück Brot, verkaufte einen Schmuck für einen Bedürftigen, der sich nicht zeigen durfte, er schmuggelte auch Briefe aufs Land. So wunderte er sich nicht allzusehr, als ein flinkes, schwarzgekleidetes Geschöpfchen, das ihm irgendwie bekannt vorkam, auf seiner Matte stand. Eins, das sehr genau und knapp erklärte, was es wollte.

Durch ganz Paris liefen geheime Fäden, die jene verbanden, die sich fürchten oder verbergen mußten, die nach alter Sitte beten und leben wollten, die Freunde zu beschützen versuchten oder um einen Verwandten bangten. Alle diese Fäden oder zumindest viele davon, hielt der alte Priester in der Hand. Er sortierte sie, verband sie, entknüpfte oder kreuzte sie.

Die wagemutigen Stücke, die er sich leistete, um an seine Ziele zu kommen, hätten ein dickes Buch gefüllt. Unerschrocken, mal komisch, mal tölpelhaft, immer erfinderisch und listig wie ein Fuchs schlüpfte er durch die Maschen aller Netze, die ihm der Gegner spannte. Er hatte Handlanger in allen Schichten der Bevölkerung, kannte Verstecke in jeder Gasse. Unzählig waren die Häuser, in denen er sich umziehen konnte, um als ein ganz anderer mit harmlosem Gesicht den Häschern, die ihm auflauerten, wieder unter die Augen zu kommen. Längst hatte er es sich abgewöhnt, die Menschen zu richten. Er machte nicht einmal Unterschiede zwischen Gläubigen und Ungläubigen, auch hartgesottene Revolutionäre hatten ihm schon in einer ratlosen Stunde das Herz ausgeschüttet. Sogar eine Gruppe der übelsten Blutsäufer zählte er zu seinen Freunden. Sie waren zu jeder Zeit bereit, durch öffentliches Gebrüll und Gejohle alle Aufmerksamkeit auf sich zu ziehen, wenn der Curé »ein Ding drehen« wollte, wie sie es in ihrem Jargon nannten.

Weil der Priester sich obendrein mal diesen, mal jenen Namen zulegte, verlor sich jede Spur, die einen Schergen fesseln konnte. Man schrieb sechs verschiedenen Männern zu, was der sanfte Curé unter seinen diversen Pseudonymen spielend schaffte. Da die wiedersprüchlichsten Gerüchte über ihn im Umlauf waren, denen er selbst noch einige hinzudichtete, hatte die Obrigkeit ihn allmählich als Legende abgetan, eine Legende, die aus der Phantasie des Volkes gekommen war.

Nachdem er Mamie angehört hatte, zog der Curé ein großes Schnupftuch aus seiner Tasche, rot mit weißen Tupfen. Dann holte er einen winzigen Kieselstein hervor und knüpfte diesen über einen bestimmten Tupfen in das Tuch hinein. Mamie sah, daß schon einige Steine solcherart an anderer Stelle eingeknüpft waren.

»Mein Gedächtnis! Jede Punktreihe bezieht sich auf einen bestimmten Menschen. Sieh – ich habe noch niemals eine solche Anfrage erhalten. So bekommst du Punkt eins in der mittleren Reihe. Für mich heißt dieser Punkt ›Mamie‹. Zeig einmal, was du da gemacht hast. Sehr schön. Ich werde es vorzeigen. Vielleicht gibt es Leute, die sich wieder so was gönnen möchten, wenn es auch jetzt wieder in Mode gekommen ist, sich mit der Hand zu schneuzen . . .«

Er schaute sie eine Weile aus seinen milden Augen an. »Hast du von Tignasse gehört?«

Sie schüttelte den Kopf. »Ich sah ihn als Trommler aus Paris hinausmarschieren.«

»Ich auch.«

Der Curé schwieg vor sich hin. Vielleicht dachte er daran, daß Tignasse ihm das Leben gerettet hatte? Vielleicht war er deshalb so furchtlos. Sicher hatte er alle Angst auf einmal in einer einzigen Nacht durchgestanden, dachte Mamie. Sie fürchtete auch nicht mehr um sich selbst, nur um die, die sie liebte. Vielleicht war das der Preis für Liebe: immer bangen, bangen ... Trotz der würgenden Faust ums Herz, wann immer sie an Tignasse, an Condorcet, an Jacques und Toinette denken mußte, war sie glücklicher als damals. Und jetzt erst recht, denn sie wußte, wie sie helfen konnte. Leichten Herzens ging sie nach Hause. Sie stickte halbe Nächte, stickte auf Vorrat und schleppte alles zum Curé Magloire, der das Zeug unter seinem Rechen versteckte, den er wie eine lebensgroße Stoffpuppe mit allerhand Lumpen angezogen hatte und vor sich hertrug, wenn er den Altkleiderhändler spielte. Niemals erfuhr Mamie, daß er, verkleidet als Nationalgardist, auf einem ihrer schneeweißen Tücher der verurteilten Königin das Abendmahl in die Conciergerie schmuggelte, am Tag vor ihrer Hinrichtung. Daß er einen auf der Flucht verwundeten Herzog mit einem anderen dieser Tücher verband und ein solches als Pfand zwischen Angetrauten gelten ließ. Natürlich wickelte er auch seine Patene sorgsam in eins. Weshalb sollte er es ihr erzählen? Er steckte voller Geheimnisse, die ihm nicht gehörten, er mußte die Zunge hüten.

Das erste Geld, das Mamie erhielt, legte sie wortlos auf den Tisch vor Toinette, dann rannte sie aus dem Raum. Als sie wieder wagte einzutreten, war der Tisch leer. Sie atmete auf. Sie strahlte. Indem sie einen Arm um Mamies Schultern schlang und sie an sich drückte, sagte Toinette am Abend: »Vom ersten Bauern, den wir morgen früh am Stadtrand treffen, kaufen wir ein Huhn für unseren Topf. Aber wir müssen sehr früh aufstehen . . .«

Es wurde ein fröhliches Essen.

Ja, es war eine arge Zeit, es herrschte Krieg, Leute wurden auf den geringsten Verdacht hin eingesperrt. Frauen, die mit ihren Kindern für einen Tag aufs Land gefahren waren und müde heimkehrten, konnten die Tür versiegelt vorfinden, weil der Mann inzwischen verhaftet worden war. Schlimm. Für wie viele? Vorerst für hundert vielleicht – dann für zweihundert – für tausend – dreitausend . . . Stetig wuchs die Zahl.

Aber die anderen lebten weiter, aßen und tranken, sofern sie genug Geld hatten. Sie besuchten Theater, sie tanzten. Sie machten lange Spaziergänge.

Auch in diesen Wochen fuhren Equipagen mit feinen Damen durch den Wald von Boulogne, wo Kinder unter den Augen ihrer Ammen spielten und verschrumpelte alte Männer auf einer Bank sich gegenseitig Zeitungen vorlasen. Es gab vornehme Feste bei den reichen Bourgeois, die immer reicher wurden, indem sie die Waren möglichst lange zurückhielten. Indessen darbten die Armen. Aber das war nicht neu, sie hatten immer gedarbt. Jetzt war ihnen auch das bißchen bunter Frohsinn verlorengegangen, das Brot, wenn man es bekam, schmeckte scheußlich, der Wein fehlte ganz, man sah kaum noch junge Männer, dafür die grauen Karren mit den Verurteilten, Tag für Tag.

Am 16. Oktober 1793 hatte man die Königin hingerichtet. Trotz aller Hetze gelang es nicht, das Volk gegen diese alte verhärmte Frau aufzubringen, in der niemand das leichtherzige verschwenderische Wesen erkannte, das so verhaßt gewesen war. Schon im Juli hatte man ihr den Dauphin fortgenommen. Ein Schusterehepaar von zuverlässiger Gesinnung erzog den blonden kleinen Prinzen zu einem echten Sansculotte. Die Erziehung war weit gediehen: er sprach bereits in ahnungslosem Gehorsam von Mutter und Schwester, wie man von Schlampen spricht. Im übrigen brachte man ihm das Trinken bei.

Am 31. Oktober 1793 starben die gefangenen Girondisten auf dem Schafott, auch Brissot. Sie sangen bis zuletzt patriotische Lieder, der Chor wurde immer schwächer, bis auch die letzte Stimme erstarb.

Der Prozeß gegen sie war mühsam gewesen: Anklagende und Angeklagte standen sich in dem, was sie sich vorwarfen, in nichts nach. Hatten die Girondisten den freien Handel etwa zu deutlich in eigene Taschen hineinpraktiziert, hatten sie sich nicht immer abseits des Schwarzhandels gehalten – heimlich mit dem Feind angebändelt, so war doch das Blut Unschuldiger nicht über sie gekommen. Man hielt mit gegenseitigen Anschuldigungen nicht hinter dem Berg, plauderte peinlich aus der Schule. Mancher aus dem Volk ging nach diesem Prozeß verwirrt nach Hause und fragte sich, ob er wirklich irregeführt würde, wie es einer der Angeklagten in den Saal hineingeschrien hatte. Wer nicht mehr einig mit dem war, was geschah, zog sich behutsam von der Revolution zurück. So auch Toinette und Jacques. Sie schlossen ihre Türen und schärften Kindern und Mamie ein, ja nichts mit Fremden zu bereden.

Außerhalb des Hauses hatte Mamie sowieso nur zwei Leute, an die sie sich hielt: den Curé und Baloche. Auf wunderbare Weise hatte der Curé einige Aufträge für Mamies flinke Hände ergattern können. Mamie stichelte mit einer Besessenheit, die selbst Jacques dazu brachte, den Kopf zu schütteln. Galt es aber, den Betrag zu errechnen, den man verlangen konnte, versagte Mamie. In diesem Punkt war Baloche von unschätzbarem Wert. Er konnte Mamie nicht entkommen. Überall wußte sie ihn aufzustöbern.

»Bist du schon wieder da? Ich dachte, ich hätte einmal Ruhe!«

»Baloche – zwei Dutzend Hemden – vor drei Wochen . . .«

»Vor drei Wochen kosteten sie die Hälfte.«

»Zweimal soviel soll ich verlangen?« fragte Mamie ungläubig.

»Klar.«

»Wir – ich meine – ist das nicht zuviel?«

»Nicht für Löhne. Man spricht nur davon. Du mußt dich nach dem Preis der Lebensmittel richten.«

»Es gibt ja auch kaum was.«

»Siehst du. Frag mich nicht, wenn du mir nicht glaubst.«

Einmal brachte sie ihm ein Halstuch, das sie selbst gesäumt hatte. Er faßte seufzend in seine Westentasche. »Wieviel?«

»Es ist umsonst.«

»Mir ist das zu teuer, umsonst.« Aber er zog doch die Hand wieder heraus. – »Schau mal, drüben auf der anderen Seite, der da, der jetzt zur Rue des Lavandières einbiegt . . .«

»Der Riese mit dem roten Haar?«

»Es ist Tignasses Vater. Ein Tier –!«

»Oh«, sagte Mamie, als hätte sie sich gestochen.

»Ja. Sei froh, daß du keinen Vater hast.«

»Das bin ich . . .«

Nur nichts anmerken lassen, jetzt. Die letzte Nacht im Gefängnis, das ganz Entsetzliche, das über sie gekommen war. Sie hätte es so gern für immer vergessen. Jetzt kam es wieder über sie. War der dabeigewesen? Der?

Wie konnte so einer nur einen Tignasse zum Sohn haben! Wenn er dabeigewesen war, damals, so waren sie doch quitt: er hatte ihr Schlimmes zugefügt, Tignasse tat ihr Gutes.

Groß und breit und rothaarig, also. Vielleicht war sie quitt mit ihm. Aber die anderen, die Toten, im Vorhof des Gefängnisses, alle diese Leichen, die dort gelegen hatten, als sie geflohen war?

Sie wartete, bis Baloche seines Weges ging. Dann lief sie in die Rue des Lavandières. Dort war Tannetou noch. Er blieb vor einer Tür mit einem Aushängeschild stehen: Mäuse auf einem durchlöcherten Käse. Er trat ein.

Mamie lief zu dem Haus. Jeder Mensch, der darin wohnte, mußte ja auf dem Verzeichnis, das an die Tür genagelt war, vermerkt stehen. Das war das neue Gesetz, das den Schnüfflern erlaubte, bestimmte Verdächtige aufzuspüren.

Tignasse stand nicht auf der Liste. Natürlich nicht. Er war ja in der Vendée. – Da: Baptiste Tannetou. So hieß der Vater.

Als sie sich umdrehen wollte, prallte sie gegen eine alte Frau, die sie nicht hinter sich bemerkt hatte. Das Weib lächelte Mamie an, es wurde dadurch nicht vertrauenswürdiger. »Na, mein Vögelchen? Wohnt dein Schatz in diesem Haus?«

Es geschah selten, daß Mamie errötete, dann aber gründlich. Sie wich zurück, die Alte kam ihr nach. »Hast du Angst vor Nénette?«

»Ich kenne – dich – nicht – Bürgerin.«

»Aber ich dich! Soll ich dir die Karten schlagen?«

»Dafür habe ich kein Geld.«

»Ich täte es umsonst bei dir . . .«

Mamie schwieg. Wie festgenagelt stand sie auf einem Fleck unter dem dunklen Blick der alten Frau. Sie konnte die Augen nicht abwenden, sie versank darin, zwei, drei Minuten. Dann erschauderte die Alte, der Bann wich. Demütig sagte die alte Frau plötzlich: »Ich bitte dich, mir zu verzeihen.«

Der Ton war so unerwartet mild und schüchtern, daß er Mamie verwirrte.

»Sag, daß du mir verzeihst«, drängte die Alte.

»Aber – Bürgerin – da ist – da ist nichts zu verzeihen.«

Die Alte legte den Kopf schief, als lauschte sie einer Stimme nach. Dann seufzte sie befreit.

»Bist du sicher, mein Kind?«

»Ganz sicher, Bürgerin.«

»Wie heißt du?«

Und als Mamie noch schwieg. »Sag deinen Namen! Sag ihn! Du bist ein braves Kind.«

»Das kannst du nicht wissen, Bürgerin.«

Die Frau lachte zahnlos. »Was weißt du, was ich alles wissen kann! Sag mir deinen Namen! Ich habe dir nichts getan – du hast es ja bestätigt. Du hast mir nichts zu verzeihen.«

»Nein, nein. Ich bin Mamie.«

»So. Bleib gut, Mamie.«

»Ja, Bürgerin. So gut ich kann.«

An der Rue Galande, in die die Rue Lavandières mündete, sah Mamie sich um, ehe sie zur Rue Perdue hinüberwechselte. Die alte Nénette stand dort wie jemand, der seinen Weg vergessen hat.

Eines Tages in diesem Winter stand Sophie de Grouchy, verehelichte Condorcet, in der Rue Perdue. Sie war als Frau vom Lande verkleidet, trug sogar eine Gemüsekiepe. Toinette zog sie rasch in die Wohnung, umarmte sie stürmisch, führte sie ins hellste Zimmer. »Wie geht es, Bürgerin?«

»Ich komme von ihm. Alles ist in Ordnung. Einige der Untermieter bei Madame Vernet sind eingeweiht. So kann er sich doch ab und zu offen aussprechen. Besuch hat er nicht so gern. Zu gefährlich für alle.«

»Was tut er?«

»Er schreibt seine Erinnerungen, legt seinen politischen Standpunkt klar. Deshalb bin ich hier. Er hat keine Unterlagen mehr und hofft auf Jacques Gedächtnis. Ich soll ihn fragen.«

»Er kommt sehr bald. Wie geht es dem Kind?«

»Gut. Meine arme kränkelnde Schwester und eine alte Gouvernante, die uns nicht verlassen will, kümmern sich.«

»Und Sie, Bürgerin?«

Sophies Lächeln erinnerte an den klugen Liebreiz, den alle Besucher ihres Salons immer bewundert hatten. »Ich bin nun unter die Maler gegangen. Lauter Miniaturen male ich, und ich schnitze Kameen. Es gibt so viele arme Menschen in den Gefängnissen, die nicht wissen, ob sie jemals ihre Lieben wiedersehen werden. Da möchten sie wenigstens ihr Bild zurücklassen.«

»Läßt man Sie in die Gefängnisse?«

»Ja. Aber ich male überall, sogar in Hauseingängen, in Fluren, auf Dachböden. Irgendwelche freundliche Leute, die ein Einsehen haben, finden sich überall.«

»Wohnen Sie noch in Auteuil?«

»Ja, sicher. Als Frau eines Mannes, den man außerhalb des Gesetzes gestellt hat, dürfte ich gar nicht in Paris übernachten. Also komme ich jeden Morgen aus Auteuil und gehe jeden Abend dorthin zurück.«

»Zu Fuß?«

»Natürlich. Im großen Zug der Gemüsehändler, die in Paris ihre Ware verhökern, wenigstens das, was übrigbleibt, wenn der schwarze Markt das Beste herausgepickt hat. Manchmal mische ich mich auch unter jene, die auf dem Place de la Révolution die Guillotine in Aktion sehen wollen. Da gibt es ganze Horden von Sensationslüsternen. Sie kommen unbehelligt durch die Stadttore. Einmal in Paris, mache ich aber weite Umwege, um sicher zu gehen, daß man mich nicht verfolgt.«

»Hat man Sie in Frieden gelassen?«

»Bis heute ja. Und euch?«

»Auch. Obgleich es immer gefährlicher wird. Nachts hören wir die Kutschen vorüberpoltern. Dann wissen wir, daß sie wieder einen geholt haben. Madame Vernet ist sehr mutig.«

»Ihre Güte steht so klar auf ihrem Gesicht geschrieben ... Ihr verstorbener Mann war Arzt, glaube ich. Nun vermietet sie kleine leere Räume, hauptsächlich an Medizinstudenten. Anfangs kannte sie den Namen meines Mannes nicht einmal. Jetzt sind sie vertraute Freunde, er nennt sie seine zweite Mutter. Einmal, als er meinte, sie darauf aufmerksam machen zu müssen, daß sie seinetwegen ständig in Todesgefahr schwebe, antwortete sie – mein Herr, der Konvent ist zwar befugt, einen Menschen außerhalb des Gesetzes zu stellen, aber er hat nicht die Macht, jemanden außerhalb der Menschlichkeit zu stellen ... Sorgen Sie sich nicht ... Natürlich sorgt er sich. Anfangs, wenn man einen Unterschlupf gefunden hat, ist man froh, der unmittelbaren Gefahr entronnen zu sein. Aber danach beginnt die Niedergeschlagenheit und das erdrückende Gefühl der Ohnmacht. Ich rede Condorcet zu, bringe ihm, was ich kann, er braucht auch nicht zu hungern. Aber er hungert anders, hat Heimweh nach dem Kind, das er abgöttisch liebt und das nun ohne ihn groß werden muß. Er trägt sich mit dem Gedanken, Elisa ein geistiges Vermächtnis zu hinterlassen, eine Art Leitfaden fürs Leben, so sagt er – sie wird ihren Vater später ganz darin wiederfinden ... Im übrigen werde ich bald ein Wäschegeschäft in der Rue Honoré aufmachen, Nummer 232, und zwar unter dem Namen des Bruders vom ersten Sekretär meines Mannes, du weißt schon, es ist der Notar Cardot, der die Rechte unseres Hauses wahrgenommen hat.«

Mamie merkte sich die Adresse dieses zukünftigen Wäschegeschäftes, als Toinette ihr davon erzählte. Man konnte nie wissen. Bestimmt würde die Bürgerin Condorcet auch ihr Aufträge erteilen, wußte sie doch um Mamies Fähigkeit, und hatte doch Condorcet selbst ihr das bunte Fadengewirr geschenkt. Sie war guter Dinge. Wenn man auch nicht mehr ganz satt wurde, was bedeutete das schon, bei der Geborgenheit, die sie gefunden hatte. Im übrigen brauchte man sie. Es war ihr lieb, daß so selten jemand kam. So riskierte man wenigstens nicht, in Schwierigkeiten zu geraten.

Und doch geschah das Unwahrscheinliche: eines Tages traf Jacques einen alten Bekannten, mit dem er zusammen die Schulbank gedrückt hatte. In den letzten Jahren hatte er ihn aus den Augen verloren. Als sie noch beide Notariatsschreiber gewesen waren, hatten sie beide davon geträumt, einen guten Posten bei einem hohen Herrn zu bekommen.

Der Mensch stand eine Weile in Nähe von Jacques Schreibpult und hörte dem Vorlesen und Beraten lässig zu. Anfangs hatte Jacques ihn nicht erkannt: der früher so adrette Mensch trug über seinem Hut die rote Mütze mit der Kokarde und gab sich betont revolutionär.

»Kennst du mich nicht mehr, Bruder?« fragte er. »Wirklich nicht? Ich erinnere mich noch gut: als ich dich das letzte Mal sprach, saßest du auf einem sehr hohen Roß: Condorcet hatte dich engagiert.«

»Ach«, sagte Jacques obenhin, »das ist lange her.«

Zum Glück bekam er Kundschaft. Er zog die Verhandlung bewußt hinaus, aber der Mann hatte Geduld, gab einige politische Floskeln von sich, kritisierte die Kriegsführung außerhalb Frankreichs und lobte das kräftige Durchgreifen der Armee in der Vendée. Jacques begriff, daß er ihn auch mit seinem Schweigen nicht loswürde. Er beschloß heimzugehen.

Es war ein Fehler. Der Mann bestand darauf, ihn zu begleiten. Vor dem Haus studierte er dann die Nummer.

»Weswegen bist du von Condorcet fortgegangen?«

»Meinungsverschiedenheiten«, antwortete Jacques schroff, der sich nicht erinnern konnte, überhaupt etwas darüber erzählt zu haben. Der Kerl langweilte ihn, wartete vielleicht darauf, heraufgebeten zu werden. Jacques dachte nicht daran. Das Volkswohlfahrtskomitee hatte ein ganzes Heer von Kundschaftern, die ihre Nase überall hineinsteckten. Überdies raunte man sich zu, daß es Kopfgeld gäbe für jeden Verdächtigen, den man anzeigte. Möglicherweise würde der Mann Jacques' Wohnung für einen regierungstreuen Republikaner viel zu sauber finden, seine Frau zu ordentlich, die Kinder zu brav, zu bürgerlich das Ganze.

»Entschuldige«, sagte Jacques nach einem Schweigen und faßte an die Klinke. Er war darauf gefaßt, den zudringlichen Menschen abzuwehren, aber der blieb artig stehen, wo er stand.

»Und jetzt ist Condorcet untergetaucht«, sagte er. »Die anderen Girondisten hat man zum Glück bereits einen Kopf kürzer gemacht. Aber Condorcet trägt den seinigen noch auf den Schultern.«

»Condorcet war doch kein Girondist!« entfuhr es Jacques heftig.

Der Mann nickte befriedigt. »Nicht? Was war er dann?«

»Weiß ich nicht.«

Es klang recht lahm. Der Mann lachte. »Du als sein Schreiber würdest nicht gewußt haben, was er wirklich war? Entschuldige, aber das finde ich lustig. Also – was war er?«

»Ein guter Mensch.«

»So, ein guter Mensch. Und du hast dich nicht mit ihm vertragen. Bist du kein guter Mensch?«

»Blödsinnige Frage!«

»Was bist du denn für einer?«

»Und du! Was bist du für einer, daß du herumstolzierst und dich anmaßest, Fragen zu stellen?« fragte Jacques gereizt zurück.

»Ein zuverlässiger Bürger bin ich.«

»Na, denn –«, sagte Jacques und wollte sich abwenden.

»Ich wette«, sagte der andere, »ich wette, du weißt, wo Condorcet sich versteckt hält! Du konntest früher schon schlecht lügen, in der Schule gar nicht. Wir kennen uns zu lange, Bruder?«

»Unsinn! Hast du als zuverlässiger Bürger, wie du dich nennst, nichts anderes zu tun als mir die Zeit zu stehlen?«

»Was sollte ich deiner Meinung nach denn anderes tun?«

Jacques antwortete das Verkehrteste, was ihm in den Sinn kommen konnte: »Nun, du könntest an die Front gehen und für das Vaterland kämpfen. Du findest ja, daß die es dort nicht richtig machen.«

Der Kerl zeigte ein übles Lächeln. »Also, du meinst, ich sei feige?«

»Ich habe kein Wort von Feigheit gesagt.«

»Wer nicht an die Front geht, ist doch feige, nicht wahr?«

»Wahrscheinlich hast du Frau und Kinder, so wie ich«, sagte Jacques einlenkend.

»Hab ich nicht! Aber deswegen braucht mich ein so unzuverlässiges Subjekt wie du noch lange nicht zu beschuldigen! Jawohl, zu beschuldigen!« schrie der Kerl frech. Vorübergehende blieben stehen.

»Bruder«, sagte Jacques und bemühte sich heftig, es gutmütig klingen zu lassen, »du mußt über den Durst getrunken haben. Von Beschuldigen war nicht die Rede! Geh heim und schlaf deinen Rausch aus! Er dampft dir bereits aus den Ohren!«

Der Mann feixte. Tatsächlich ging der Mensch davon.

»Na also«, dachte Jacques. Ein schlechter Nachgeschmack blieb ihm von der Begegnung. Er hätte nicht dulden sollen, daß er ihn bis zur Tür begleitete. Er hätte ihn abschütteln müssen, irgendwie, dachte er unbehaglich, als er die Treppen hinaufstieg. Bekam man wirklich eine Prämie für jede Anzeige? Hatte er sich etwa kompromittiert mit seinen Äußerungen? Wie war es überhaupt zu dieser Wendung gekommen?

Er blieb stehen und dachte angestrengt nach. Ihm war fast so, als hätte der Kerl ihn bewußt provoziert . . .

»Das ist nicht möglich«, murmelte er zu sich selbst. »Das bilde ich mir nur ein. Es ist alles in Ordnung. – Alles – in – Ordnung.«

Als er aufschloß, zitterten seine Hände. – Ich habe Condorcet verteidigt! Einen Vogelfreien! Ich sagte, er sei ein guter Mensch – ein guter Mensch! Wenn ich ihn aber angeschwärzt hätte – ich hätte mich mein Leben lang vor mir selbst geschämt. Jetzt habe ich uns alle gefährdet – war mir denn unsere Sicherheit nicht eine einzige Lüge wert?

»Toinette!« rief er, als riefe er um Hilfe.

Sie rannte herbei, blickte nur in sein Gesicht und erkannte seine Not.

»Jacques, Jacques, beruhige dich, erzähle mir alles. Ich bin bei dir. Ich halte zu dir, immer. Still, mein Lieber, nicht weinen – nicht . . .«

Sie nahm seinen Kopf in ihre Hände, drückte ihn an ihre Wange, küßte ihn.

»Liebster, Liebster«, flüsterte sie, ganz wie früher, als sie noch Zeit füreinander gehabt hatten, eines langen Lebens volle Zeit.

Stetig, unentrinnbar, trieb der Terror seiner schlimmsten Phase zu. Bislang hatten die Jakobiner unter ihren Feinden aufgeräumt. Jetzt rüsteten sich sich, die eigenen Reihen zu säubern. Die vielgerühmte Einigkeit, die die Republik vor dem Chaos gerettet hatte, begann zu zerbröckeln. Eine Fülle von gegenseitigen Beschuldigungen kam ans Tageslicht: Bestechungen, geheime Auslandsverbindungen, Finanzskandale, Korruptionen aller Art.

Robespierre hatte als Unbestechlicher die Macht an sich gerissen. Man erstarrte unter seinem kalten Blick, der jeden zu verdächtigen schien. Manche wußten sich nicht anders zu helfen, als andere fälschlich anzukreiden, um selbst mit weißer Weste dazustehen. Wieder andere nutzten die Gelegenheit, sich ihrer Feinde zu entledigen. Frauen zeigten ihren unerwünschten Ehemann an, Ehemänner ihre Nebenbuhler, Nebenbuhler wiederum Ehemänner. Es war so leicht: man brauchte nicht einmal unter Eid ein Zeugnis abzulegen. Jedem anonymen Hinweis wurde nachgegangen. Es gab eigens einen Briefkasten für die Anzeigen, man nannte ihn den »Mund der Wahrheit«. Keinen Augenblick fiel es Toinette ein, Jacques einen Vorwurf zu machen.

»Es hätte mir ebenso passieren können, wenn er hier erschienen wäre und mich in ein Gespräch verwickelt hätte. Es ist Schicksal, Jacques! Daß er dir ausgerechnet über den Weg laufen mußte! Vielleicht hat er dich schon einige Zeit beobachtet. Das weiß man nicht . . . Wir müssen nur verhüten, daß ein ganzer Rattenschwanz von Leuten mit hineingezogen wird. Man muß Condorcet wissen lassen, daß es nicht mehr sicher bei uns ist. Auf keinen Fall darf seine Frau hier mehr erscheinen . . . Warte mal – ob wir Mamie schicken? Mamie kennt keiner. Oder hat der Kerl sie auch schon einmal gesehen?«

»Kaum.«

»Gut, dann soll sie Condorcet mündlich warnen, bloß als Vorsichtsmaßnahme. Überlege doch –: was ist eigentlich dabei, zu behaupten, Condorcet sei ein guter Mensch? Das ist er doch? Du brauchst nur einige Leute aufzuzählen, für die er immer gesorgt hat, zum Beispiel die Dienerschaft seines verstorbenen Freundes D'Alembert? Im übrigen sagen wir beide gesondert aus, du habest dich politisch nicht mehr mit ihm verstanden und seiest mehr für die Jakobinerkonstitution gewesen als für die seinige. Du seist ausgezogen, als sein Rundbrief erschienen ist. Das stimmt sogar!«

Jacques fühlte seine Panik zusammensinken. Einen Augenblick sah er alles im hellsten Licht.

»Bleiben noch die Kinder«, fuhr Toinette fort. »Sie schnappen dies und jenes auf. Sie sind so arglos, daß man sie mit der ersten besten Frage einfängt.«

Ganz in Gedanken legte sie den Saum ihrer blauen Schürze in gleichmäßigen Falten auf ihrem Knie zurecht.

»Man müßte also dafür sorgen, daß man sie nicht ausfragen kann«, fuhr sie fort. Sie versuchte, den Gesang der Kinder nebenan zu überhören. So vergnügt und sorglos waren sie! Mamie mußte allerdings gemerkt haben, daß Jacques und Toinette Ernstes zu besprechen hatten und allein sein wollten. Also hatte sie die drei abgelenkt. Gute kleine Mamie ... Aber natürlich!

»Wir müssen sie aus dem Haus bringen, Jacques! Du und ich bleiben hier wohnen und warten, was geschieht. Aber Mamie und die Kinder bringen wir anderswo hin. Wir mieten ihnen ein Zimmer.«

»Mamie ist selbst noch ein Kind!«

»Das ist sie nicht. Sie wird bald vierzehn. Mag sein, daß sie wenig gewachsen ist. Aber sie besteht darauf, immer in Schwarz zu gehen, das macht älter. Jacques, es ist die einzige Lösung. Irgendwann wird der Spuk zu Ende sein, dann kommen sie zu uns zurück. Wenn die Kinder nicht da sind, können wir unsere Geschichte so erzählen, daß niemand uns das Gegenteil nachweisen kann. Wenn sie hierbleiben, werden sie nicht nur uns, sondern auch die Condorcets ins Verderben reißen. Man könnte ja den Kerl anzeigen, ehe er uns anzeigt, aber du sagst, er ist als zuverlässiger Bürger bekannt. Du glaubst sogar, daß er ein Schnüffler ist! Gegen den kommen wir nicht an! Je länger ich auf dieser Welt bin, je sicherer weiß ich dies: es gibt Schweinehunde, die können sich als Schweinehunde benehmen, und es geschieht ihnen nichts! Aber benimmt ein Anständiger sich einmal so – läuft alles für ihn schief ...«

»Das habe ich auch manchmal gedacht.«

»Ich habe lieber solche wie dich, Jacques.«

Er fand selbst keinen anderen Ausweg und ließ Toinette bestimmen. Beim Abendessen machten die Kinder ihre Späße, als spürten sie, daß sie die Eltern von ihren Sorgen ablenken sollten. Selbst Mamie mußte lachen über Bibiches Faxen.

Noch nie war Jacques sein Familienleben so harmonisch vorgekommen. Noch niemals hatte er so bewußt gesehen, wie zartgeschwungen Valéries Oberlippe war, wie das Grübchen in der linken Wange kam und ging. Er streckte einmal die Hand aus und faßte nach der Tolle, die Michou ins Gesicht fiel. Bibiche nutzte seine weiche Stimmung aus, indem sie ihn wie einen Berg erklomm. Jacques wackelte mit den Schultern, Bibiche schrie vor Wonne und klammerte sich fest.

»Erzähle, wie du ein kleiner Junge warst!« bettelte Valérie. »Von damals, als die Kinder noch im Stehen essen und die Erwachsenen bedienen mußten ... als du die Wäscheschlegel von deiner Mutter in den Hosenboden stecktest und der Hilfslehrer dich danach nicht mehr verhauen mochte ...«

»Nein«, rief Michou, »erzähle, wie eine Braut ein für ihren Stand zu feines Kleid getragen hat und wie die Marktweiber von Paris ihr nach der Trauung an der Kirchentür aufgelauert, ihr das Kleid vom Leib gerissen und sie übers Knie gelegt haben ...«

»Das hast du ja schon erzählt!« lachte Jacques. Er dachte: gestern um diese Zeit war ich noch vollkommen glücklich. Und habe es nicht gewußt. Es ist nicht möglich, daß dies alles nun vorüber ist. Aber das hatte er auch gedacht, als er Condorcets Wohnung hatte verlassen müssen. In dieser Zeit war nichts gewiß.

Der Gedanke, daß ihrer aller Schicksal an Mamies Zuverlässigkeit hing, bedrückte ihn. Er stand daneben, als Toinette das Mädchen unterrichtete. Er schämte sich, doch Mamie nahm den Auftrag willig an, hörte genau zu, den klugen Blick auf Toinette gerichtet. Es war noch sehr früh, als sie lostrabte, die Rue de la Seine hinab, die an manchen Tagen, als man für Geld noch alles hatte kaufen können, ein Viktualienmarkt gewesen war. Da hatten sich in langen Reihen auf beiden Gassenseiten die Fisch-, Fleisch- und Wurstbuden aneinandergereiht, und zum Sonntagsessen hatten auch die einfachsten Leute noch den Versuch gemacht, ein schmackhaftes Menü zusammenzustellen. Jetzt lag die Gasse leer und grau vor Mamie, jemand schrie, daß er alte Hüte aufkaufe, ein anderer bot Holzlatschen feil. Eine verspätete Milchfrau wurde von vielen Kindern mit Töpfen umdrängt.

Die Häuschen der Rue Servandoni lagen zwischen der Kirche St.-Sulpice und dem Gefängnis Luxembourg. Mamie fand die Hausnummer, blickte aber erst nach beiden Seiten die Straße hinab. Katzen lümmelten sich, ein paar Spatzen narrten sie, indem sie immer wieder vor ihnen aufflogen. Ein Hund schnüffelte an einem Meilenstein. Sonst war alles leer.

Das Haus war schmalbrüstig und schien sich unter seinem Dach zu ducken. Mamie hob den Klopfer.

Die Frau, die ihr öffnete, war nicht mehr jung.

»Bürgerin Vernet? Bitte, laß mich ein. Es geht um den Maurer Simon. Ich muß ihn sprechen.«

»Ich weiß nicht.«

Mamie griff hinter ihren Schürzenlatz und zog buntes Fadengewirr zum Vorschein. »Die hat er mir mal geschenkt. Ich heiße Mamie.«

Madame Vernet mußte wider Willen lächeln und öffnete die Tür etwas weiter. »Tritt ein.«

Im Flur roch es nach Bohnerwachs, nach alten gepflegten Möbeln, nach Schnupftabak.

Mamie brauchte nicht lange zu warten. Die Frau kehrte zurück und steckte Mamie die bunten Fäden wieder zu. »Er kommt.«

Sie schob Mamie in einen kleinen leeren Salon.

Condorcet ging gebeugter, schien noch bleicher als sonst, wohl weil er niemals an die frische Luft kam. Er fröstelte und hüstelte.

»Guten Tag, kleine Bürgerin.«

Mamie lief ihm entgegen, knickste, legte die Stirn gerührt auf seinen Ärmel. Er war groß, und er war gütig. Er mußte gerettet werden. Sie glühte vor Eifer bei dem Gedanken, ihre Verlegenheit fiel von ihr ab.

»Bürger Jacques läßt Ihnen sagen, daß er wahrscheinlich bespitzelt wird. Ein Bekannter aus alten Tagen, der weiß, daß Bürger Jacques Ihr Schreiber gewesen ist. Bürger Jacques rechnet damit, verhaftet zu werden. Mich und die Kinder wird man außer Haus schaffen, damit die Kleinen sich nicht verplappern. Und die Bürgerin Condorcet möchte – bitte schön – nicht mehr in die Rue Perdue kommen, es ist zu unsicher. – Bürgerin Toinette . . .«

Angesichts des großen Mannes, der so reglos im Raum stand und gar nicht zuzuhören schien, verlor Mamie plötzlich den Faden. Der Angstschweiß brach ihr aus. Sie hatte noch etwas bestellen müssen, etwas Wichtiges. Es war ihr entfallen.

»Ich habe begriffen«, sagte Condorcet leise, aber er rührte sich immer noch nicht. Mamie hielt den Atem an. Vielleicht dachte er nach. Vielleicht fand ein so kluger Mann wie er eine Lösung für sie alle.

»Es ist gut. Sag Jacques, daß ich tiefbetrübt für euch alle bin. Und auch beschämt.«

Mamie suchte noch in ihrer Erinnerung und rieb sich verzweifelt die Stirn.

»O ja – Bürger – Bürger – ich soll sagen, daß wir alle –

ich auch, Bürger, ich auch – sehr stolz sind, Sie zu kennen. Bürger Jacques und Bürgerin Toinette werden vor Gericht aussagen, daß sie von Ihnen fortgegangen sind, weil sie nicht einig mit Ihnen waren wegen – der – der Verfassung. Aber es stimmt nicht, Bürger Condorcet! Sie denken genau wie Sie in ihrem Herzen. Sie möchten sich und Sie nur beschützen!«

»Ich weiß, Mamie! Du bist ein kluges Mädchen, daß du alles so gut behalten hast! Sag Bürger Jacques und der Bürgerin, daß sie beide stolz auf dich sein können!«

So war er: mitten in seinen Sorgen dachte er an den Weg, den dieses schüchterne Geschöpf gemacht hatte, an die Anstrengung, die seinem ungeschulten Gedächtnis abverlangt worden war.

»Stickst du fleißig?«

Sie nickte. »Für Geld. Es hilft.«

»Das kann ich mir denken!«

Er schien jetzt heiterer, gelöster und stellte sie im Flur Madame Vernet vor, die noch ein Zuckerstück für sie fand. Mamie ließ es in ihrer schwarzen Tasche verschwinden. Man konnte niemals wissen, welchen Plaudertaschen man damit gehörig den kleinen Schnabel stopfen konnte.

Als sie an den kleinen grauen Häusern vorübertrabte, fror sie. Alle Spatzen waren fortgeflogen, eine unsichere Sonne schickte sich an, den Wolkenvorhang zu durchleuchten. Nachträgliche Verlegenheit bereitete Mamie Unbehagen in ihrem Innern, als habe sie sich ungebührlich weit aus sich herausgewagt. Nun, da die Aufgabe erledigt war, schien ihr erst bewußt zu werden, was sie bedeutet hatte: Jacques und Toinette in Gefahr, ihre eigene kleine Sicherheit erschüttert. Toinettes Kinder bald in ihrer Obhut. Sie würde auch lernen müssen, sich gründlich zu verstellen, nur schweigen würde gewiß nicht mehr genügen. Sie würde lügen müssen, um nicht verdächtigt zu werden. Schon den Kindern zuliebe, die ihr gehören würden, wenn Toinette und Jacques etwas zustoßen sollte.

Ängste türmten sich wie Berge vor ihr auf. Es gab nur Baloche und den alten Priester, die ihr beistehen konnten. Baloche würde, wenn überhaupt, nur murrend etwas tun. Und der alte Priester wurde von so vielen Sorgen bedrängt, daß er Mamies Schwierigkeiten gewiß immer wieder vergessen würde.

Und die alte Frau, die sie um Verzeihung gebeten hatte? Sie wußte immer noch nicht, weshalb sie sich so merkwürdig verhalten hatte. Menschen konnten sich sehr verstellen, um etwas zu erreichen. Man konnte so wenigen trauen. Selbst wenn sie einen um Verzeihung baten für etwas, was sie einem nicht getan hatten.

Mamie entschied, sich nur im allerschlimmsten Falle an Nénette zu wenden.

Sie lief jetzt sehr rasch, die Latschen klapperten auf dem Pflaster. Was hatte Bürger Condorcet gesagt? Daß man stolz auf sie sein könnte? Das war doch etwas, was einem guttat. Ihr war unangenehm kalt. Ehe sie fortging, hatte sie vor Aufregung nicht essen und nicht trinken mögen. Jetzt verlangte der Magen sein Recht . . .

Toinette öffnete rasch, als Mamie dreimal kurz klopfte, und schloß das Mädchen wortlos in die Arme.

Sie hatte Jacques wie immer mit seinem Schreibpult an die Seine geschickt. Sollte jemand kommen, war er nicht da. Sie würde es den Kerlen nicht leicht machen, o nein!

Michou saß am Tisch und sortierte die Notizen seines Vaters. Einige schrieb er ab. Systematisch teilte er die Mitteilungen in solche ein, die sich auf die Front bezogen; die mit dem Zustand der Truppe zu tun hatten. Da gab es Notizen über den Hunger, den Tod, die Verwundeten, die Waffen, Truppenverschiebungen und Kritik. Notizen über die Kameradschaft gab es auch. Die mochte Michou am liebsten.

Michou wollte Schreiber werden wie sein Vater. Er hatte eine schöne klare Handschrift und konnte gut zuhören. Jacques hatte ihm erklärt, wie wichtig das sei für einen Schreiber, der Leuten hilft, die selbst nicht lesen und schreiben können. Viele von ihnen kamen nicht aus mit ihren Worten, man hatte sich einiges dabei zu denken. Oft stand Michou neben Jacques, las mit und freute sich, wenn sein Vater so schrieb, wie er es auch gedacht hatte.

Am frühen Morgen dieses Tages hatte Toinette ihren Jungen ins Vertrauen gezogen. Er hatte schweigend zugehört und versprochen, auf die kleinen Schwestern aufzupassen. Nun gab er Mamie einen brüderlichen Schulterklaps, ehe er den Raum verließ. Man hörte ihn mit den Schwestern nebenan Soldaten spielen. Diese beliebte Beschäftigung bestand darin, daß Michou mit kräftiger, abgehackter Stimme dem Sergeanten Valérie und dem Rekruten Bibiche Befehle erteilte, die die beiden Möchtegernsoldaten eifrig befolgten.

Mamie hielt beide Hände um die heiße Kumme und trank den bitteren Kaffee in kleinen Schlückchen.

»Iß«, sagte Toinette und schob ihr eine Extrascheibe Brot über den Tisch. »Du bist jetzt unsere einzige Hilfe, Mamie. Wenn du bei uns ein wenig glücklich gewesen bist, so hilf uns, die Kinder zu beschützen. Kümmre dich. Sie sollen nicht ins Waisenhaus. Wir verlassen uns auf dich.«

»Ich werde alles tun, Bürgerin.«

Wenn da nur nicht bei aller Hilfsbereitschaft dieses entsetzliche Schwächegefühl wäre, als müßte sie mit ihren bloßen Händen einen haushohen Felsen stemmen.

»Höre, Mamie. Du wirst Geld brauchen. Wir haben eine kleine eiserne Reserve. Ich nähe dir die Scheine in deinen schwarzen Rock. Gebrauche das Geld so sparsam, wie du nur kannst, und immer so, daß du kein Mißtrauen erregst. Hol nie etwas aus dem Saum heraus, wenn einer dir zuschauen könnte.«

»Nein, Bürgerin.«

»Sag es nicht den Kindern. Sei immer verschwiegen. Tu weiterhin so, als seist du alt und etwas zu klein geraten. Wenn uns etwas geschieht, werden wir bis zuletzt daran denken, daß es dich gibt.«

»Sie werden meine Kinder sein, Bürgerin, alle drei. Ich schwöre es bei – bei deiner eigenen Güte für mich – schwöre ich es.«

Toinette weinte.

»Nachher wirst du mit den Kindern spazierengehen. Ich gehe dann zu Mutter Toussaint in die Rue de Nevers. Sie muß mir helfen.«

»Der Priester.«

»Zu ihm gehe ich auch. Wenn ich eine Bleibe für euch gefunden habe, zieht ihr rasch, möglichst unauffällig um, vielleicht morgen schon, sehr, sehr früh. Solange man mich nicht verhaftet hat, werde ich jeden Tag kommen und euch zu essen bringen. Wenn ihr umsonst auf mich gewartet habt, weißt du, was geschehen ist.«

»Es darf nicht geschehen, Bürgerin!«

»Kind, in diesen Zeiten geschieht vieles, was nicht geschehen darf. Soll man dem Wasser übelnehmen, daß man darin ertrinkt? Ob man nun von einer Kutsche überfahren wird oder es überfährt einen die Revolution ... Diese Zeit gestaltet die Zukunft. Denke immer daran, daß die, die nach uns kommen, es leichter haben werden: Freiheit wird es für sie geben, Wohlstand, eine Nächstenliebe, wie sie sich das Christentum nicht einmal erträumen konnte – immer werden Zeiten kommen, in denen die Geschichte von der Menschheit Opfer verlangt – bis die Menschen sich endgültig bequemt haben werden, gut zu sein. Ohne die Güte eines jeden einzelnen kann es keine glückliche Welt geben ...«

»Aber du, Bürgerin, weshalb gerade du! Weshalb nicht die, die zu nichts nütze sind ...«

»Man kann in dieser Zeit das Gute und das Böse nicht mehr auseinanderhalten, denke ich. Das große Gewissen hat sich zerklüftet. Mag sein, man erschrickt, wenn man plötzlich erkennen muß, daß man zu den Opfern gehören wird ... Aber nach diesem ersten Schreck soll man sich fassen ...

Ich habe oft genug an jene gedacht, die die Guillotine hinaufsteigen müssen – was ihnen wohl alles durch den Kopf geht, als Allerletztes – die meisten, so sagt man, sind so unerschrocken, daß es die Zuschauer verlegen macht. Vielleicht, weil sie sich im Recht glauben?«

Während sie sprach, hatte sie Mamie den Rock über den Kopf gezogen und ihr auch das schwarze Leibchen abgenommen. Dafür wickelte sie das Mädchen in ihren eigenen noch warmen Schal. Gemeinsam trennten sie den breiten Saum des Rocks auf.

»Ich werde das Vorderteil deines Leibchens ebenfalls mit Scheinen polstern. Dann sieht es aus, als seist du wirklich erwachsen.«

In fraulichem Einverständnis sahen sie sich plötzlich belustigt an. »Hoffentlich knistert es nicht, wenn du dich bewegst, vielleicht lege ich Futter dazwischen. Schau – hier ist ein einziger Louisd'or, Mamie. Ja, ich weiß, es ist nicht erlaubt, Gold zu besitzen. Aber ich bekam ihn zu meiner ersten Kommunion von meinem Patenonkel. Heb ihn auf. Wenn du ihn eintauschen mußt, laß dir von diesem sonderbaren Baloche beistehen, daß man dich nicht zu sehr übers Ohr haut. Zeige den Louisd'or aber vorher niemandem.«

Mamie hatte noch niemals einen Louisd'or gesehen, beugte sich über den sanften Schimmer und verfolgte mit dem Finger das Profil Ludwigs XVI., der nun schon mehr als ein Jahr tot war. Daß die Leute früher mit etwas so Schönem bezahlt haben! dachte sie. Und unmittelbar darauf: –vielleicht ist dies alles nur eine Vorsorge – vielleicht wohnen wir sehr bald wieder zusammen, alle. Der bloße Gedanke schien bereits ein Trost.

Schon vier Tage wohnte Mamie mit den drei Kindern im Hause von Vater Toussaint, hoch unter dem Dach hatte man noch ein Zimmerchen für sie gefunden. An der Haustür standen sie alle vier unter dem Namen Robinier vermerkt. Alles Geschwister, hatte die alte Mutter Toussaint eifrig herumerzählt. Eltern gestorben, die Älteste sorge für alle, sähe zwar selbst noch wie ein Kind aus, sei aber längst erwachsen. Das merke man schon an ihrem Gehabe, sei eben während der Hungersnöte groß geworden. Es brauche bei den Menschenkindern wie bei den jungen Küken Futter, um zu wachsen. Ein fleißiges Wesen, flickte, nähte, stickte. Hätte sie von der Mutter, dieses Geschick. Ob man etwas Arbeit liegen habe? Sollte man doch hinbringen. Sei im Nu gemacht. Und billig obendrein.

So saß Mamie tagaus, tagein und stichelte. Valérie fädelte ihr die Nadeln ein und versuchte sich an einem Flicken.

Bibiche sammelte die Fädchenreste und legte sie zusammen. Jedes Ende wurde verwendet, denn Garn kostete Geld. Man mußte sparsam sein.

Michou hatte von seinem Vater ein eigenes tragbares Schreibpult erhalten. Nun stand er am Pont-Neuf, wie seinerzeit Jacques es getan hatte, als er Toinette begegnet war.

Jeden Tag schaute Toinette zu den Kindern rein, brachte einen Topf mit warmer Suppe, streichelte die Kleinen, streichelte Mamie. Ihr Schritt auf der Treppe ließ Mamie jedesmal freudig zusammenzucken: sie war also noch da! Ihr war inzwischen nichts geschehen!

»Es ist so leer ohne euch alle«, klagte Toinette manchmal. »Man hört nichts. Vielleicht haben wir Jacques' Bekanntem Unrecht getan?«

Schon tat es ihr leid um die Unruhe, die sie in ihr Leben gelassen hatte, um die Trennung von den Kindern, die ihr damals so leicht erschienen war.

Die sechste Nacht brach an, ebenso still wie alle vorhergehenden. Doch gegen Morgengrauen schlug jemand heftig an die Tür.

»Aufmachen! Aufmachen! Im Namen der Nation.«

»Da sind sie!«

Jacques riß Toinette in seine Arme, hielt sie fest, fest.

»Mein Lieb, mein armes Lieb.«

Sie flog am ganzen Körper, klammerte sich an ihn. Dies war anders, ganz anders als vor einer demütig lauschenden Mamie die einmalige Größe dieser Zeit zu erörtern.

»Aufmachen!« schrien sie wieder.

»Die Kinder sind in Sicherheit. Sie werden Condorcet nicht verraten«, flüsterte Jacques. »Denke daran, Toinette: unsere Kinder werden ein reines Gewissen haben.«

Die Tür krachte bereits unter den schweren Tritten, als Jacques aufschloß. Seine eigene Fassung gab Toinette die ihrige zurück. Gelassen sahen beide zu, wie die Männer nach Schriften Condorcets suchten, nachdem sie die üblichen Fragen gestellt hatten. Sie zerschlugen das Schreibpult, weil sie einen doppelten Boden darin vermuteten, sie schlitzten die Matratzen auf, sie kippten Schränke um, brachen Dielenbretter aus dem Fußboden, warfen Jacques' Papiervorrat durcheinander, traten mit schmutzigen Sohlen auf die unbeschriebenen weißen Blätter.

Am Ende fanden sie etwas, was Jacques selbst niemals für verfänglich gehalten hätte: die gesammelten und sortierten Notizen aus den Briefen der Freiwilligen. Während einige Sansculottes, die nicht lesen konnten, mit Piken und Gewehren Jacques und Toinette bewachten, die nicht die Absicht hatten, sich zu widersetzen, durchstöberten die beiden kundigeren Beamten die in Michous Kinderschrift sorgfältig aufgeführten Fragmente.

»Ein Defaitist! Schwarz auf weiß!« schrie einer der beiden. Der andere nickte wortlos dazu. Sein zu kleiner Hut wackelte auf seinem Kopf.

»Nicht doch Bürger – das sind Auszüge aus echten Soldatenbriefen. Später möchte ich ein Buch über den Mut dieser Männer schreiben, über alles, was sie entbehrt und gelitten haben für unsere Republik!«

»Mut? Ich lese hier nur Gejammer über Hunger, Wunden, Tod.«

»Man leidet eben im Krieg, Bürger. Auch wenn man tapfer ist.«

»So? Richtige Revolutionssoldaten sind hart, laß dir das gesagt sein, Bürger. Die flennen nicht in ihren Briefen an die Mama daheim, wenn ihnen der Kamerad getötet wurde, die verlieren kein Wort darüber. Meinetwegen kannst du dich vor dem Tribunal hochtrabend darüber auslassen, dann können wir die, die mit solchem Gewäsch diese große Zeit beleidigt haben, gleich mit einsperren. Mir kannst du nichts weismachen, ich kann lesen! Fertigmachen fürs Gefängnis beide, allez, hopp! Ich sehe doch, daß deine saubere Frau dir geholfen hat, das sind zwei verschiedene Handschriften, wenn ich Augen im Kopf habe!«

Jacques und Toinette war der Mund wie zugeschnürt. Die Beschuldigung war zu sehr aus der Luft gegriffen, als daß sie sich sehr darüber sorgten. Auf diese Weise wurden die Kerle zumindest von Condorcet abgelenkt. Und von den Kindern . . .

Sie packten ihre Sachen zusammen, fast erleichtert. Erst jetzt spürten sie, wie die Spannung dieser letzten Tage an ihren Nerven gezerrt hatte.

Draußen umfing sie ein für die Jahreszeit außergewöhnlich sanfter Wind. Er kam vom Wasser her und strich ihnen wie eine zarte Hand übers Gesicht, brachte Erinnerungen an lange freundliche Abende, da sie Hand in Hand die Seine entlanggewandert waren, erfüllt von der Zukunft und dem Glück, das sie einander versprachen.

Die Beamten stiegen zu ihnen in die gammlige Kutsche, die so roch, als hätten viele Leute vor ihnen ihre Angst darin ausgedünstet. Die Sansculottes trabten zu Fuß hinter dem Wagen her. Paris war still, grau, verschlafen. Laut rollten die Räder durch die Nacht. Toinette dachte: Die, die nicht schlafen können, hören uns jetzt vorüberfahren, wie wir früher die anderen hörten. Vielleicht schenken sie uns einen Gedanken – einen Wunsch ...

Zu Jacques' Entsetzen begann sie leise zu weinen. Im Schein einer der wenigen Laternen, an denen sie vorüberfuhren, erkannte er, daß seine Frau die Hände vors Gesicht geschlagen hatte. Sie bebte. Er seufzte. Es ist wie ein Strudel, dachte er: kämpfe dagegen an und du gehst zugrunde. Ergib dich – und du gehst auch zugrunde. Man erzählte sich hinter vorgehaltener Hand, es gäbe in der Conciergerie am Tribunal Schreiber, denen man etwas zustecken mußte. Dann legten sie die Akte derer, die man beschützt wissen wollte, ganz zuunterst in den Stapel. Der öffentliche Ankläger des Revolutionstribunals, Fouquier-Tinville, der bis tief in die Nacht arbeitete, war ein Pedant und nahm immer die obersten Akten vom Stapel mit in seine Wohnung.

Immer mehr Leute wurden gefangengenommen. Also stapelten sich auch immer mehr Akten von Neuankömmlingen. Die Gefängnisse quollen über.

Niemand, dachte Jacques, wird dafür sorgen, daß unsere Akte verlorengeht. Eine verlorene Akte, das war eine hinausgezögerte Gerichtssitzung. Andere, die noch lange nicht an der Reihe waren, wurden dafür eher vor Gericht zitiert ...

Es gab nicht viele Freisprüche mehr. Wurde allerdings wirklich einmal einer entlassen, dessen Unschuld nachgewiesen worden war, machte der Pöbel gleich ein

Volksfest daraus. Der Freigesprochene wurde im Triumph nach Hause geleitet, jeder wollte ihn umarmen, etwas Gutes für ihn tun.

Diese Tatsachen waren Jacques seit langem bekannt. Nur nahmen sie jetzt eine ganz andere Bedeutung für ihn an. Sachlich fragte er sich, was geschehen würde. Auch in den Gefängnissen ging es denen, die Geld hatten, besser als jenen, die nichts besaßen. Wer zahlkräftig war, bestellte sich sein Essen von außerhalb, auch Wein. Er bekam ein sauberes Bett, brauchte nicht auf dem faulenden Strohbündel zu liegen, wo es vor Ungeziefer nur so wimmelte. Er trug ein weißes Hemd, hatte Kerze, Feder, Tinte und Papier zur Verfügung. Wenn er genug dafür springen ließ, gab man ihm sogar einen ganzen Raum.

Die Conciergerie, jenes frühere Schloß auf der Ile-de-la-Cité, hatte nur der unglücklichen Königin Marie-Antoinette einen Einzelraum bewilligt. Dort bezahlte man die schmutzige Strohmatratze schon sehr teuer. Wer nicht bezahlte, mußte auf dem nackten Boden schlafen.

Die Gefängniswärter machten in Begleitung großer Doggen die Runden. Es gab eine Frauenabteilung und eine Männerabteilung. Aber im offenen Hof, dort, wo ein rundes Wasserbecken stand, an dem man etwas auswaschen konnte, war die männlich frequentierte Seite von der weiblich frequentierten nur durch ein Eisengitter getrennt. Man traf sich täglich dort. Die erschütterndsten und rührendsten Szenen, die galantesten Begegnungen spielten sich vor diesem Gitter ab. Die schönen Damen hielten Hof, die feinen Herren führten geistreiche Gespräche. Man genoß die Stunden, die man leben durfte, verbannte stoisch den drohenden Tod aus dem Bewußtsein.

Nur einmal am Tag, gegen Abend, mußte man der unbarmherzigen Wirklichkeit ins Auge sehen: dann wurden die Namen derer verlesen, die am nächsten Morgen vor Gericht zu erscheinen hatten. Mitleid und Erleichterung vermischten sich im Herzen derer, die verschont geblieben waren.

Die Gerichtssitzungen fanden am Vormittag statt und zogen sich bis gegen drei Uhr hin. Abends erschien dann die Liste der Verurteilten in den Zeitungen. Die Namen standen unmittelbar unter dem Theaterprogramm. Am Morgen nach der Verhandlung wurden die Verurteilten auf schmutzigen Karren zur Guillotine gefahren. Alle Kleider der Geköpften standen dem Henker zu.

Es war noch Nacht, als Jacques und Toinette befohlen wurde, aus der Kutsche zu steigen. Ein glücklicher Umstand, daß Paris noch schlief: er ersparte ihnen die Unflätigkeiten des Pöbels, der sich tagsüber immer vor dem Eingang der Conciergerie tummelte und die Verhafteten und Verurteilten erniedrigten und verhöhnten. Jacques hoffte, Toinette möge es nicht als arges Omen deuten, daß man sie direkt zur Conciergerie geschafft hatte. Die meisten Leute wurden zuvor in ein anderes Gefängnis der Stadt gebracht, um dann von dort zu einem späteren Zeitpunkt, kurz vor dem Prozeß, zur Conciergerie geführt zu werden.

Sie passierten verschiedene Gittertore. In einem Nebengelaß, durch dessen offene Tür ein Wärter hin und wieder einen Blick werfen konnte, sah Toinette einige Männer auf dem Fußboden liegen. Sie hatten sich auf die Ellbogen gestützt und schauten in das Licht einer brennenden Kerze. Reste einer Mahlzeit lagen neben ihnen. Die Männer hatten düstere, weitaufgerissene Augen, ihre Hemden standen offen, Jacken trugen sie nicht. Sie tranken Wein aus groben Gläsern.

O Gott, dachte Toinette mit zugeschnürter Kehle.

Einer der jüngeren Männer wurde Toinette gewahr. Er richtete sich halb auf, nahm ein wenig Haltung an und hob ihr schweigend sein Glas entgegen, als proste er ihr zu.

Sie vermochte kaum den Kopf zum Dank zu neigen. Ihre Augen brannten. Sie hatte nicht einmal bemerkt, daß sie stehengeblieben war.

»Los!« schrie ein Wärter hinter ihr. »Hast noch niemals einen gesehen, der in der Lotterie der heiligen Guillotine gewonnen hat? Na, also – weiter!«

In einem breiteren Gewölbe nahmen zwei Kerle ihre Personalien auf, durchsuchten ihre Habe, warfen sie durcheinander. Einmal noch konnte Jacques Toinette die Hand auf die Schulter legen, dann wurden sie getrennt. Man bedeutete ihnen, weiterzugehen, jeder durch eine andere Tür.

Zwei Nächte lag Mamie ratlos wach, sah den Mondschein über die Bohlen wandern und spürte die Angst wie ein im Dunkeln lauerndes Tier. Sie wartete auf Schritte, die nicht kamen, und lauschte auf die Schläge ihres Herzens, das dumpf und laut pochte. Undeutliche Bilder schoben sich übereinander, der Abgrundschwindel stellte sich wieder ein.

Den kleinen Mädchen hatte Mamie nichts gesagt, als sie sich über die Abwesenheit der Mutter beklagt hatten. Michou allerdings konnte man nichts mehr vormachen. Er spielte den schweigsam Gleichgültigen. Mamie ließ ihn zufrieden, sie fürchtete sich davor, daß er die Fassung verlieren könne und sie dann die ihre auch. Einer mußte jetzt viel Kraft und noch mehr Mut haben. Es war gekommen, wie Toinette es vorausgesehen hatte. Vorsorgemaßnahmen waren gefaßt worden. An die hatte sie sich jetzt zu halten. Am dritten Morgen erwachte sie sehr früh. Sie sah nach den Kindern, deckte Bibiche wieder zu, die sich bloßgestrampelt hatte, und stellte nebenbei zufrieden fest, daß Michou schlief. Mit einem verbeulten Topf in der Hand schlich sie aus dem Hause. So würde jeder glauben können, sie habe das Milchmädchen ihres Reviers verpaßt und liefe einem anderen nach.

Draußen wurde es hell. Mamie sah die Gasse hinab und hinauf, ob da keiner stand, der sich wundern könnte, daß ein zu kleingeratenes, schwarzgekleidetes Weiblein so gut laufen konnte. Dann, beruhigt, nahm sie den Rock auf einer Seite hoch und rannte zur Seine, den Fluß entlang, an der Robinie vorüber, zur Rue Perdue.

Alle Fensterläden waren geschlossen. Mamie stellte sich auf die Zehenspitzen, um den blauweißrot gestreiften Zettel mit dem gallischen Hahn, der eine rote Mütze trug, zu studieren. Die Namen der Kinder und der ihrige waren durchgestrichen. Das hatte Toinette noch erledigt, indem sie erklärt hatte, die Kinder seien zu Verwandten aufs Land gebracht worden. Aber hinter Toinettes eigenem Namen und hinter dem ihres Mannes stand in grober Schrift vermerkt: verhaftet.

Mamie taumelte und stützte sich an die schwarze Wand. Sie hatte es erwartet, und doch traf es sie wie ein Schlag. Jetzt galt es, auf die Kinder aufzupassen, sie von allen Fremden fernzuhalten, vor allem auch Michou, wenigstens ein paar Tage. Es mußte Gras darüber wachsen. Klein wie Mäuse sollten sie sich machen, und da dies nicht möglich war, sollten sie sich zumindest so still wie Mäuse verhalten. Immerhin konnte noch ein Schnüffler hinter ihnen her sein, dem man eine besondere Prämie für Condorcets Verhaftung versprochen hatte. Ach, wie kompliziert das alles war – es schwirrte in ihrem Kopf.

Als sie in die Dachkammer trat, saß Michou aufrecht auf seinem Lager.

»Du warst in der Rue Perdue! Sie sind nicht mehr da!«

»Woher weißt du das?«

»Ich war gestern schon dort. Nun?«

Mamie schwieg. »Mach gefälligst den Mund auf, ja!«

schnauzte der Junge. »Ich kann dieses Schweigen nicht mehr ertragen! Ich will wissen, woran ich bin!«

»Sprich leise, Michou, bitte. Die Mädchen sollen weiterschlafen. Es war leichtsinnig, daß du hingegangen bist. Ich hätte es dir verboten.«

»Das hatte ich mir eben gedacht, deshalb fragte ich erst nicht groß! Ich frage keinen mehr, ob ich etwas darf! Ich tu, was mir richtig erscheint, basta! Gewöhne dich daran.«

Mamie überlegte. Der Junge hatte nie auf sie gehört. Er würde nicht auf sie hören, auch jetzt nicht. Das klügste schien ihr, einen Bundesgenossen aus ihm zu machen.

»Hör zu, Michou. Deine Mutter hat mir genau erklärt, was ich tun und lassen soll. Sie war klug. Laß uns zusammen alles tun, um ihrem Rat zu folgen.«

Er nickte nur.

»Ich weiß, wie dir zumute ist, mir geht es nicht anders. Aber du solltest nicht vergessen, daß ich älter bin als du. Ich habe so viel erlebt, daß ich glaube, auf euch aufpassen zu können. Du hast Kummer, ich habe Kummer – aber darum geht es nicht. Es geht darum, deine beiden Schwestern, die klein und hilflos sind und die deine Mutter ebenso liebhat wie dich, zu beschützen.«

Er nickte abermals.

»Allein kann ich das nicht, soviel ist mir heute klargeworden. Deine Eltern haben Condorcet schonen wollen. Wir wollen ihn auch schonen, in ihrem Namen. Wenn jemand auf den Gedanken kommt, die Mädchen auszuhorchen, werden sie in ihrer Ahnungslosigkeit allerhand erzählen können, das steht fest. Also werden du und ich bei allem, was wir unternehmen, zuallererst prüfen müssen: ist es gefährlich für Condorcet? Ist es gefährlich für die Kleinen? Dann erst dürfen wir handeln.« Ihre Überlegungen machten Eindruck auf Michou.

»Das sehe ich ein.«

Er schien besänftigt, und das beruhigte Mamie. Sie hatte in den letzten Nächten lange nachgedacht, wie sie wohl mit ihm sprechen mußte. Jetzt kamen die Worte von selbst. Das kannte sie bereits: so wortkarg sie in überflüssigen Dingen war, so präzise kamen ihr die Sätze, wenn es um Wichtiges ging. Sie nahm sich vor, in Zukunft auf diese ihre Eigenschaft zu vertrauen.

»Tu nichts ohne mich, Michou. Ich verspreche dir, daß ich alle wichtigen Entschlüsse auch mit dir durchsprechen werde. Zwei wissen immer mehr als einer. Du weißt, daß du mir vertrauen kannst? Deine Mutter hat Gutes an mir getan. Ich gebe es euch zurück, so gut ich kann.«

»Natürlich vertraue ich dir, ich habe es Mutter versprochen. Aber du bist nur ein Mädchen! Was weißt du, was alles los ist! Ich, ich komme herum und halte Ohren und Augen offen!«

»Es kann mir nur nutzen, wenn du mir erzählst, was du erfahren hast.«

»Du bist schon eine komische Pute! Tagelang machst du den Mund nicht auf, und plötzlich redest du wie einer aus der Volksversammlung. Was willst du tun?«

»Nichts vorerst. Wir verhalten uns so, daß uns alle möglichst ganz vergessen.«

»Schön feige, nicht?«

»Wir sind nur Kinder und können nicht anders. Der Prozeß deiner Eltern steht noch bevor. Wenn wir handeln, können wir sie in Schwierigkeiten bringen. Jetzt können wir nur hoffen.«

»Ich hasse das Pack, ich hasse es!« brach es aus Michou heraus. »Was hat das, was sie tun, noch mit der Republik zu schaffen und damit, daß die Welt besser werden soll? Sie schlachten! Neulich kam mir ein Rudel Hunde entgegen – hast du die Hunde schon einmal beobachtet, Mamie? Sie benehmen sich ganz anders, wie Wölfe stelle ich sie mir vor. Man sagt, sie lecken das Blut vom Place de la Révolution auf, alle Tage, an denen man köpft. Sie sollen sogar die Leichen, die man nicht richtig mit ungelöschtem Kalk bedeckt hat, wieder ausscharren und tun sich gütlich daran! Hunde, die Freunde der Menschen sein sollen!«

»Tiere«, sagte Mamie unbewegt. »Das sind nur Tiere. An deiner Stelle würde ich mir nichts aus dem Verhalten der Hunde machen. Ich würde sogar der Umwelt zeigen, was für ein guter Republikaner ich bin. So was ist immer richtig. Denn von jetzt an werden wir uns nicht einmal im geheimen gestehen, daß wir sie scheußlich finden, die Revolution. Die Leute könnten vielleicht unsere Gedanken lesen. Listig wie die Schlangen wollen wir sein, Michou! Du wirst auf dem Pont-Neuf deine Briefe schreiben, so gut du kannst. Laß dir Lebensmittel von den Bauern dafür geben statt Geld, sie haben immer etwas hinter der Hand, das weiß ich. Ich werde nähen und sticken und die beiden Mädchen anlernen . . . Hörst du mir zu, Michou?«

Nein, er hörte ihr nicht zu. Auf seinem dunklen, störrischen Gesicht, dessen Stirn und Augenbrauen stark an Toinette erinnerten, lag eine innere Konzentration. »Was geschieht eigentlich mit den anderen Kindern?«

»Welchen?«

»Die, deren Eltern auch verhaftet wurden.«

Mamie war aus dem Konzept gebracht. Das gehörte doch wirklich nicht hierher, dachte sie verärgert. »Weiß ich nicht, Freunde werden sich kümmern.«

»Verdächtige haben keine Freunde mehr. Das solltest du doch wissen! Und die Wohnung wird versiegelt. Alle müssen raus.«

»Hör mal – Michou!«

Er unterbrach sie. »Es ist besser, ich sage es dir gleich: Ich stehe nicht mehr auf dem Pont-Neuf. Seit vorgestern nicht mehr.«

»Wo stehst du denn?«

Aber sie ahnte es bereits: natürlich vor der Conciergerie. Widerwillige Bewunderung wurde in ihr wach. Hatte sie Michou jemals richtig eingeschätzt? Von Anfang an war er eifersüchtig auf die Aufmerksamkeit gewesen, die seine von ihm abgöttisch geliebte Mutter der damals vollkommen verwirrten Mamie geschenkt hatte. Dann hatte er Mamie wie ein Möbel akzeptiert. Nur wenn sie einmal etwas aus ihrem Leben erzählt hatte, wenn die kleinen Mädchen ihr so lange geschmeichelt hatten, daß sie bereit gewesen war, ihr hilfloses Schweigen zu brechen, hatte er gesammelt zugehört und einige Fragen gestellt.

»Michou, das ist sehr gefährlich.«

»Nicht gefährlicher als sonstwo. Wenigstens werde ich erfahren, früh genug – wenn – wenn . . .«

Die Stimme versagte ihm. Er schlug die Fäuste an seine Schläfen. Stummes Schluchzen ließ seine Schultern zucken.

»Siehst du! Stell dir vor, deine Eltern sehen dich – und du siehst sie und verlierst die Fassung!«

Er wischte mit einem Ärmel über seine Augen.

»Die Verurteilten – sie – sie sehen furchtbar aus, Mamie: den Männern haben sie die Kragen vom Hemd gerissen und den Nacken ausrasiert. Den Frauen haben sie die Haare abgeschnitten. Allen sind die Hände auf dem Rücken gebunden. Und das Volk rundherum! Es lacht! Es spottet! Es singt! Es geifert und spuckt.«

»Nicht alle. Manche tun nur als ob, Michou. Und zwischen den größten Schreihälsen steht dann ein Priester, der für die armen Menschen betet.«

»Glaubst du, daß das etwas nützt?«

»Woher weißt du, daß es nicht nützt?«

»Und woher weißt du das von dem Priester?«

»So einer hat mir das Leben gerettet. Er hilft mir immer noch. Alle Stunden seiner Tage riskiert er sein Leben.«

Michou verfolgte wieder eigene Gedankengänge:

»Um das Gefängnis herum lungern die Kinder, die zurückgeblieben sind, Mamie. Ich muß immerzu an sie denken. Ich stelle es mir so schrecklich vor: vielleicht hat der Vater sich ins Ausland gerettet, oder vielleicht hat man ihn schon früher verhaftet. Und nun läuft das Kind hinter der Kutsche her, die die Mutter abgeholt hat. Es muß draußenbleiben vor den Toren. Da hockt es und friert und hungert. Wenn es regnet, wird es naß. Keiner will etwas von ihm wissen, es könnte gefährlich sein! Hast du gewußt, wie feige die Menschen sind?«

»Ja«, sagte Mamie.

»Und – ich habe die Marseillaise gesungen und geträumt, was für ein guter Soldat ich werden würde. Wie soll ich für ein Gesetz kämpfen, das mir Vater und Mutter genommen hat?«

»Du sollst gar nicht kämpfen. Du sollst hübsch brav deiner Wege gehen, wie ich es dir soeben sagte.«

»Nein! Ich werde das tun, was meine Mutter getan hätte, und du auch!«

»Das wäre?«

»Wenn ich auf ein verlorenes Kind stoße, bringe ich es her. Du sollst es genauso behandeln wie uns! Mutter hätte dies gewollt.«

Mamie hob beide Hände. »Michou! Das geht nicht! Das darfst du nicht! Wie kannst du wissen . . .«

»Ich weiß es eben! Du wärst nicht bei uns, jetzt, wenn Mutter damals nicht so gehandelt hätte, wie ich jetzt handeln will, an ihrer Statt! Ich will an meine Mutter denken können, mit meinem ganzen Herzen will ich an sie denken können, immer. Und das wird nur gehen, wenn ich das tu, was sie tat, als sie dich damals zu uns brachte. Immer und immer wieder will ich das tun! Dann werde ich in ihren Gedanken wohnen wie in einem Haus!«

Jetzt weinte er, die Stirn an Mamies Schulter, wie ein kleiner Junge.

Mamies Widerstand schwand.

»Du hast recht, Michou, du hast recht. Wir wollen es so halten. Ich werde dir beistehen. Still, still. Es ist noch nichts beschlossen. Man hat sie nur eingesperrt. Eines Tages wird alles wieder gut. Und dann haben wir einen ganzen Stall voller Kinder. Werden deine Eltern sich wundern, wie ihre Familie inzwischen gewachsen ist, nicht wahr?«

Er mußte durch sein Unglück hindurch lächeln. Sah Toinette belustigt die Hände über dem Kopf zusammenschlagen inmitten einer großen Schar verlorener Kinder, die alle ihre Kinder werden sollten – sah es so deutlich, als sei es schon geschehen.

Als Michou fort war, kamen die Sorgen zurück. Dieser schweigsame Junge, der so gewissenhaft seine Federn spitzte und seine kleinen Schwestern bewundernswert leicht in Schach halten konnte, hatte alle Argumente zerschlagen. Alles, was er gesagt hatte, geisterte Mamie durch den Kopf. Sie versuchte sich vorzustellen, was aus Toinettes Kindern geworden wäre, wenn sie in der Tat mutterseelenallein zurückgeblieben wären. Nicht, daß sie, Mamie, eine so große Stütze war. Aber sie hatten zumindest ein Unterkommen, alle miteinander.

Sie würden hungern, das stand fest: die Engländer, so erzählte man, ließen keine Schiffe mit Zucker mehr die französischen Häfen anlaufen. Kaffee gab es auch nicht mehr. Kerzen waren rar, Seifenstücke ebenfalls. Nach Brot mußte man stundenlang anstehen – und was war das für ein Brot: Roggen, Hafer, Eicheln hatte man dazu genommen. An Fleisch war nicht zu denken! Fleisch! Es gab Bohnen, Kastanien, Gras und Löwenzahn.

Neulich noch hatte es eine Revolte gegeben, weil ausgemergelte Hausfrauen eine Nacht umsonst angestanden hatten. Schlange stehen, nannte man das: dazu war eine Kordel gespannt, die jeder festhalten mußte, damit es keine Zänkerei über die Reihenfolge geben konnte. Manchmal leistete sich ein Lümmel einen Spaß und schnitt die Kordel entzwei, freute sich über das Durcheinander und die Wut der Frauen.

Es war gar nicht angenehm, nachts stundenlang vor einem Laden herumzulungern. Straßenbeleuchtung gab es nicht mehr, das Öl fehlte. So hatten die Diener irgendeines immer noch reichen Bürgers in jener Nacht bequem durch die Hintertür den ganzen geschlachteten Ochsen für viel Geld und gute Worte fortschleppen können. Die Mitglieder der Miliz, die man zu Hilfe gerufen hatte, waren mit Fleischstücken bestochen worden und verhielten sich passiv! Danach hatte man einige der gar zu aufsässigen Frauen auch noch verhaftet.

Erfinderische Pariser hatten Kaninchenställe gezimmert und an ihren Hauswänden aufgehängt. Armselig magere Hühner sah man auch schon durch die Gassen stelzen. Früher war es verboten gewesen, sich Kleinvieh im Herzen von Paris zu halten, jetzt störte sich keiner mehr an dem Verbot. Man hatte Hunger, und Hunger tut weh, dachte Mamie.

Die Tatsache, daß sie in dem Haus jenes alten Mannes wohnte, der sie als Säugling aufs Land zur Amme gebracht und später nach Paris zurückgeführt hatte, berührte sie merkwürdig. Es war, als sei sie einen weiten Kreis gegangen, es erinnerte sie an die abscheuliche Zeit im Findelkinderhaus und die Begegnung mit Barbe. Daran dachte sie mit wachsendem Unbehagen zurück, sie hatte die Bettelei so sehr gehaßt. Natürlich hatte sie auch fürs Findelkinderhaus auf Geheiß der guten Schwestern betteln müssen, aber das war im Namen aller schwachen und armen Geschöpfe geschehen, sozusagen unter Gottes Auge. Valérie und Bibiche mußte sie unbedingt rechtzeitig beibringen, daß man weder stehlen noch betteln durfte. Nicht abzusehen, was geschehen konnte, wenn die kleinen Mädchen etwas mitgehen heißen würden. Sie waren folgsam genug und hatten sich damit abgefunden, daß sie nicht spazierengehen durften, sondern den lieben langen Tag in der Dachkammer hocken mußten. Manchmal begann Bibiche nach der Mutter zu jammern. Valérie versuchte dann, sie zu trösten. Am Ende weinten beide. Michou erfand als Trost das Spiel, das sie »Wenn-wenn« nannten: – Wenn Vater und Mutter wiederkommen, was machen wir zuerst? Und was machen wir dann? Und dann? Und dann? Frage und Antwort konnten einander endlos ablösen, immer Neues fiel ihnen dabei ein.

Die Mädchen glaubten wirklich, Toinette und Jacques seien nur verreist.

Jeden Abend, wenn Michou mit seinem Schreibpult nach Hause kam, schien er wie aus einem bösen Traum in eine friedliche Wirklichkeit zurückzukehren, in der es keine Karren gab, keinen Pöbel, keinen Unrat, keine Guillotine. Viel zu schreiben hatte er dort nicht: mal ein Gnadengesuch, das doch nicht gelesen wurde, mal einen heimlichen Zettel, den man über manchen Umweg einem treuherzigen Wärter zusteckte, ein paar Mal eine anonyme Anzeige, die Michou so zu verfassen wußte, daß sie weder Hand noch Fuß hatte.

Schreibend, lauschend, überlegend – immer behielt er jenes große Gefängnistor im Auge, aus dem morgens gegen elf die Unglücklichen herausgeführt wurden. Sein Herz klopfte jedesmal zum Zerspringen, obgleich er doch immer die Zeitungen las und jeden Tag fieberhaft nach dem Theaterprogramm suchte. War es nicht auch eine Vorstellung, die der Henker Sanson gab, wenn er echte Köpfe rollen ließ?

Einmal versuchte Michou inmitten des johlenden Pöbels einem Karren fast durch die ganze lange vornehme Rue Honoré zu folgen. Merkwürdig, wie verschieden die Verurteilten sich unter den gleichen Umständen benahmen: einige sangen, manche weinten. Aber die meisten rührten sich nicht und schauten stumm-verächtlich auf die Menge. Michou sah eine Frau mit einer Rose zwischen den Zähnen. Trotz der kurzgeschnittenen Haare fand er sie schön, unnahbar, fein. Sie fixierte jedes Mal nur einen einzigen Schreier, lange, bis er schwieg. Auch Michou blickte sie an. Es machte ihn unsagbar elend, als müßte auch er ein schlechtes Gewissen haben. Er wandte sich um und kämpfte sich gegen den Strom der Menschen bis zur nächsten Seitengasse, durch die er zurückkehrte.

Seit einigen Tagen war ihm vor dem Gefängnis ein großer Junge aufgefallen, älter als er. Nur die schmalen Schultern und das bartlose Gesicht zeigten an, daß es sich um einen Jugendlichen handelte. Gekleidet in eine jener dunklen Jacken, die die Studenten trugen, das Haar in den Nacken gekämmt und von einem Band gehalten, die Augen tief in den Höhlen, wie einer, der vor kurzem schwer krank gewesen war, so stand der Fremde dort und musterte das menschenunwürdige Treiben.

Obgleich sein Hemd schon lange nicht mehr weiß genannt werden konnte und er sich die Manschetten abgerissen hatte, schien der Junge altmodisch adrett. Es mochte an der glatten blassen Haut liegen, an dem gefälligen Haar. Sogar am vierten Tag, als der Unbekannte in schmutzigem Wams und langen zerrissenen Hosen erschien, haftete diese vage Vornehmheit ihm noch an, als hätte er sich nur zum Spaß verkleidet.

Im übrigen hatte er bemerkt, daß Michou ihn beobachtete. Er seinerseits beobachtete Michou. Verschiedene Male ertappten sie sich gegenseitig. Dann sahen sie sich prüfend ins Gesicht, keine vier Schritte voneinander entfernt, um sich fast zu gleicher Zeit wieder dem Gefängnistor zuzuwenden, das jeden Tag pünktlich die unglücklichen Menschen ausspie, die ihren Tod erwarteten.

Eines Nachmittags sah Michou, wie der fremde Junge

wankte. Er sprang hinzu und fing ihn auf. Dabei glitt sein Tragepult von seiner Schulter, und das Tintenfaß lief aus.

»Ach«, sagte der Junge mit schwacher Stimme, «das tut mir aber leid.«

Michou war überzeugt, daß er seit Tagen nichts gegessen hatte.

»Es macht nichts«, sagte Michou, »ich habe daheim noch eine ganze Flasche«, und half dem Jungen, sich wieder auf die Beine zu stellen.

»Vorsicht!«

Erneut sank der Fremde in die Knie. Es beunruhigte Michou, daß sie der Menge aufgefallen waren. Ein Nationalgardist trat hinzu.

»Was ist hier los?«

»Nichts. Dem da ist schlecht geworden.«

»Schaff ihn heim! Hier ist kein Ort für Milchmäuler!«

Heftige Röte stieg dem großen Jungen ins Gesicht, er schien den Mund bereits zu einer zornigen Widerrede öffnen zu wollen, dann wandte er sich nur ab.

»Sofort«, sagte Michou zu dem Uniformierten und zog den Jungen am Arm. Gestützt auf den viel Kleineren bahnten sie sich einen Weg durch die murmelnde Menge. Michou war froh, als sie aus dem Gedränge heraus waren.

»Lehn dich an die Wand, Bürger. Ruh dich ein wenig aus.«

Nur noch von weitem hörte man die tobende Menge. Das Geschrei, das anschwoll, kündigte an, daß die Karren sich in Bewegung setzten. – Vater und Mutter standen nicht in der Zeitung, dachte Michou. Sie werden nicht auf dem Karren sein. Heute noch nicht . . .

Der fremde Junge hatte die Augen zugemacht. Er schien schwindlig zu sein. Dunkle Wimpern lagen auf zarthäutigen Wangen. Nein, erwachsen war der nicht!

»Du hast Hunger, Bürger«, sagte Michou mitleidig.

»Das ist nicht das Schlimmste ...«

»Was dann?«

Keine Antwort. Michou schwieg ebenfalls. Er sollte den Jungen zu Mamie schaffen. Sie hatte bereits drei verlorene Schafe aufgenommen. Die Bude unter dem Dach wurde allmählich ein wenig eng. Sonderbarerweise stimmte es sie aber alle vergnügt, je weniger Platz sie hatten. »Wie Vögel in einem Nest«, hatte Valérie eines Abends gemeint. »Die wärmen sich aneinander ...«

Mamie führte ein strenges Regiment. Sie hatte alle angewiesen, ihr Brot krümelweise zu essen und lange zu kauen. Zwischen den verschiedenen Häppchen sollten sie immer ein wenig warten. So hätten sie längere Mahlzeiten, während sie sich nebenher allerhand erzählten. Die armen Würmer, die verloren nach ihren Eltern gejammert hatten ...! Bibiche kroch zu ihnen, streichelte sie, küßte sie. Nachts allerdings, nachts wurde es manchmal schwierig. Dann weinten sie im Schlaf. Michou hatte es sich angewöhnt, auf einem umgeklappten Ohr zu schlafen und über das andere fest die Hand zu pressen. Viel half das nicht. Er hörte Mamie aufstehen und gute Worte murmeln. Sie hatte nur einen einzigen Satz, den sie immerzu wiederholte, wie eine Litanei: »Eines Tages«, versicherte sie mit hochgezogenen Augenbrauen und erhobenem Zeigefinger – »eines Tages wird alles wieder gut ...«

Valérie und Bibiche machten es ihr bereits nach. Einmal, als die Jüngste sich arg gestoßen hatte, sah Michou, wie sie sich mit ebenso erhobenem Zeigefingerchen selbst diese große Prophezeiung klarmachte.

»Ich heiße Michou.«

»Ich heiße Jérôme. Den Rest wollen wir uns schenken.«

»Wie du willst«, sagte Michou steif. »Ich lege auch keinen gesteigerten Wert darauf, dich in mein Vertrauen zu ziehen.«

Der Hochmut und die Gleichgültigkeit des anderen hatten ihn verletzt. Schließlich nahm er ihn mit nach Hause, denn man konnte sich an fünf Fingern abzählen, daß der keine Bleibe hatte, – man bot ihm, so lang wie er war, die eigene Schulter, hielt ihn gestützt um die Taille, damit er nicht zusammensackte – und er tat so, als habe er einen Spitzel vor sich.

Der fremde Junge schien zu spüren, daß er den falschen Ton angeschlagen hatte.

»Ich habe dich beobachtet: du hast nicht gejohlt, als sie die Gefangenen herausgeführt haben.«

»Du auch nicht«, gab Michou prompt zurück.

Sie waren wie zwei Kampfhähne, die einander umschritten.

»Man weiß heutzutage nie, wer einem ein Bein stellen kann«, sagte Jérôme. »Ich traue keinem! Keinem!«

»Oh«, sagte Michou, »ich habe doch noch ein paar Leute, denen ich blind vertraue.«

»Immerhin könnte es sein, daß du für Geld dort stehst und Leute anzeigst, die deiner Meinung nach die Stirn runzeln, anstatt zu jubeln, wenn die Verurteilten auf die Karren steigen.«

»Du auch«, sagte Michou ruhig.

Sie gingen weiter, Schritt für Schritt.

Diese Antwort schien den Großen etwas aus dem Konzept gebracht zu haben.

»Wo wohnst du?«

»Wirst schon sehen.«

»Du mußt doch verstehen, daß einer, der keinem traut, seine Gründe haben muß.«

»Was kümmern mich deine Gründe! Ich habe gesehen, daß du vor Hunger zusammengeklappt bist. Grund genug für mich, mir ein gewisses Bild von dir zu machen. Man kann sich anziehen, wie man will, das, was man ist, schimmert hindurch. Bei dir sehr deutlich.«

»Ich habe gesehen, daß du fremde Kinder angesprochen hast und fortgeführt.«

»Na – und?«

»Was hast du mit ihnen gemacht?«

»Das gleiche, was ich mit dir mache.«

»So kommen wir nicht weiter, Michou!«

»Ich brauche mit dir nicht weiterzukommen. Wie ich schon sagte: du bist schwach und hungrig. Du hast keine Unterkunft. Das genügt.«

»Wenn du Kinder mitnimmst, bedeutet das doch, daß du nicht damit einverstanden bist, daß sie dort verloren herumlungern?«

»Ich nicht, andere auch nicht. Höre, möglich ist es, daß du ein Spion bist?«

»Hätte ich dann solchen Hunger?«

»Ach, neuerdings zahlt man die Spione nicht mehr pünktlich aus. Ich habe da für einen eine Klageschrift verfaßt! Bruder, der hat gründlich ausgepackt! Sogar über den kleinen König hat er geplappert. Und was er alles wüßte und niemals verraten würde, wenn er endlich sein Geld bekäme, für das, was er bereits ausgepackt hat . . .«

Plötzlich wurde der Junge starr, blickte auf Michou, als sähe er ein Gespenst. Nur einige Sekunden. Dann fragte er ruhig: »Wohnst du hier?«

»Ja.«

Jérôme hatte einige Mühe, die Treppen hochzukommen. Auf jedem Absatz blieb er stehen.

»Ich suche meinen kleinen Bruder, Michou. Man hat ihn uns gestohlen. Natürlich hast du bemerkt, daß ich ein Ehemaliger bin.«

»Nicht hier. Komm weiter, oben ruhst du dich dann aus.«

»Hörst du nicht?« fragte Jérôme. »Was bist du?«

»Kein Ehemaliger.«

Michou zog ihn die letzten Stufen hoch, schob ihn durch eine Tür hindurch. Es war ein mehr als ärmlicher Raum. Kinder saßen über einer Stickarbeit, ein schwarzgekleidetes Mädchen unter einer lächerlich kleinen Witwenhaube blickte auf. Da waren ein paar schiefe Stühle, in einer Ecke ordentlich zusammengelegte Decken und auf dem gescheuerten Tisch lag ein großes braunes Brot.

Die ärmliche Stube machte einen ordentlichen und anheimelnden Eindruck.

»Das ist Mamie!«

Michou zeigte auf das schwarze Mädchen, von dem sich Jérôme beim besten Willen nicht vorstellen konnte, wie alt es war. Prüfend glitt ihr langer grauer Blick über seine Gestalt und heftete sich auf seine Züge.

»Du bist sehr groß. Ich hoffe, nicht erwachsen?«

»Red nicht so viel, Mamie, gib ihm zu essen, sonst fällt er um!«

Kein bißchen zu früh schob er Jérôme einen Stuhl unter.

Als der Fremde aus seiner kurzen Ohnmacht zu sich kam, umstanden ihn alle Kinder und betrachteten ihn schweigend. Es machte ihn verlegen. »Geht schon wieder!«

»Iß! Der Kaffee ist noch heiß. Zucker haben wir keinen. Tauch das Brot ein, es ist hart.«

»Danke!«

»Langsam!« mahnte Mamie, »sonst wirst du von dem bißchen nicht satt. Gesund ist es auch nicht, wenn man schlingt.«

Jérôme schämte sich. Dennoch blieb es schwer, lange und geruhsam zu kauen. Um sich abzulenken, trank er oft und kurz. Brennend glitt der Kaffee durch seine Kehle.

Es tat unendlich wohl.

»Schmeckt gut, nicht?« schmeichelte das kleinste Mädchen.

Er nickte, schämte sich noch immer und sah, wie das hübsche Ding auf einen Stuhl kletterte und die einzelnen Brotkrumen, die beim Abschneiden weggefallen waren, aufsammelte.

»Los, Mamie, gib ihm einen Klecks Marmelade drauf.«

Jérôme fürchtete die Augen der wahrscheinlich auch nicht satten Kinder. »Nein, laß, es wird schon gehen.«

»Macht euch wieder ans Spiel oder an die Arbeit«, brummte Michou und scheuchte alle zurück ans Fenster. »Wir Großen haben zu reden.«

Es fiel Jérôme auf, wie prompt sie alle gehorchten.

»Erzähl!« drängte Michou.

»Nur das Nötigste. Alles, was ich erzähle, könnte euch belasten.«

»Hast du noch Geschwister?«

Er zauderte. Dann: »Nein.«

»Merkwürdig. Vorhin sagtest du: ›man hat ihn uns gestohlen‹.«

»Wie man so sagt. Ich – bin – übriggeblieben.«

»Hast du geglaubt, du würdest das Kind in der Conciergerie finden?«

»Nein«, sagte Mamie, »aber vielleicht seine Eltern?«

Jérôme nickte. »Da war einer, der hat Auskunft eingeholt, ob meine Eltern im Gefängnis sein könnten. Er kam in die Herberge. Er – er log. Ich roch es, daß er log. Wahrscheinlich hatte er etwas Gefährliches erfahren. So ein Spitzel – einer, der für beide Seiten arbeitet. Im Grunde fürchte ich mich nicht besonders vor solchen. Sie haben soviel Dreck am Stecken, daß sie bei jeder Anzeige zuerst auf ihr eigenes Wohl bedacht sein müssen. Und das ergibt manchmal eine komplizierte Rechenaufgabe.«

»Warst du allein in der Herberge?«

»Nein. Ein reicher Bürger aus Nantes hatte uns mitgenommen.«

»Von Nantes nach Paris? Liegt das nicht in der Vendée? Dort, wo jetzt Krieg ist?« forschte Michou.

»Genau.«

»Hast du gekämpft?«

»Rate mal!«

»Wo ist denn der Bürger?«

»Zurück nach Nantes. Im letzten Augenblick habe ich mich verdrückt. Ich wollte in Paris bleiben, Gewißheit über meinen kleinen Bruder haben. Er ist so dumm und einfältig. Und sieht aus wie der kleine König.«

Mamies Herz zog sich zusammen. Die Ahnung von einer Gefahr, die dieser große Junge mit der höfischen Haltung in die Dachstube bringen konnte, kam ihr. Ihre erste Regung war: Er muß fort, fort! Wir haben genug Sorgen auch ohne ihn!

Aber sie sagte nichts und schaute weiter auf das stolze, ebenmäßige Gesicht. Ihre Gedanken schweiften ab. Der kleine König war eingesperrt. Erst hatte man ihn seiner Mutter fortgenommen und einem versoffenen Schuster anvertraut, der aus ihm einen richtigen Republikaner machen sollte. Aber aus unbekannten Gründen hatte man den Schuster des Postens wieder enthoben und den kleinen Jungen in einem Raum eingemauert, der nur mit einer Futterluke versehen war, durch die man jeden Tag eine Suppe und ein Stück Brot hindurchschob. Das Kind verkam im eigenen Unrat, so erzählte man sich hinter der Hand. Einmal am Tag, wenn die Nahrung gebracht wurde, rief eine Wache: Capet, bist du da? Und wenn der Kleine ein Lebenszeichen von sich gab, war die Sache erledigt.

Über diese Dinge sprach man nicht laut. Aber manche Leute meinten doch, es sei eine Schande.

Was konnte das Kind dafür?

Mamie mußte häufiger an diesen kleinen Menschen

denken. Es schien widersinnig, daß einer, der durch endlose Parks hatte laufen dürfen, auf Pferden reiten, von goldenem Geschirr essen und über eine große Anzahl Diener bestimmen, plötzlich zu einem Schuster in die Lehre kam. Aber weshalb eigentlich nicht? War es ungerechter als das Leben, das die armen Menschen immer hatten führen müssen? Es lag wohl daran, daß sie noch keine richtige Republikanerin war, für die das Leben wirklich mit dem Jahr I angefangen hatte.

Im übrigen war der kleine König der Schirmherr des Findelkinderheims gewesen. Dort hatte sie einmal ein Bild von ihm gesehen. Sie hatte eine vage Vorstellung eines blonden Geschöpfs mit einer breiten Schärpe um die Hüften, ein Kind wie aus jenen Bilderbüchern, die sie einmal beim Marquis de Condorcet hatte einsehen dürfen.

»Schläfst du?« Michou stieß sie grob an. »Er sagt, er kennt Tignasse und Baloche. Sie glauben beide, er sei über alle Berge . . .«

Seit Mamie von Tignasse erzählt hatte, damals, als sie der marschierenden Freiwilligentruppe zugeschaut hatten, waren Michous Gedanken immer wieder zu diesem rothaarigen Jungen abgeschweift, der das tun durfte, was er sich lange gewünscht hatte: für die Republik zu kämpfen. Aber da waren seine Eltern noch nicht verhaftet und sein eigener Vater hatte ihm die Würde der Republik in vertrauenerweckenden Worten vor Augen geführt. Seitdem hatte sich im Innern des Jungen vieles verändert. Ein Ideal war wie ein Kartenhaus zusammengefallen. Michou hatte angefangen zu denken.

Er besaß seines Vaters Hunger nach Buchgelehrtheit und die Herzensweisheit seiner Mutter. Möglich, daß er dieses Ungestüm von einem fernen provençalischen

Vorfahren hatte. Jedenfalls war Michou überzeugt, daß ein Stück der Welt, in der er lebte, ihm und ihm allein zustände und er für sie verantwortlich wäre. Er glaubte nicht an Gott, niemand hatte ihm die Religion nahegebracht. Aber er glaubte an das Gute und daran, daß es möglich war, jeden Menschen darauf auszurichten.

Condorcet wäre stolz auf diesen kleinen Jünger gewesen, Jérôme belächelte ihn.

Dieser große schmale Junge, der fast erwachsen war, hatte zwar von Kindheit auf gelernt, Gutes zu tun, aber als Gönner, nicht als Nächster. Er war nach der Revolution durch eine bittere Schule gegangen. Immer noch aber glaubte er nicht, daß die neuen Zeiten ihn zu einem ganz normalen Menschen gemacht hatten. Jede Begegnung, die er erfuhr, wurde zunächst zu einem Machtkampf. Gewann er diesen nicht, wandte er sich ab.

Michou und Mamie hatten ihn aufgenommen. Er war Gast in ihrer Dachkammer, galt aber nicht mehr als eines der hilflosen Geschöpfe, die Michou unter seinen eigenen Augen von der Conciergerie fortgeführt hatte.

Sehr bald spürte Jérôme, daß er Mamie verstandesmäßig weit überlegen war, ihr aber eine Festigkeit innewohnte, der er nichts anhaben konnte. Michou hingegen bewunderte ihn sehr, hörte dem zu, was er erklärte, obgleich er selbst karg in seinen Worten blieb. Jérôme wollte sich nicht versteckt halten. Er wollte durch Paris schweifen, eine Spur suchen, die ihn zu seinem kleinen Bruder führen konnte, ein vollkommen unlogisches Unterfangen, kannte er doch nicht einmal die einfachsten Wege durch Paris. Als Knabe hatte er hier ein Internat besucht, war aber niemals ausgegangen, außer wenn Verwandte ihn mit der eigenen Kutsche hatten abholen lassen. Deshalb brauchte Jérôme einen Führer, und er hatte geglaubt, Michou würde ihm helfen. Michou jedoch mußte Geld verdienen.

So leid ihm Jérômes kleiner Bruder tat, von dem er nur

seinen Namen Charlemagne wußte, so viel wichtiger war ihm, Mamie wenigstens beim Füttern der vielen kleinen Mäuler beizustehen. Er machte Jérôme darum klar, daß auch er versuchen müsse, zum Unterhalt beizutragen. Jérôme konnte nämlich ebenso gut schreiben wie Michou, und manchmal könnte Michou ihm ja das Pult leihen. Denn nicht immer schrieb Michou im Auftrag anderer Leute.

Manchmal fand er den Weg zu den Hallen, wo die Lebensmittel verkauft wurden, die in einer so großen Stadt tagtäglich benötigt wurden. Die Marktfrauen waren grob, laut und gewissenlos. Unter der Hand blühte der schwarze Markt in großem Ausmaß. Die Lebensmittel, die sie heimlich den reichen Leuten zukommen ließen, gaben sie Kindern mit. Es gab so viele Kinder, sie waren überall. Wenn sie nicht gerade Pferden vor die Beine liefen oder Erwachsene belästigten, störte sich keiner an ihnen, nicht einmal die Garde, die überall herumschnüffelte, die schlangenstehende Bevölkerung vor den Läden beaufsichtigte und darauf achtete, daß man sich republikwürdig verhielt.

So steckten die Marktfrauen auch Michou hin und wieder etwas zu mit der hastigen Aufforderung, es in diese oder jene Rue zu schaffen. Es fiel immer etwas Eßbares dafür ab, versteht sich. Mamie wunderte sich oft, wie gut Michou bei der Lebensmittelbeschaffung half. Für diese Dinge war Jérôme schon zu groß. Er hatte jenes Alter erreicht, wo man sich fragte: Na – weshalb ist der noch nicht an der Front?

Schon deshalb riet Michou Jérôme, sich nicht zu lange auf die Straßen zu wagen, jedenfalls nicht an einer Stelle herumzulungern oder zu spitzeln. Den Spitzel glaubte man ihm sowieso nicht. Er war ein Ehemaliger, und jeder merkte es an seiner Haltung.

Möglich, daß Jérôme von allem Erlebten geprägt war. Er hatte im Vendéekrieg gekämpft, und zwar auf der »falschen« Seite. Wären Michous Eltern nicht verhaftet worden, hätte Michou auf dieses Geständnis hin sofort mit ihm gebrochen. Jetzt ahnte er, daß Kinder letztlich von ihren Eltern geprägt wurden und sich nach dem ausrichteten, was die Eltern erlebt hatten. Dann war Jérôme mit einem reichen Bürger, der seinem Vater wohl Geld schuldete, nach Paris gekommen und hatte Tignasse mitgebracht. Wieso und weshalb, wurde nicht erwähnt. Es gab in Jérômes Gedächtnis anscheinend Stellen, die so weh taten, daß er sie mit keinem Wort berühren mochte.

Einmal nahm Mamie Jérôme mit, als sie zu Vater Magloire ging. Sie stellte ihn ihm vor. Der Priester sah den Jungen an.

»Mein Vater, man sagt, Sie gehen in die Gefängnisse! Ich suche meine Eltern! Nehmen Sie mich einmal mit, bitte!«

»Unmöglich, mein armes Kind! Sogar ein Blinder merkt, daß Sie kein Republikaner sind! Die Sprache – die Haltung – die Gesten . . .«

»Ich würde mich verstellen . . .«

»Das würde Ihnen nicht gelingen. Sie sind zu starr – keine Kritik, mein Sohn. Nur eine Feststellung. Ich werde mich umhören, jaja, ich habe mir alles gemerkt.«

Wieder ein Knoten in dem großen Taschentuch, irgendwo, an einem ganz bestimmten weißen Tupfen, von dem nur der Priester selbst wissen konnte, was er bedeutete.

Als Mamie Baloche traf und ihm von Jérôme berichtete, erlebte sie zum ersten Mal, daß er wütend wurde. Mit beiden Fäusten schlug er sich an die Stirn.

»Ein Wahnsinn! Ein Wahnsinn! Wirf ihn hinaus, Mamie!«

»Aber – das geht nicht! Michou hat ihn mitgebracht. Er verhungert, wenn man sich nicht kümmert, Baloche. Ich habe noch niemals einen Menschen erlebt, der sich selbst so wenig helfen kann.«

»Ja, ja, ich weiß. Aber er ist gefährlich! Alles ist gefährlich um ihn herum.«

»Warst du der Spitzel, der ihn angelogen hat?«

»So, das hat er bemerkt?«

»Erkläre mir . . .«

»Den Teufel werde ich tun! Wirf ihn raus.«

»Er ist noch ein Kind, Baloche. Michou bringt alle mit, die er finden kann! Toinette hätte ihn auch nicht fortgeschickt.«

»Nein«, sagte Baloche plötzlich entwaffnet, »nein, die hätte das auch nicht getan . . .«

»Ich habe Karten beantragen müssen, neue Brotkarten«, erzählte Mamie. »Ich hatte solche Angst, als ich hingegangen bin, Baloche. Aber da war einer – der hat mich nett behandelt, denk mal! Er lobte mich, sagte, ich sei eine richtige Republikanerin. Hat sich die Namen der Kinder aufgeschrieben, sah sogar ein, daß sie alle nicht dafür können.«

Baloche folgte Mamie in die Dachstube, nachdem er sich viele Male umgedreht hatte, um sich zu vergewissern, daß keiner sie beobachtete. Er sah kopfschüttelnd auf die Kindermeute herab, faßte in seine Tasche, wählte eine Münze, fand sie dann doch zu wertvoll, überlegte, drückte sie dann doch Valérie in die kleine Hand.

»Da«, sagte er, »kauf was.«

»Es gibt nichts«, antwortete Valérie traurig, »es gibt gar nichts mehr zu kaufen, lieber Bürger.«

»Na, dann wirf es in die Seine«, sagte Baloche unwirsch, suchte aber nach etwas anderem, ohne es zu finden. »Das nächste Mal bring ich etwas zu beißen.«

»Dafür bekommst du ein Küßchen!« rief Bibiche und klammerte sich an einem der langen Beine fest. Baloche beugte sich zu dem kleinen Bündel hinab, hob es auf, schwang es in der Luft herum.

»Da, du lustiger Vogel!«

Darauf küßte sie ihn viele Male. »Willst du mein Vater sein? Solange ich keinen anderen habe?«

»Auch das noch! Nein, das will ich nicht.«

»Hast du selber Kinder?«

»Nein.«

»Dann kannst du aber doch gut unser Vater sein! Das wäre ja sonst Verschwendung!« rief Valérie.

»Man sollte dir die Staatskasse anvertrauen! Du bist solch ein sparsames Wesen«, sagte Baloche grinsend.

Einen Tag später hatte er tatsächlich einige Plätzchen aufgetrieben. Verglichen mit dem Brot, das ungenießbar geworden war, weil man ihm auch noch Sägespäne beimischte, war es ein großer Genuß. Man aß die Spende krümelweise, sehr, sehr langsam, natürlich, nach Mamies Rezept.

Es durfte Jérôme hoch angerechnet werden, daß er auf seinen Teil verzichtete. Nur schaute er der mümmelnden Gesellschaft mit Widerwillen zu. Dachte er an die Diners an runden Tischen mit den geschwungenen vergoldeten Beinen – an die silbernen Leuchter, an den Wein in geschliffenen Gläsern, an den gebratenen Puter, den ein Diener lautlos hereinbrachte –? An die seidenen Kleider der Damen, die Brillantknöpfe der Herren, an das leichte, höfische Geplauder? Dachte er daran, wie er über diese Geschöpfe rund um ihn herum seinerzeit hinweggeschaut hatte, daran, daß für ihn diese Brut eigentlich gar nicht existiert hatte? Daran vielleicht, daß er Dienerschaft als Mobiliar angesehen hatte, nur geschaffen, ihn zu versorgen? Dachte er an die Wohltaten, die er als kleiner Junge an Festtagen verschenkt hatte, von hoch oben sich herabbeugend zu demütigen Wesen, die man für diese eine Stunde ein wenig zurechtgestutzt hatte? Dachte er an seine kindliche Fassungslosigkeit, als er einmal erfahren hatte, der König wasche an jedem Gründonnerstag einigen Ärmsten des Landes die Füße?

Baloche hatte Tignasse getroffen und ihm Mamie wieder in die Erinnerung zurückgerufen.

»Du wirst dich doch wohl noch auf deine eigenen guten Taten besinnen? Ich vergesse nie, was ich Gutes getan habe. Das ist mein Kapital für den Fall, daß – na, du weißt ja. Und Angst genug schwitze ich jedesmal, ehe ich mich entscheide. Also – damals . . .«

»Ich weiß schon wieder. Das ist sie? Also, das ist sie!«

»Und reden kann sie auch!« sagte er, als er Mamie wiedersah.

Er war etwas größer geworden, aber viel dünner als damals, immer noch sehr weiß, und von einer gewissen Gleichgültigkeit gezeichnet, als könne ihm nichts, aber auch nichts mehr etwas anhaben. Es gab Mamie einen Stich – sie fühlte sich wie ausgeschlossen. Er mußte Schlimmes erlebt haben. Auf dem gleichen Speicher, wo er seinerzeit Mamie gepflegt hatte, hatte er sich eine kleine Ecke freigefegt, wo er seine wenigen Habseligkeiten aufbewahrte. Manchmal besuchte er Nénette, erzählte er Mamie. Sonst wäre er ganz allein auf der Welt.

Mamie dachte an den breiten rothaarigen Mann, den Baloche ihr gezeigt hatte, aber sie schwieg.

Tignasse schien es Spaß zu machen, hin und wieder vorbeizukommen. Er gab Mamie gute Ratschläge, zimmerte ihr ein Regal und brachte eine ausrangierte Pferdedecke. Manchmal tollte er mit den Kindern. Einmal fand er selbst eins in einer Gasse, das er bei ihnen ablieferte.

Sie mußten jetzt sehr eng zusammenrücken. Klopfenden Herzens unternahm Mamie abermals einen Weg zur Sektion, um weitere Brotkarten zu erbitten. Sie erreichte nur, daß man ihr einen Gardisten mitgab, der den Speicher inspizieren sollte. Glück hatte sie bei allem Schreck: Jérôme war abwesend.

Der Gardist strich seinen Schnurrbart und schaute auf die Kinderschar, die ihn schweigend anstarrte.

»Alles Kinder ohne Eltern?«

»Ja. Du mußt mir helfen, Bürger Gardist – sieh mal: ich tu was für die Republik: Ich halte die Waisenhäuser frei für andere Kinder. Aber sie müssen essen. Man sagt, Kinder sind die Hoffnung des Vaterlandes.«

»Du mußt ja ein gutes Gewissen haben, kleine Bürgerin, sonst wärst du wohl nicht bei uns erschienen – wie?«

»Ich tu ja auch nichts Schlimmes! Wir sind arm. Und alle sagen heute, daß die Reichen die Schuld haben, alle Reichen, an der Armut der Armen.«

»Brav hast du das gesagt! Du hast recht: es muß alles geteilt werden, kleine Bürgerin, alles, alles! Und solange es nicht geteilt wird, werden die Köpfe der Reichen weiterrollen. Die der Reichen und der Begabten, das sage ich dir.«

»Oh«, sagte Mamie – »die der Begabten auch?«

»Ja, denn wenn sie viel können, werden sie ja auch einmal reich! Also – siehst du? Es hat schon seine Richtigkeit, he, daß man alle verhaftet, die zuviel haben.«

»Kann man es ihnen denn nicht abnehmen, ohne sie zu köpfen?«

»Nein, nein – denn sonst würden sie von neuem reich! Reichtum wächst wie Kohlköpfe, verstehst du? Hack sie ab – und es kommt ein neuer Schwung.«

»Komisch«, sagte Mamie. Und alle Zeit dachte sie: – verschwinde, verschwinde, verschwinde, und hoffentlich sagt keins dieser Kinder auch nur ein einziges Wort, sonst bin ich verloren. – Aber sie schwiegen. Jedes einzelne schwieg, gut instruiert wie sie waren. Mamie dachte starrköpfig: und ich tu ja auch nichts Schlimmes! Sollen die Erwachsenen, die diese Revolution gemacht haben, untereinander tun, was sie lustig sind! Mir geht es um die Kinder, die nichts dafür können, die essen müssen, die ein Recht darauf haben, ihr Leben zu Ende zu leben! Und ich, ich werde ihnen dieses Recht verschaffen.

Später, in einer ihrer schlaflosen Nächte, wenn der

Magen sich vor Leere immer wieder zusammenkrampfte, dachte sie, wie gefährlich es doch war, daß man Kindern alles, alles beibringen konnte! Sie dachte an Barbe, die das auch erfahren haben mußte. Ein unendliches Mitleid mit allen Schwachen, allen Unterdrückten erfüllte sie.

Einmal traf sie Nénette mitten in der Gasse. Die alte Frau benahm sich wieder sehr merkwürdig. Sie starrte Mamie mit offenem Mund an, sie rührte sich nicht. Wieder spürte Mamie sich wie erdrückt von diesem langen dunklen Blick.

»Es ist nichts, nichts, Bürgerin«, sagte sie freundlich und tippte die Halbverrückte vorsichtig an. Daraufhin mußte sie erleben, daß Nénette sich tief vor ihr verneigte. Altmodisch tief. Keiner hatte sich je vor Mamie verneigt.

»Bürgerin – Bürgerin«, murmelte sie verlegen.

Aber die alte Frau hob beide Arme gen Himmel, wandte sich um und rannte davon.

Der Frühling im blutigen Jahr 1794 war zauberhaft. Er kam früh, und er blieb sonnig. Doch viele Menschen in Paris genossen ihn nicht. Sie verzichteten sogar auf ihre beliebten Spaziergänge. Im übrigen mühte sich jeder, möglichst schäbig und schmutzig herumzulaufen. Gute Röcke, hübsche Kleider, alles, was auf eine gewisse Wohlhabenheit deuten konnte, wurde versteckt, es sei denn, man hätte so einflußreiche Freunde, daß deren Macht einen schützte.

Der Verdacht eines Verdachtes genügte bereits, einen Menschen aufs Schafott zu bringen. Reichtum war hochverdächtig, zumal der ganze Besitz eines Verurteilten dem Staate zufiel. Wer also einen Menschen mit Besitz anzeigen konnte, tat der Republik einen guten

Dienst: die Republik war arm, der Krieg machte sie noch ärmer. Man mußte sie unterstützen.

Jenen Dantonisten, die sich die »Wohlwollenden« nannten und den Spruch geprägt hatten: »keine Kriege, keine Guillotine mehr«, wies man Spekulationen nach, die in die Millionen gingen. Durch das Verbreiten mal günstiger, mal ungünstiger Gerüchte hatten diese Herren die Aktienkurse nach Wunsch manipuliert. Die größten Spekulanten konnten sich noch retten, indem sie ihre Freunde schonungslos preisgaben, aber Robespierres Leute waren ihnen auf der Spur. Der Konvent zitterte. Danton selbst geriet in Verdacht. Zwar wagte man noch nicht, ihn anzugreifen, doch war dies nur eine Frage der Zeit. Merkwürdig passiv und müde war dieser menschliche Vulkan geworden. Er hatte sich in zweiter Ehe mit einer sehr frommen jungen Frau verheiratet, die auf Trauung durch einen abtrünnigen Priester bestanden hatte. Danton hatte sich gefügt. Man munkelte, daß er einige seiner Untaten bereue. Vielleicht war er gezeichnet von einer tödlichen Krankheit, vielleicht auch gelähmt von dieser späten Liebe, die ihn weich und duldsam machte, als er hätte durchgreifen sollen. Jedenfalls erkannte er die Gefahr seiner Tatenlosigkeit viel zu spät.

Indes war der Montagne widerfahren, was jeder radikalen Partei irgendwann während einer Revolution bevorsteht: noch radikalere schoben sie nach rechts. Diese Allerradikalsten nannte man Hébertisten, nach Hébert, dem Herausgeber des vielgelesenen Gossenblatts »Le Père Duchesne«, das an die Stelle von Marats »Freund des Volkes« getreten war.

In dieser bemerkenswerten Zeitung äußerte sich einer, der sich »Vater Duchesne« nannte, in unflätigster Sprache über Politik, Krieg und Landesverräter, vermischte Drohungen, Gerüchte und Phantasie in ungereimter Böswilligkeit miteinander, hetzte gegen alles, was dem ärgsten Mob auch nur ein wenig überlegen war, und hörte Flöhe husten, die gar nicht erkältet waren. Sonderbar genug war der Verfasser dieser Schriften selbst, ein untadeliger gepflegter kleiner Herr, der Frau und Kind innig liebte und eine zivilisierte Sprache führte.

Mit Hébert gemeinsam warb Chaumette um die Gunst der Habenichtse. Beide Männer saßen in der Pariser Commune und trachteten Robespierre, dem Unbestechlichen, beunruhigend erfolgreich nach der Macht. Es schwebte ihnen ein Staat gleichgemachter Primitiver ohne Glauben, ohne Besitz, vor – was sie nicht daran hinderte, in die eigene Tasche hineinzuwirtschaften und sich über den schwarzen Markt alles zu beschaffen, wonach ihnen der Sinn stand.

Schon im Oktober 1793 hatten die Hébertisten die öffentliche Glaubensabschwörung gefordert, und als der Konvent zögerte, waren sie selbst zu Taten geschritten. Ein geschmackloser Volksauftritt eröffnete die Aktion: Notre-Dame wurde entweiht. Trunknes Volk aß Heringe aus goldenen Abendmahlskelchen, eine Halbweltdame wurde als Göttin der Vernunft von einem beweglichen Gebilde auf den Hauptaltar herabgelassen, Meßgewandmaskeraden zogen in skurrilen Reigen durch die Gassen. Man riß blasphemische Witze, während der Zug von lärmenden Sansculotten, wilden Weibern und jungen Mädchen in weißen Kleidern, die vaterländische Lieder sangen, um dem Fest Schönheit und Würde zu verleihen, zum Konvent marschierte. Es wurde in brüllenden Sprechchören verlangt, daß die Republik die befreiende Tat sanktioniere. Erbeutete Monstranzen, edelsteinbesetzte Kreuze, Ringe, Kelche, Altardecken, häuften sich im Saal.

Widerwillig gab der Konvent nach. Sogar jene Priester, die der Republik Treue gelobt hatten, sahen sich bedrängt. Die, die dem Konvent angehörten, schworen auf der Stelle ihrem Glauben öffentlich ab, bis auf einen einzigen: den Abbé Grégoire.

Dem Erzbischof Gobel nützte die Abschwörung übrigens wenig, er endete dennoch bald auf dem Schafott, im Gegensatz zu Grégoire. Kleine Leute, die in einem geheimen Winkel ihres Innern noch an der alten Religion gehangen hatten, bekamen große Angst. Demonstrativ änderten sie ihre altchristlichen Vornamen in moderne um, man nannte sich plötzlich »Neunundachtzig«, »Vierzehnter-Juli«, »Freiheit«, »Sieg« oder man nannte sich einfach nach einer republikanischen Tugend. Die Kirchen wurden zweckentfremdet. Man machte Ställe aus ihnen, Waffenschmieden, Kugelgießereien, Kornspeicher und Arsenale. Dennoch geschah es, daß Familienväter gegen Abend ihre Fensterläden schlossen, die Türen verriegelten und mit Kindern, Weib und zuverlässigem Gesinde auf den nackten Fliesen knieten, um vor Gott Abbitte zu tun, wegen des großen Frevels, dem sie sich nicht widersetzt hatten, ja, den sie sogar großmäulig nachgeplappert hatten.

Angst verdarb den Charakter. Vater Magloire konnte ein Lied davon singen. Auf dunkelsten Wegen erreichten ihn Bitten, Spenden, Warnungen. Er war überall zugleich und nirgendwo zu fassen, hatte die erstaunlichsten Handlanger unter gröbsten Masken. Einige Male versuchte Baloche, sich endgültig von dem Curé abzusetzen, weil dessen Tollkühnheit sogar seiner Kaltschnäuzigkeit zuviel wurde. Aber er war magisch von diesem Menschen angezogen, der nach einer einzigen Nacht bedauerlichster Feigheit über sich selbst in erschütternder Weise hinausgewachsen war.

In seinem engen Raum, abgeschieden von aller Turbulenz des herrschsüchtigen Pöbels, der das sich dukkende Bürgertum erbarmungslos bespitzelte, lebte Condorcet seinen kleinen armen Tag. Er hatte auf Geheiß seiner klugen Frau angefangen, seine Memoiren zu schreiben, in denen er sich rechtfertigen, seinen historischen und ethischen Standpunkt klarlegen, den geschichtlichen Lauf der Geschehen stromaufwärts nochmals verfolgen wollte. Seine Wirtin bestärkte ihn in dieser bedeutenden Arbeit. Stunden saß sie bei ihm und hörte ihm zu, doch vermochte sie es auf die Dauer nicht, seinen Eifer wachzuhalten. Immer mehr dämmerte der Philosoph in das Wissen um die Sinnlosigkeit allen Tuns hinüber. Es gab Tage, da saß er nur vor seinem weißen leeren Blatt, die Feder in der Hand.

Einmal noch regte sich ein mächtiger Wille zu schreiben, als er an sein Kind dachte, dessen Wachsen und Werden er nicht verfolgen konnte. Er malte sich das künftige Schicksal seiner kleinen Tochter aus, bedauerte, daß man Erfahrungen nicht vererben kann. Hellsichtig durchdachte er die Fehler seines Lebens, seines Charakters und die Quellen seiner Leiden. Als junger Mensch hatte er heiß und inbrünstig, meistens unglücklich, geliebt, und gelernt der Leidenschaft zu mißtrauen. Er wußte, wie verwundbar jene sind, deren Interesse um sich selber kreist, er kannte den Trost, der von der Hilfe, die man Mitmenschen gewährt, gewonnen werden kann. In einem väterlichen Brief, den er sein Vermächtnis an sein Kind nannte, ein Kind, das noch nicht lesen konnte, zählte er die Möglichkeiten auf, die einem Unglücklichen noch eine gewisse Genugtuung im Leben schenken konnten, warnte vor der Ichbezogenheit, vor dem Müßiggang, vor dem Stolz und vor der Leidenschaft. Er legte der Tochter ans Herz, wohltätig zu sein und alle Geschöpfe dieser Erde in ein allumfassendes Mitleid einzubetten. Danach, so schien ihm, war alles, was er noch hatte schreiben wollen, eitles Tun. Auch begann die Furcht um jene, die ihn schützten, ins uferlose zu wachsen. Immer lauter gebot ihm sein Gewissen, Madame Vernets Gastfreundschaft, die sie ins Verderben stürzen konnte, nicht länger hinzunehmen. Mag sein, daß er durch den Verschlag hindurch ein Gespräch anhörte, in dem man eine Haussuchung verstohlen ankündigte, mag auch sein, daß er an Jacques und Toinette dachte, mag sein, daß die wenigen Freunde, die es wagten, ihn noch zu besuchen, die wirkliche Lage in Paris zu offenherzig geschildert hatten – am 25. März entschloß er sich. Niemals hatte Madame Vernet auch nur mit einem Wort auf die Gefahr, in der sie ständig schwebte, angespielt. Condorcet, der niemals einen Wunsch äußerte, bat sie, einen Weg für ihn zu machen. Ahnungslos fiel sie auf die List herein. Als sie zurückkehrte, war er fort.

Sein Freund Sarrat hatte ihn abgeholt, hatte alle Papiere in Empfang genommen. Condorcet trug Maurerkleidung, sah so aus, wie er bereits bei Jacques und Toinette erschienen war.

Ein dreiviertel Jahr hatte er das Haus nicht verlassen. In der engen Gasse schien die Frühlingsluft ihm wie Sekt zu Kopf zu steigen. Er wankte, aschgrau im Gesicht. Atemnot quälte ihn. Niemals war er stark auf der Lunge gewesen, und der lange Mangel an Bewegung machte ihm jetzt das Ausschreiten schwer. Dennoch passierte er in Sarrats Begleitung, in scheinbar heiterer Unterhaltung, lässig das nächstliegende Tor der Stadt.

Im Freien, auf der Ebene von Montrouge, verabschiedete er sich. Condorcet hatte seine Pläne: er wollte nach Fontenay-aux-Roses, wo sein Freund Suard wohnte. Ein paar Tage Obdach würde dieser ihm wohl gewähren, danach konnte er versuchen, mit richtigen Papieren, die dieser Freund ihm beschaffen sollte, nach Paris zurückzukehren.

Das ganze Unterfangen stand unter einem unguten Stern: Suard war nicht zu Hause, die Magd, die Condorcet zu Wort stand, hatte neugierige Augen.

Dreimal erschien Condorcet an Suards Tür, ohne ihn anzutreffen. Die Nächte versteckte er sich in einem Steinbruch, wo er unter freiem Himmel schlief.

Erst am 27. März fand er den Freund. Er war über Condorcets Aussehen tief bestürzt und verband ihm das Bein, das Condorcet sich im Steinbruch verletzt hatte. Er war im Gehen sehr behindert. Suard versprach, in Paris einen Paß zu besorgen. Als jedoch Condorcet wagte, um Unterkunft zu bitten, erfand dieser langjährige Freund Ausflüchte aller Art.

»Ich würde«, so sagte er, »Ihnen gern mein Leben opfern, aber über das meiner Frau kann ich nicht verfügen. Ich werde sie fragen müssen, doch ich denke, auch sie wird bereit sein, sich für Sie zu opfern. Indes muß ich Ihnen sagen, daß unser Hausmädchen nicht zuverlässig ist. Kommen Sie heute abend gegen acht Uhr wieder, ich werde dann dafür sorgen, daß sie fortgegangen ist. Aber nun muß ich Sie bitten, unser Haus zu verlassen. Die Nachbarn könnten sich sonst wundern, weshalb Sie eingetreten und nicht wieder erschienen sind! Sie ahnen nicht, wie man hier einander beschnüffelt!«

»Doch, doch, ich kann es mir denken«, murmelte Condorcet in jeder Hinsicht beschämt.

»Ich werde bei guten Freunden für Sie in Paris vorstellig werden, ich werde Ihnen einen Paß beschaffen, der es Ihnen gestattet, dorthin zu gehen, wo es für Sie am günstigsten ist.«

»Ich danke Ihnen«, sagte Condorcet. Jenes Gefühl, das seine Lust zum Schreiben gelähmt hatte, breitete sich wieder beängstigend in ihm aus, rührte an seinen Lebenswillen.

»Ich fürchte mich wirklich nicht«, sagte er nachdenklich, während der andere darauf brannte, ihn loszuwerden »ich habe keine Angst. Aber ich möchte nicht nach Paris gebracht werden. Ich will es nicht . . .!«

Wie rasch Suard die Tür hinter ihm schloß! Nicht einmal bis zum Tor des Gärtchens sah er ihm nach.

Condorcet humpelte langsam die Straße hinab, hörte die Vögel singen, sah den Himmel über sich, die knospenden Zweige, Kinder an Gemüsebeeten graben, eine kleine Hirtin in rotem Rock, inmitten ihrer Herde. Er fühlte sich von allem getrennt. Dies ging ihn nichts mehr an. Er drehte den Ring an seinem Finger und beschloß, nicht zu Suard zurückzukehren. Um Hilfe zu betteln, war gar zu schmählich. Man durfte sie auch von niemandem verlangen.

Im übrigen war er überflüssig auf dieser Welt. Eine Gefahr für alle, die ihn liebten. Seine Zeit war um.

Dennoch ging er weiter, lange, irgendeine Landstraße, die ja irgendwohin führen mußte. Das Wandern tat seinem Bein nicht gut, wenn auch der Schmerz von anderem ablenkte. Wie erhaben wir denken können – und wie sehr kann uns eine verwehrte Hilfe, eine enttäuschte Erwartung erniedrigen. –

Mamie wäre verwundert gewesen, zu erfahren, daß auch er darüber grübelte, wieso die einen ihr Leben zu Ende leben dürfen und den anderen die Zeit gekürzt . . .

Um elf Uhr hatte er Suard verlassen, gegen ein Uhr mittags kam er in den Ort Clamart-sous-Meudon. Er war müde und hungrig, beschloß zu essen, und ahnte nicht, daß die Herberge, die er betrat, dem Chef der bewaffneten Garde gehörte, – daß in der Ecke der größte Blutsäufer Clamarts sein Gläschen trank.

Beide Männer musterten den fremden Gast wortlos. Trotz der Carmagnole und der Strickmütze schien er verdächtig zu sein. Der Wirt kam an den Tisch, die Hände vor der blauen Schürze.

»Ein Omelett, bitte«, bestellte Condorcet.

Ohne Zweifel: die Sprache eines jener gebildeten, verhaßten Menschen.

»Ein Omelett«, wiederholte der Wirt. Seine Augen tasteten Condorcet Zoll für Zoll ab, ruhten auf dessen Händen.

»Ich möchte wohl mal deine Papiere sehen, Bürger . . .« Und später: »Maurer willst du sein?«

»Maurer.«

»Pierre Simon, Maurer«, wiederholte der Wirt und nickte befriedigt.

Das Omelett kam nie. Aber es erschienen dafür einige Leute des Sicherheitskomitees. Condorcet folgte ihnen willig. Auf das Verhör antwortete er leise, stockend, scheu. Ohne seine Handschrift zu fälschen, unterschrieb er es mit dem angegebenen Namen. Sie brachten ihn nach Bourg-Egalité, das früher Bourg-La-Reine geheißen hatte, und verständigten Paris.

Sie fuhren ihn auf einem Karren zwischen zwei Gendarmen zum Gefängnis des kleinen Ortes. Am 27. März abends schloß sich die Tür seiner Zelle hinter ihm. Dort verbrachte er zwei Tage und zwei Nächte. Als man am Nachmittag des dritten Tages nach ihm sah, lebte er nicht mehr.

Man fand ihn langausgestreckt, das Gesicht an den Boden gedrückt, die Arme nahe am Körper, wie einer, der übermüdet eingeschlafen ist, noch ehe er sich in eine bequemere Lage hatte rücken können.

Woran hatte er zuletzt gedacht? An das erste Lächeln seines Kindes? An den Augenblick der allesüberflutenden Seligkeit, als er sich bewußt geworden war, daß seine Sophie ihn wieder liebte? An die Ehre, die seine wissenschaftlichen Arbeiten ihm eingebracht hatten? An seine Kinderzeit: acht Jahre brav in blauweißen Mädchenkleidern, der Jungfrau Maria zuliebe – Gelöbnis der bigotten Mutter. An den bischöflichen Onkel, der die Hände über seinen Unglauben gerungen hatte?

Niemals hatte er viel Wesens von sich gemacht. Daß er seinen Freund Suard als Feigling hatte erleben müssen, mußte schmerzlich gewesen sein. Er hatte sich immer so sehr gehütet, daß einer vor ihm sein Gesicht verlor. Aber die Zeit, in der er lebte, duldete keine Masken.

Vielleicht dachte er nur an seinen Tod, den er herbeigerufen hatte und der jene, die ihn liebten, von Angst befreien sollte.

Der Ring, in dem er das Gift bewahrt hatte, fand sich niemals wieder.

Irgendwo auf dem Friedhof Bourg-la-Reine begrub man Condorcet, man weiß nicht wo, am 29. März 1794.

Michou erfuhr etwa fünf Tage später, daß Condorcet gestorben war. Betreten berichtete er es Mamie, er wagte sie nicht anzuschauen. Sie hätte leicht seinen Gedanken erraten können: Nun sind die Eltern entlastet! Nun kommen sie bald heim ...

Mamie sah auf das kleine schmutzige Fensterviereck, durch das der blaue Frühlingshimmel nur undeutlich schimmerte, dann wischte sie verstohlen über die Augen.

Sie weint, dachte Michou mißmutig. Sie ist eben nur ein dummes Mädchen, das die Tragweite der Dinge nicht erkennt. Condorcet hat gewußt, was er tat –! Hat an seinen Fingern abgezählt, wieviele Leute seinetwegen in Gefahr schweben oder noch geraten könnten. Deshalb ist er aus diesem Leben einfach fortgegangen. Er dachte verwundert: Man ist nicht nur im Krieg ein Held!

Wenn unsere Eltern wiederkommen, verdanken wir es ihm. Wir verdanken es ihm aber auch, daß sie jetzt eingesperrt sind. Natürlich kommen sie sehr bald wieder. Morgen – übermorgen – spätestens nächste Woche. Die Leute, die immer im Gerichtssaal herumhängen, werden nach dem Freispruch plötzlich alle zu Freunden, werden sie in fröhlichem Zug nach Hause begleiten. Früher konnte man das häufig erleben. Heutzutage selten. Immerhin –: man wird das Siegel von der Wohnungstür entfernen, wir ziehen wieder zusammen, wir werden keine Sorgen mehr haben. Ob ich dann die Republik wieder lieben werde? Das weiß auch ich nicht. Ist denn die Welt in Ordnung, wenn sie für mich wieder in Ordnung sein wird?

Glühend sehnte er sich nach einem klärenden Gespräch mit seinem Vater. Er hatte so viele Fragen. – Bald, versprach er sich vor dem Einschlafen.

Aber die Tage vergingen, ohne daß sich für Michou etwas Schönes ereignete. Andere Geschehnisse überschlugen sich: Danton war gefangengenommen worden und seine Freunde mit ihm.

Diesem frühen Helden der Revolution bereiteten die mitgefangenen Patrioten im Luxembourg-Gefängnis regelrechte Ovationen. Man sprach von Intrigen und Tyrannei, die das Wesen der Republik vergiftet hätten. Man munkelte, daß die wahren Helden die Sache noch gewinnen würden und nicht aller Tage Abend sei, man sammelte sogar einige Gelder. Indes gab es keine festen Pläne, es waren leere Drohungen, aus Wunsch und Ohnmacht geboren. Aber ein Gefängnisspitzel hinterbrachte sie wichtigtuerisch dem Konvent, dem die Möglichkeit sehr gelegen kam, von einem Komplott riesigen Ausmaßes zu sprechen. Dem unbegründeten Verdacht fielen sofort einige Gefangene zum Opfer. Darüber hinaus diente es als Vorwand, noch auf freiem Fuß lebende Personen zu verhaften, darunter Lucille Desmoulins, die rührende Frau Camille Desmoulins', Mutter sehr kleiner Kinder.

Einer der Spitzel hatte behauptet, Lucille sei mit Bestechungsgeldern durch Paris gerannt auf der Suche nach Leuten, die die Bevölkerung aufwiegeln könnten. Sie wehrte sich nicht gegen die Anschuldigung. Heiter und willig folgte sie dem geliebten Mann in den Tod.

Dantons Prozeß war nicht zu verschweigen. Zu gut entsannen sich alle Pariser der großen Tage dieses gewaltigen Mannes. Mit seiner mächtigen Stimme wußte er sich vor Gericht immer wieder Gehör zu verschaffen.

Selbst die Leute, die keinen Platz mehr im Gerichtssaal gefunden hatten und auf der Straße hatten bleiben müssen, konnten sein Brüllen verstehen.

Zwei Tage hintereinander entkräftete er jedes Argument, das ihn schachmatt setzen sollte, bis das Gericht sich in die Ausrede flüchtete, es sei nun über die Geschehnisse genügend informiert, um die Verhöre einzustellen und das Urteil zu fällen.

Danton starb mit seinen Freunden am 5. April 1794 auf dem Schafott. Als der Karren in der Rue Honoré an dem Hause Duplay, in dem Robespierre zur Untermiete wohnte, vorüberholperte, reckte Danton beide Arme empor und prophezeite dem Gegner laut ein ähnliches baldiges Ende. Robespierre hatte sich nicht blicken lassen. Er verstand es meisterhaft, allem auszuweichen, was ihn hätte berühren können.

»Zeige meinen Kopf dem Volke«, sagte Danton zum Henker, »er ist es wert . . .«

Robespierre war erleichtert, diesen Nebenbuhler um die Gunst des Volkes los zu sein. Er nannte ihn ein »verrottetes Idol«.

Überhaupt erging er sich immer häufiger in seinen Reden über Moral und Tugend. Er plante die Wiedereinführung einer Religion Rousseauscher Art, eine, die er selbst erfinden würde. Er stand jetzt an der Spitze der Macht. Aber sein kleinlicher Charakter konnte mit der Machtfülle nicht fertig werden. Wenn er meinte, jemand habe ihn mit einer Äußerung treffen wollen, konnte er tagelang maulen oder den Versammlungen fernbleiben. Erschien er schließlich wieder, waren seine Reden mit unterschwelligen Drohungen gespickt. Bisher hatte er Warnungen solcher Art gezielt ausgesprochen. Nun gewöhnte er es sich an, seine Anspielungen ins Leere zu sprechen. Jeder konnte sie auf sich beziehen, sich vor seinem Schicksal fürchten, weil er sich durchschaut wähnte. Diese Haltung mußte Robespierre zum Verhängnis werden, sie stachelte gerade die vielen Farblosen, Mutlosen auf, die nur um das eigene Leben bangten, die von einem Tag zum anderen mit ihrer Verhaftung rechneten, die nicht sterben mochten und eines Tages wie ein Rudel Wölfe, deren gemeinsame Feigheit in gefährliche Einigkeit und verzweifelte Aggression umschlagen würde, über ihn herfallen sollten.

Unsichtbar spann bereits der große Intrigant Fouché, der vier Regime ungeschoren durchstehen durfte, die Fäden eines sinnvollen Netzes.

Der große Stolperblock wurde das »Maximum«-Gesetz, nach dem keine Löhne und keine Preise mehr erhöht werden durften – eine verhaßte Verordnung, die die kleinen Leute am härtesten traf, eben die, die man hatte schonen wollen. Es blieben fortan alle Lebensmittel auf dem schwarzen Markt. Handwerker weigerten sich, Arbeiten auszuführen. Ladenbesitzer schlossen ihre Geschäfte und verkauften nur noch unter der Hand.

Paris wurde eine traurige Stadt, ohne Kerzen, ohne Wein, es sei denn, er wäre arg verpanscht. Nur Mehl schien es noch genügend zu geben, denn die Republik war mit einer besonders ausgiebigen Ernte gesegnet worden.

Mamie und ihre Schützlinge litten nicht mehr und nicht weniger Not als die meisten Leute in Paris. In der Umgebung hatte es sich herumgesprochen, daß da eine kleine Frau auf einem Speicher elternlose Kinder um sich herum versammelte, sie tröstete und, so gut das ging, auch ernährte. Eine Welle der Hilfsbereitschaft hatte daraufhin die verbitterten Leute ergriffen, als hätten sie nur darauf gewartet, eine Gelegenheit zu finden, die ihnen ohne Gefahr gestattete, etwas Gutes zu tun. Kinder, so sagten sie einander immer wieder vielversprechend, waren die Zukunft dieser jungen Republik, man mußte sie beschützen, ihnen weiterhelfen, ihnen beistehen.

Alle Eltern, die in Gefahr schwebten, verhaftet zu werden, schoben ihren Kleinen einen Zettel mit Mamies Adresse in die Tasche. Alte Frauen ächzten die Stufen hinauf, brachten ein wenig von den eigenen dürftigen Vorräten: einen Topf Marmelade, ein eingesalzenes Gänsebein, auch gaben sie gute Ratschläge und beugten sich über ein krankes Kind.

Niemals war Mamie soviel Sympathie entgegengebracht worden, niemals auch war sie so beschäftigt gewesen. Der Strom der Kinder riß nicht ab. Sie hatte bereits zwei Zimmer dazumieten müssen und eins der Größeren dazu angehalten, in der Mehlsuppe auf dem Feuer zu rühren.

In dieser Zeit verlor sie ihre letzte Scheu. Zur Verwunderung derer, die sie früher gekannt hatten, fielen ihr die richtigen Worte ein, obgleich sie ihre Meinung selten aussprach, sich meistens an Tatsachen hielt und nur auf die Kinder einging. Auch sie wartete auf Toinettes Rückkehr, diese Frau, die erstes Licht, erstes Wissen und ungekannte Freundlichkeit in ihre Findelkinderwelt gebracht hatte. Immer wieder stellte Mamie sich vor, wie sie Toinette entgegensehen würde: »Bürgerin«, würde sie sagen, »hier hast du deine Kinder alle wieder und noch einige dazu von anderen unglücklichen Müttern.«

Was würde Toinette sagen? Auf jeden Fall würde sie Mamie in die Arme schließen, gleich nach ihren Kindern. Vielleicht würde sie vor Freude weinen und Mamie loben. Und der Bürger Jacques, von dem Mamie niemals gewußt hatte, ob er ganz mit ihrer Anwesenheit einverstanden war – würde er einsehen, daß Mamie von großem Nutzen gewesen war?

Ach – diese Szenen, die sie nicht müde wurde sich auszumalen! Die große Erwartung blühte jeden Tag wie eine Blume ein wenig weiter in immer neuen Farben auf.

Ein ratloser, am ganzen Körper zitternder Michou machte die Hoffnung zunichte. Das Zeitungsblatt raschelte in seinen Händen. Er hatte vergessen, daß er fast so alt, viel klüger und gewandter war als Mamie: wimmernd warf er sich ihr an den Hals, ein kleiner Bub, den Entsetzliches getroffen hatte.

Noch ehe er sprach, hatte Mamie es begriffen, hastig alle Kinder in die anderen Räume gescheucht, die Tür hinter sich und Michou geschlossen. Ungläubiges Entsetzen verwehrte ihr das Atmen, Krampf versteifte ihren Rücken. Das konnte nicht wahr sein, das durfte nicht so sein! Ein Mißverständnis . . .

»Mein armer Michou.«

Er schluchzte an ihrer Schulter, sie hielt ihn lange fest. Ohnmächtiger Haß schüttelte sie. Gleichzeitig kehrte langvergessene Erinnerung an eigene Verlorenheit zurück. Toinette war selbst im Gefängnis ein Halt gewesen. Es hatte sie einfach gegeben.

»Morgen früh – wie die anderen – auf dem Karren – all die scheußlichen Sachen, die sie schreien werden, rund um sie herum . . .«

»Nicht alle – nicht alle.«

»Mamie . . . geh du hin – geh hin für mich, Mamie! Gib ihnen ein Zeichen, damit sie wissen, daß du gut für uns sorgst, daß wir an sie denken. Ich kann es nicht – ich nicht.«

»Du brauchst nicht. Ich werde gehen.«

»Und du wirst bleiben – bis – bis zuletzt?«

Eine Gänsehaut zog wellenweise über ihren Körper, drei-, viermal, ehe sie antworten konnte. Dann straffte sie sich.

»Ja, bis zuletzt.«

Er seufzte auf. »Ich danke dir. Mamie, du bist ein guter Mensch. Ich – ich habe sie so lieb gehabt – beide . . .«

»Ich auch . . .«

Mamie spürte nicht, daß ihre Tränen in das Haar dieses ältesten Kindes jener Frau tropften – die einen richtigen Menschen, diesen Menschen aus ihr gemacht hatte.

»Die Mädchen dürfen es nie erfahren, Michou. Keines.«

»Nein, nein, natürlich nicht. Du mußt jetzt Haltung zeigen, Michou – nachher, wenn du zu ihnen gehst. Versuche nicht, dir vorzustellen, daß ... Denke an sie, wie du sie gekannt alle die Jahre. Wenigstens hast du großartige Eltern gehabt. Das ist so viel mehr, als mancher sagen kann.«

»Deshalb tut es ja so weh.«

»Du hast gut daran getan, die verlassenen Kinder herzubringen. Vergiß, daß ich anfangs dagegen war ... Es ist eine Möglichkeit, ihr nahe zu sein, immer, überall. Du sollst es weiterhin so halten.«

Niemals hatte Mamie einen Karren mit Verurteilten gesehen, niemals den Schatten der Guillotine, niemals den Henker, selbst nicht aus der Ferne. Aber sie kannte böses, tobendes Volk, vor dem sie sich nun nicht mehr fürchtete. Man mußte ihm ins Auge sehen wie einem bösartigen Hund.

Ihre Gefühle erstarrten bereits: sie mußte alle Kraft aufbieten, das Furchtbare durchzustehen. Später würde sie trauern können, wenn alles vorüber war. Sie würde versuchen, Toinettes Aufmerksamkeit auf sich zu ziehen, ihr ein Zeichen zu geben, daß mit den Kindern alles in Ordnung war. Wie und wann, das mußte sie sich noch gründlich überlegen. Sie hatte eigentlich keine Zeit zu verlieren, aber auf ihrer Schulter weinte Michou noch immer leise, weinte, weinte. Mamie beneidete ihn um diesen Schmerz, der ihn still und müde machen würde. Jemand stieß heftig an die Tür, sie sprang auf. Nur einer trat stets auf solche Weise ein: Jérôme.

»Hier bist du«, sagte er vorwurfsvoll zu Michou, »ich habe dich überall gesucht. Hör mal, ich habe zufällig etwas erfahren, etwas Wichtiges ...«

Er hielt inne, sah stirnrunzelnd auf Michous verweintes Gesicht, zuckte dann die Achseln. »Du, da ist einer geköpft worden, der etwas über den kleinen König gewußt haben muß. Hing mit Hébert und Chaumette zusammen. Einfach unfaßbar, daß diese radikalen Brüder . . . gewiß haben sie nichts Gutes im Sinn. Man sagte, man hätte ihn in der Tat austauschen wollen . . . Hörst du mir nicht zu, Michou? Wir müssen auf die Suche gehen.«

»Ach, halt den Mund«, entfuhr es Mamie. »Siehst du denn nicht, daß er seinen eigenen Kummer hat? Denkst du nur immer an dich?«

»Na – und wenn schon? Habe ich kein Recht dazu? Michou – !«

Der Junge hob mühsam sein verquollenes Gesicht.

»Geh fort!« knurrte Mamie.

»Du hast mir gerade was zu sagen!«

»Ja, das habe ich. Ich sagte: geh zu den anderen nebenan, Jérôme. Wir können dich hier nicht brauchen.«

Jérômes dunkle Augen sprühten. »Das hat mir noch niemand zu sagen gewagt.«

»Dann wird es aber Zeit! Verschwinde! Du hast dein Unterkommen, du ißt unser Brot – aber du denkst nur an deine eigenen Geschichten! Wenn die Ehemaligen alle so gewesen sind wie du, wundert es mich nicht, daß wir Revolution haben. Du, du lebst! Keiner stellt dir nach! Aber Michous Eltern . . .«

»Jérôme«, erklärte Michou mit schwacher Stimme, »meine Eltern stehen auf der Todesliste . . .«

Nur einige Sekunden brachte diese Mitteilung Jérôme aus der Fassung. »Pech«, sagte er dann. Und gleich darauf: »Ein Grund mehr, mir zu helfen! Wir müssen dem Pack beikommen! Hör zu, Michou – dieser Hébert und dieser Chaumette – man muß Leute fragen, die sie gekannt haben, vielleicht ihre Frauen. Begreifst du nicht? Charlemagne muß da mit drinhängen! Hilf mir, Michou, hilf mir! Für deine Eltern kann man nichts mehr tun, sie tun mir leid, du auch, ehrlich, ehrlich, Michou – hilf mir trotzdem.«

Er hatte den Kleineren bei den Schultern gefaßt und von Mamie weggeschoben. »Hör mich an! Komm zu dir! Wir müssen kämpfen! Du und ich sitzen jetzt im gleichen Boot! Hast du nicht immer gesagt, deine Mutter hätte ein Herz für alle verlassenen Kinder? Hat eure Mamie das nicht selbst erfahren? Meinst du nicht, deine Mutter würde von dir erwarten, daß du etwas für meinen verlorenen kleinen Bruder tust?«

Michou richtete sich auf. »Ja«, sagte er, »ja – das hätte sie schon verlangt!«

»Siehst du. Also komm, es ist keine Zeit zu verlieren. Wir müssen die Frauen einschüchtern, irgendwie – vielleicht drohen wir ihnen, daß wir auch sie anzeigen werden, wenn sie nicht sagen, wo Charlemagne ist. Komm, Michou – komm!«

»Du und dein kleiner Bruder!« sagte Mamie höhnisch. »Dabei weiß ich doch, daß er nicht einmal ganz gescheit im Kopf war – oder?«

»Deshalb können sie ja mit ihm machen, was sie wollen! Und wenn schon! Er ist mein Bruder! Das dürfte wohl genügen.«

»Das blaue Blut! Ich verstehe! Ich sage dir was, Bürger Jérôme: du siehst zu, daß du diesen famosen kleinen Bruder wiederfindest, und dann trollt ihr beiden euch, verstanden? Du gefährdest unsere Bleibe, alle die Unschuldigen, für die ich geradestehen muß. Erwischen sie dich, sind wir alle nicht mehr sicher.«

»Und ob ich mich trollen werde! Lieber heute als morgen! Meinst du, es macht mir Spaß, hier zu hausen? Diese dreckige Bude, diese miese Suppe, diese stinkende Decke, unter der ich liegen muß, das widerliche Brot, das du krümelweise austeilst.«

»Zankt euch nicht, bitte, bitte, zankt euch nicht! Mamie! Jérôme ist der einzige gute Freund, den ich habe.«

»Ein Freund? Ein Freund? Der spannt dich doch nur für seine Zwecke ein! Ich glaube nicht, daß er andere als Nutzfreundschaften kennt.«

»Mamie – du tust mir weh, wenn du so sprichst! Jérôme – geh nicht allein fort, wart auf mich! Warte doch – ich komme!«

Jérôme sah verächtlicher aus denn je. »Man sieht, wohin es führt, wenn Domestiken sich zu Herrinnen aufspielen . . .!«

Tränen lagen noch auf Michous Gesicht. Vielleicht lenkt es ihn von seinem Kummer ab, wenn er dem noblen Flegel folgt, dachte Mamie. Eigentlich war Michou doch noch ein Kind. Sie beobachtete, wie Jérôme Michou hastig hinter sich herzog und die Tür vor ihrer Nase zumachte. Die Schritte der beiden verhallten auf der Treppe. Im Nebenraum weinte jetzt eines der neuen Kinder. Wahrscheinlich hatte es Heimweh. Das hatten sie alle.

Mamie griff nach der Zeitung, die am Boden lag und suchte nach der Spalte – da – beide Namen – unter vielen anderen. Sonderbar: so viele Namen, und sie bedeuteten ihr alle nichts. Und doch standen sie für das gleiche Schicksal. Langsam buchstabierte sie den Bericht, der neben der Liste abgedruckt war. Er handelte von der Konventsitzung, zu der eine Gruppe Savoyarden erschienen war. Jene kleinen Burschen aus dem Hochland, die man »Winterschwalben« nannte. Einer von ihnen hatte Mamie viel darüber erzählt – lange, lange her. Wie hatte er geheißen? – Pitre – ja – wo der wohl stecken mochte? Schon zu groß und zu breit, um noch durch die schmalen Schächte zu klimmen. So ein Junge sah gewiß allerhand in Pariser Wohnungen. Jérôme hätte so einen vielleicht mal fragen sollen, aber sie wollte seine Sache nicht zu der ihrigen machen.

Sie las weiter, lief in ihrer Erinnerung wieder die lange Landstraße hinunter, Verzweiflung im Herzen, roch den

Novembernebel, sah die erste große Kalesche ihres Lebens, hörte den eifrigen apfelkauenden Jungen berichten. Fénélon – der Abbé, der so viel für die Jungen getan hatte, war auch zum Tode verurteilt worden. Die kleinen Bengel waren im Konvent erschienen, um für den achtzigjährigen Greis zu bitten. Er war in die Verdächtigungen um das Gefängniskomplott verwickelt, und die Jungen sagten, daß er unschuldig sei. Fast hätten sie sich erweichen lassen, aber der Abgeordnete Billaud-Varenne, einer dieser Blutsäufer, hatte höhnisch gerufen: »Seid ihr selbst Kinder, daß ihr euch durch Tränen rühren laßt –?« – und der günstige Augenblick war ungenützt vorbeigegangen. Weinend waren die Jungen abgezogen. Also würde auch der alte Abbé auf dem Karren sein. Mamies Herz krampfte sich wieder zusammen. Sie hätte sich so gern versteckt, sie wollte nichts sehen und nichts hören, nur in sich hineindenken an jenen Tag, als Toinette sie gefunden und heimgebracht hatte. Sie verschloß sich vor den Bildern, die unwillkürlich in ihrer Phantasie aufstiegen und ihr zeigen wollten, was Toinette nun geschehen sollte – ihre ganze Treue sträubte sich dagegen, daß sie feige verbergen solle, wie sehr sie Toinette verehrt hatte. Dann aber bedachte sie, daß es für Toinette vielleicht gut sein würde, wenn wenigstens einer unter dem derben Pack sein würde, der schmerzlich Anteil an ihrem Geschick nahm. Auch der Priester ging jeden Tag zur Exekution, er achtete auf die Blicke und Zeichen der Verurteilten und gab sie ihnen trostreich zurück. Konnte überhaupt irgend etwas Tröstliches die Verurteilten noch erinnern? Ein Gruß von den Kindern?

Sie ging zu den Kindern zurück. »Ich muß einmal fortgehen«, sagte sie. Dabei putzte sie einem Kind die Nase, rückte dem anderen die Haube zurecht und tippte einem dritten freundlich auf die Schulter. »Aber ich sage der alten Mutter Toussaint Bescheid, daß sie einmal nach euch sieht. Seid artig, alle . . .«

Sie nickten, bedrückt und eingeschüchtert, geschwächt durch die mangelhafte Kost. Es war kein unternehmungslustiges Völkchen, das sich zusammengefunden hatte. Manche von denen, die an Michous Hand eingetreten waren, hatten noch kein einziges Wort gesprochen. Andere begannen zu weinen, sobald man sich ihnen zuwandte, wieder andere schrien und schluchzten im Schlaf. Alle diese unbekannten Menschenkinder hatten noch bis vor kurzem ein eigenes Leben gelebt, zu dem kein Außenstehender Zugang hatte. Es war, als habe ihr Elend jede Tür zu ihrem Innern zugeschlagen. Tränen tropften in die Suppe, die sie eilig löffelten, mechanisch – so wie ein Herz weiterklopft, auch wenn man meint, vor Kummer zu vergehen.

Natürlich gab es kleine Anhaltspunkte für den, der beobachten konnte: ein zerknülltes buntes Band – ein Stückchen Spitze am Halsausschnitt, das langsam unansehnlich wurde, ein schiefgetretener Seidenschuh, ein bekleckstes Batisthemd und eine zerrissene Samthose – das alles zeugte von besseren Tagen, von einer ordnenden mütterlichen Hand oder einer fleißigen Zofe. Man hatte sie geliebt.

Mamie nahm jenen weiten schwarzen Umhang vom Haken, in den sie sich immer hüllte, wenn sie das Haus verließ. Er machte sie wirklich zu einer kleinen alten Frau. Der Gang, den sie einer Greisin abgeguckt hatte, tat das übrige.

Mit steifem Rücken begab sie sich zu jener Posthalterei, wo ein rothaariger Junge die Pferde versorgte.

Der Zug jener, die zum Schafott gefahren wurden, war im Lauf der letzten Zeit immer bunter und zusammengewürfelter geworden. Da gab es Gelehrte, Künstler, fromme Nonnen, die nicht von ihrem Klosterleben hatten ablassen wollen, ehemalige Kurtisanen, Straßendirnen, untadelige Prinzessinnen und kleine Küchenmädchen, die nicht begriffen, was ihnen geschah. Philippe-Egalité, der Cousin des Königs, der sich so gemüht hatte, über den Umweg von Intrigen und Revolution auf den Thron zu kommen, ging ebenfalls diesen Weg. Hochmütig erklomm er die Stufen zur Guillotine. »Los, los, machen wir rasch«, hörte man ihn dem Henker zuschnauzen.

Anders die kleine Madame Dubarry, Geliebte des verstorbenen Louis XV. Sie hatte es so wenig eilig, ihr Leben herzugeben! Wimmernd fiel sie Sanson in den Arm, bettelte um einen Atemzug, noch einen. Das Volk, das zusah, verachtete und bemitleidete sie darum.

Lavoisier, der große Wissenschaftler, stand kurz vor dem Abschluß eines wichtigen Experimentes, als man ihn holte. Er bat um einige Tage Aufschub, weil er das Ergebnis seines Versuchs für bedeutend hielt. Man ließ ihn wissen, daß die Republik keine Wissenschaftler brauchte.

Unmittelbar unter der Guillotine saßen die Strickweiber, rote Mützen auf dem schmutzigen Haar. Lässig wischten sie sich die Blutspritzer vom Gesicht, warfen spähende Blicke in die Menge, scherzten mit den Soldaten und den Henkersknechten. Fachkundig verglichen sie die verschiedenen Vollstreckungen, denen sie beigewohnt hatten.

Auch die berüchtigten Hunde streunten herum. Es gab Limonadenverkäufer und junge Mädchen, die schreiend heißen Kuchen feilboten. Es gab Taschendiebe und Spitzel, verkleidete Priester und Gleichgültigkeit mimende Angehörige der Opfer, schreiende Lausebengel, Sensationslüsterne, Mitläufer und Patrioten. Doch keinem vermochte man wirklich ins Herz zu schauen, und mancher verbarg sein wahres Gesicht.

»Du mußt schreien«, hatte Tignasse zu Mamie gesagt.

»Einfach schreien oder rufen! Einmal zieht das die Aufmerksamkeit der Gefangenen auf sich, und zum anderen befreit es dich. Der Druck, den du auf dem Herzen hast, weißt du? Ich glaube nicht, daß andere Leute auf dich achten werden. Jeder ist mit sich beschäftigt, klar. Keiner wird wissen, was du meinst, wenn du etwas rufst. Also wirst du die Namen der Kinder rufen, immer hintereinander, immer auf die gleiche Weise, und du winkst mit einem Tuch. Ich gebe dir Deckung.«

»Sie kennt dich«, sagte Mamie, »ich habe ihr auch von dir erzählt – dein Haar fällt überall auf.«

»Leider. Das heißt: einerseits. Vielleicht ist es heute ein Vorteil.«

Er war nicht besonders davon angetan gewesen, daß er Mamie begleiten sollte. Exekutionen ekelten ihn an. Er hatte seine eigenen Erfahrungen gemacht, Erfahrungen, über die er niemals sprach. Wenn er für sich war, machte sich eine triste Gleichgültigkeit in seinen Gedanken breit. War er frei, irrte er durch Paris, immer auf der Suche, er sagte nicht, wonach.

Mamie meinte, auch er hoffte, auf eine Spur des kleinen Charlemagne zu stoßen. Obgleich sie nicht begriff, weshalb ihm so daran lag. Jérôme war nicht besonders nett zu ihm. Jérôme blieb Jérôme, einer, der glaubt, die Welt und die Leute und alle Hilfsbereitschaft seien eigens für ihn erschaffen. Mamie konnte nicht umhin, über den kleinen Bruder dieses eingebildeten Jungen nachzudenken. Wo mochte er sein? Was war mit ihm geschehen?«

Bis zum letzten Augenblick hatte sie gefürchtet, Tignasse würde nicht kommen und sie allein zur Hinrichtung gehen lassen. Aber er erschien genau zur richtigen Zeit.

Michou saß teilnahmslos unter den Kindern, Jérôme war auf einem seiner einsamen Streifzüge, in die er nicht einmal Michou einweihte.

Toinettes ältester Sohn hatte brennendtrockne Augen und überhörte Tignasses Gruß. Bibiche und Valérie stürzten beglückt auf den Besucher zu, der so schöne Grimassen schneiden konnte. Tignasse war nicht hartgesotten genug, um beim Anblick der nichtsahnenden kleinen Mädchen keinen Druck in der Herzgegend zu verspüren. Ungeschickt strich er ihnen übers Haar. Für einen Augenblick schien der ganze Tignasse weit, weit fort zu sein. Er sah und hörte nichts, bis Mamie ihn leise anstieß.

»Gehen wir?« fragte sie mit erstickter Stimme. Ihr war heiß und kalt, sie zitterte. Im Treppenflur lehnte sie sich an die Wand.

»Ich mag nicht, ich mag nicht«, wimmerte sie leise.

»Du mußt.«

Er stand streng vor ihr. »Wenn du ihr ein Zeichen geben kannst, daß alles gut ist mit den Kindern, wird sie bis zuletzt daran denken, und nicht an das, was ihr geschieht. Du hast das doch selbst gewußt, sonst wärst du nicht zu mir gekommen. Oder? Denk nach: geht es um dich, oder geht es um sie? Wer hat das schwerere Los? Also. So furchtbar, wie du es finden magst – es ist nicht halb so schlimm, als wenn du selbst auf dem Karren hokken müßtest.«

»Manchmal denke ich – das wäre weniger schlimm – wenn ich es an ihrer Stelle durchstehen dürfte, meine ich.«

»Du faselst! Jeder ist sich selbst der Nächste. Auch du. Mach dich jetzt nicht wichtig! Du bist nur eine Randfigur. Dein Leben geht weiter. Deshalb sieh zu, daß das ihrige noch einen kleinen Glanz bekommt! Durch dich . . .«

Mamie setzte einen Fuß vor den anderen. Wie er sprach, dieser Tignasse! So streng . . . Woher ihm nur diese Gedanken kamen – und weshalb kamen sie ihm und nicht ihr selbst?

»Vater Magloire steht in der Rue Honoré, etwa auf der Höhe des Palais Royal.«

»Warst du bei ihm?«

»Ja, mir kam da eine Idee, aber ich wollte sie erst mit ihm durchsprechen.«

Unten an der Haustür bückte sich Tignasse. »Sieh her.«

Er öffnete die Tür einen Spalt und Licht fiel auf ein Brett. Drei Namen hatte Tignasse krakelig daraufgepinselt: »Michou, Valérie, Bibiche – gesund!«

»Einen Stock habe ich auch, das Brett wird daraufgehakt. So. Du brauchst es dann nur vor dir herzutragen. Bei einer Exekution sind die Leute sonderbar, sagt Vater Magloire: jeder schaut auf den Karren, keiner beachtet die Zuschauer. Deshalb wird es nicht auffallen, was du da trägst. Wenn du aber Angst hast, will ich es wohl für dich schwenken.«

»Nein, das mache ich schon. Nett von dir, daß du es für mich gezimmert hast. Vor den Kindern hätte ich es nicht können. Ich wäre auch nicht auf den Gedanken gekommen.«

«Oh, die Leute schwenken alles mögliche: rote Mützen und Trikoloren, Soldatenröcke, Taschentücher, Hauben, Plakate mit Flüchen und Schimpfwörtern.«

»Vielleicht wird sie überhaupt nicht aufschauen«, fürchtete Mamie.

»Vielleicht sitzt sie nur auf dem Karren und schaut vor sich nieder, damit sie die Leute, die sie verhöhnen, gar nicht sehen muß!«

»Das glaube ich nicht. Sie wird an die Kinder denken, vielleicht auch an dich. Schwenke das Brett. Achte dabei nicht auf mich. Ich werde häßliche Dinge schreien und rufen, aber das ist nur Theater. Denke aber daran: falls man uns verhaften sollte: wir kennen uns nicht und haben uns niemals gesehen.«

Mamie zitterte schon wieder. »Nein«, wiederholte

sie wie eine Lektion: »Wir haben uns niemals gesehen.«

Daß die Sonne scheinen konnte und auf der Seine glitzern! Daß Blumen auf dem Pont-Neuf verkauft werden konnten, junge Mädchen lachen mochten und zwei Kinder auf einem Bein hüpften – das ganze gaffende Volk an ihnen vorüberziehen durfte, schwatzend, wie auf dem Weg zu einer riesigen Belustigung!

In der Rue Honoré, vor den feinen Läden, die jetzt leer waren und deren Besitzer mit verbiesterten Mienen auf den Pöbel starrten, der jeden Mittag diese Prachtstraße zu seinem Tummelplatz machte – in der Rue Honoré drängte sich bereits die Masse. Sie standen in drei Reihen hintereinander und sprachen über die Namen derer, die auf der Liste gestanden hatten, die man im Glück und im Wohlstand gekannt hatte. Man winkte Freunden von weitem zu. Man reckte die Hälse und zappelte. Jemand stimmte die Marseillaise an und jenes Spottlied, das den Adel an der Laterne aufgehängt sehen wollte.

Mamie meinte, der Haß müßte ihr wie Funken aus den Augen sprühen, wenn sie nur ein einziges Mal die Lider hob. Tignasse hatte sein Brett auf den Stock gehakt, aber er drückte es noch gegen sein Wams, damit niemand die Namen lesen sollte.

Das Gerücht, nun seien die Karren im Anzuge, zischelte durch die Menge. In der Ferne rumpelten sie bereits heran: einige Leute, die auf der Mittelbahn Ausschau gehalten hatten, drückten sich zur Seite.

Das Klippklapp der Pferdehufe wurde laut. Hohn, Wut und Schadenfreude verbanden sich zu einem hundertstimmigen Geheul. Tignasse hatte Mamie jetzt den Stock in die Hand gegeben und schob sie heftig an den Menschen vorüber, daß sie bis in die vorderste Reihe taumelte. Dabei fluchte er laut, ließ die Republik hochleben, Robespierre, Fouquet-Tinville und gebärdete sich überhaupt wie ein Irrer. Er winkte, er lachte, er schrie.

Auch Mamie schrie, obgleich sie sich dessen nicht bewußt war. Das Brett wogte auf und ab, im gleichen Rhythmus, wie Mamie die Namen der Kinder rief: Valérie – Bibiche – Michou! Valérie – Bibiche – Michou!

Dreimal – viermal – zwölfmal . . .

Die Pferde vor den Karren waren gleichgültig – keine noch so wilde Bewegung machte sie scheu. Mit den Köpfen nickend, in ungepflegtem Geschirr, zerrten sie ihre Fracht hinter sich her. Auf den Bänken saßen die Verurteilten einander gegenüber, die Hände auf den Rücken gebunden, in Jacken und Hemden mit abgerissenen Kragen. Einige schauten teilnahmslos ins Volk, andere darüber hinweg. Manche unterhielten sich miteinander, als machten sie nur eine Landpartie durch eine verwunschene Gegend.

Auf dem zweiten Karren saß Toinette neben Jacques. Auch ihnen hatte man die Hände gebunden. Ihre Augen hingen aneinander. Immer wieder zwangen sie sich gegenseitig zu einem mutigen Lächeln. Köstliche Sekunden der Gemeinsamkeit. Tobte das Volk? Konnten sie sich wegen des Lärms nicht verständigen? Es blieb ihnen der klare Blick unwandelbarer Liebe.

Sie waren bemüht, sich von Rührung nicht übermannen zu lassen. Es tat nicht gut, sich jetzt noch Gefühlen auszuliefern, deren Heftigkeit unerträglich war. So sahen sie ab und zu kurz auf die Masse, um sich danach wiederum friedvoll im Auge des anderen wiederzufinden. Es galt vor allem, nicht daran zu denken, daß der Luxus des Wissens, des Fühlens, des Sehens und des Hörens ihnen nur noch eine kurze Zeit vergönnt war.

Toinette streifte mit einem Gedanken alles, was sie in klaren Bildern von den Kindern in ihrem Gedächtnis fand: Michou, über seinen ewigen Schreibversuchen, Bibiches Hände, so zart an Toinettes Wangen – Valéries Lachen, herzzerreißend innig, schutzbedürftig zugleich. Unten, unmittelbar neben dem Wagen stolperte ein schmales Wesen, strauchelte, fiel, raffte sich wieder auf, schwenkte ein Brett an einem Stock, tanzte, trabte, schrie – schrie . . .

Unwillkürlich beugte sich Toinette über den Rand des Karrens und erkannte die schluchzende Mamie, die von einem rothaarigen Jungen immer wieder hochgerissen wurde.

»Jacques!« rief Toinette eindringlich. Er folgte der Gebärde ihres Kinns, mit dem sie auf das Brett wies.

Mit Jacques' Fassung war es jetzt vorbei. Seine Augen weiteten sich und schlossen sich rasch. Von den Wimpern fielen Tränen übers Gesicht auf das kragenlose Hemd.

Das Brett tanzte auf und auf und auf und auf, fast bis vor ihre Augen, Mamies gellende Stimme schrie: alles gut, gut, gut! und brach wieder in wildem Schluchzen ab, setzte von neuem an, unterbrochen von dem ordinären Brüllen des Jungen: »Pack! Scheißkonservative! Dreckige Moderierte – verrecken sollen alle!«

»Es geht ihnen gut, gut, gut!» schrie Mamie dazwischen.

Toinette, unfähig, die Hände zu benutzen, zog den Kopf tief zwischen die Schultern ein, nickte mehrere Male, zum Zeichen, daß sie begriffen habe. Durch den Schleier ihrer Tränen hindurch erkannte sie in den verzerrten Buchstaben die Namen ihrer Kinder, die ihr fast greifbar nahe waren – einen Herzschlag nur –, blickten schließlich Toinette und Mamie in tiefer Dankbarkeit einander an. Dann hatte der Karren die beiden endgültig hinter sich gelassen. Das übrige Volk verdeckte sie.

»Rasch, durch die Seitengasse, zur Place!«

Tignasse zerrte Mamie in die hinteren Reihen.

Abseits der Rue Honoré war es so still, als hätten sich die Leute dort alle beschämt in die hinteren Räume ihrer Häuser zurückgezogen.

Auf dem großen Platz hingegen harrten bereits die

Henker. Es gab Truppenspaliere, Trommler und Männer mit aufgepflanzten Bajonetten. Volk vom Land und aus der Stadt umwogte sie. Die Guillotine hob sich scharf gegen den blauen Himmel ab. Schon stiegen die ersten Verurteilten aus den Karren und stellten sich wartend in Reihen.

Mamie befand sich ziemlich weit von der Szene entfernt. Sie erkannte nur die Gruppe Savoyarden, die bis vor die Guillotine vorgedrungen waren, aber von den Soldaten in Schach gehalten wurden. Die kleinen Buben blickten alle auf einen Mann im Priesterkleid, der gelassen unter den Verurteilten wartete.

»Abbé Fénelon! Abbé Fénélon!«

Es war ein immer wiederkehrender Schrei aus wohl hundert Kinderkehlen.

Zum ersten, zum zweiten, zum dritten Mal bereits war die Schneide herabgesaust, als der alte Priester die Stufen erklomm. Oben sah man ihn mit dem Henker sprechen, er schien um etwas zu bitten, eindringlich. Zuerst zuckte der Henker die Achseln. Aber die Kinder schrien weiter und mit ihnen plötzlich auch einige Erwachsene: »Abbé Fénélon! Ihren Segen! Ihren Segen!«

Nach kurzem Zaudern löste der Henker in der Tat die Schnüre der auf dem Rücken gefesselten Hände des Abbés. Die Savoyarden fielen auf die Knie, segnend breitete der alte Mann im Angesicht des Todes beide Arme aus.

Für eine große Minute verstummten die Schreie, der Spott, das Grölen und der Gesang. Die Menge hielt den Atem an. Eine Minute nur – dann brach der Bann. Der Priester wurde rasch auf den Block gezwängt, das Beil fiel sofort herab. Furchtbare Klage aus allen Bubenreihen: »Er war unser Vater! Unser Vater! Niemals hat er Böses getan – !«

Irgendwann stieg auch Toinette mit bleiernen Schritten die furchtbaren Stufen hinauf. Mamie sah sie nicht.

Sie hielt die Augen geschlossen und murmelte beständig, leise, inbrünstig: »Bürgerin Toinette, liebe, liebe, liebe Bürgerin Toinette – ich danke dir so viele Male – so viele Male – ich nehme mich deiner Kinder an – sei unbesorgt – unbesorgt – o Gott, sei gut zu ihr . . .«

»Komm«, sagte Tignasse leise, »Mamie, komm mit. Es ist vorbei.«

Er warf Brett und Stock, beides jetzt nutzlos, beiseite, legte einen Arm um Mamies Schultern und schob das tränenblinde Mädchen an den vielen Leuten vorüber, die bereits auseinandergingen, gleichgültig plaudernd über ihr eigenes stumpfes Leben. Die Hunde blieben noch lange.

Die alte Nénette hatte schlecht geschlafen. Seitdem Tignasse aus der Vendée zurückgekehrt war, und ihr eine haarsträubende Geschichte erzählt hatte, träumte sie von Kindern, jede Nacht.

Jeder, der ein Traumbuch besaß, konnte darin nachschlagen, daß Träume von Kindern nur Ärger bedeuten konnten.

Über diesen zu erwartenden Ärger hinaus spürte Nénette wieder, daß die »Wolke«, wie sie es nannte, sie bald überschatten würde.

Solange sie denken konnte, hatte sie sich vor dieser »Wolke« gefürchtet. Niemals war es ihr gelungen, ihr zu entkommen. Dunkel wurde sie von ihr eingehüllt und gezwungen, Dinge zu sagen oder zu tun, die sie nicht begreifen konnte. Kam sie schließlich taumelnd wieder zu Verstand, fühlte sie sich leer und so mißmutig, daß nur die Flasche half.

Im Jahr 1794 war es nicht leicht, sich Fusel zu beschaffen. Darum lasteten die Nachwirkungen solcher Stimmungen besonders schwer auf dem Gemüt der alten Frau. Ursachen gab es viele: sie sah ein Gesicht, hinter dem sich Landschaften, andere Gesichter, Geschehnisse und Bilder offenbarten. Sie hörte ein Wort, das sich zum

Echo im Hintergrund ihres Gedächtnisses vervielfältigte, ein Echo, das keinen Sinn ergab und sie dennoch entsetzte.

Wie immer in unsicheren Zeiten, machte sich Aberglaube, Kartenschlagen, Hypnose, Zauberei breit. Wenn das Leben schwer und die Zukunft besonders undurchsichtig wurde, fanden sich unsichere Leute bei solchen ein, die sich sicher gaben und bereit waren, des Teufels Bilderbuch vor ihnen auszulegen. Zögernd tastete sich dabei ihre Stimme mit einigen Gemeinplätzen an die Persönlichkeit des Ratsuchenden heran, hakte sich an einem Ausruf fest, der dem Lauschenden vielleicht unwillkürlich entschlüpfte, oder an einem Namen. Prüfend glitten die Blicke über Kleidung, Hände, Schuhzeug und Haar der fremden Person und bohrten sich schließlich in die Augen, bis einer jener unergründlichen Funken übersprang und sie die Gedanken des Ahnungslosen erraten konnten.

Ein altes, neues Spiel.

In den Gefängnissen, an Straßenecken, neben Brükkenpfeilern, in Hinterhöfen und geheimen Stuben beugten sich männliche und weibliche Scharlatane über eine bebend ausgestreckte Hand, erfanden glaubwürdige Lügengespinste, rieten und hießen sie warten auf gut Glück.

Immer waren es die gleichen Fragen, die an sie herangetragen wurden mit ermüdender Monotonie: würde man die Revolution überstehen? Saß einem der Angehörigen der Tod im Nacken? Konnte man dem Geliebten vertrauen? Durfte man auf die Rückkehr eines Verhafteten hoffen? Gab es eine Möglichkeit, die Schergen zu überlisten?

Zaudernd hoben die Bangenden Kartenpäckchen von Kartenpaketen ab, wählten mit besorgtem Zagen eine blinde Karte aus den zu einem Fächer gespreizten sieben, fünf, dreizehn. Es stockte ihnen dabei der Atem.

Seit Jahren hatte Nénette ihren Stand auf dem Pont-Neuf, neben einem Bücherverkäufer, der sich mit ihrer Gegenwart schließlich abgefunden hatte, nachdem er lange bemüht gewesen war, ihr das Leben sauer zu machen. Einmal, neben ihm, erriet sie plötzlich seine verschwiegene Sorge um ein krankes Kind und konnte ihm ein sicheres Kraut vermitteln. Vielleicht wäre es mit der Kleinen ohnehin besser geworden – aber seitdem behandelte der Mann Nénette mit besorgter Höflichkeit. Es lag an der Zeit: die Menschen meinten, man könne das Schicksal günstig stimmen, ihm schmeicheln oder aus dem Wege gehen. Durch Zweifel und gesunden Menschenverstand fraß sich der Aberglaube wie Rost hindurch. Es stand soviel auf dem Spiel: jeder konnte jeden Augenblick sein Liebstes verlieren. Mehr denn je schien die Zukunft nur mitleidloses Tun grausam verspielter Götter. Die alte Nénette verstand ihr Fach der Scharlatanerie. Darüber hinaus verfügte sie über eine kräftige Intuition. Sie hatte an sich selbst erschütternde Augenblicke geistiger Klarheit erlebt, kurz wie ein Blitz, eine Helle, der sie manchmal nachjagte, wenn sie längst wieder erloschen war – aber blind wie eine, die man in kaum beschauter Umgebung mit verbundenen Augen noch einige Male herumgewirbelt hat.

Sie hatte ihr Maß an Elend und Kummer gehabt und jenen, deren Weg den ihrigen gekreuzt hatte, entsprechend davon abgegeben. Kinder blieben ihre schwache Stelle: totgeboren, verhungert, schwachsinnig oder verkümmert – nicht eins von den vielen, die sie ins Leben entlassen hatte, war ihr geblieben. Dafür rächte sie sich an allen Gören, die ihr in die Quere kamen: sie keifte sie an, schimpfte sie aus, versetzte sie lustvoll in Schrecken.

Aber es gelang ihr nur bei den ganz Kleinen. Sobald sie dem Kinderrock entwachsen waren, rächten sie sich ihrerseits, indem sie die Alte verspotteten, sie herausforderten, ihr nachschrien oder sie verlachten.

Nein – eine Nacht nach der anderen von einem Kind zu träumen – das war nicht nur eine Strafe. Es war der reine Hohn.

Jedes Mal war es das gleiche Ereignis: in einem Haus, in einer Kammer hockte ein Kind. Nénette lief den Weg dorthin, endlos lange. Immer einen anderen Weg, aber in die gleiche Gasse, in das gleiche Haus, zu dem gleichen Kind. Kein schönes, bewahre, ein fremdes. Was gingen sie fremde Kinder an, wenn sie keins der eigenen hatte behalten dürfen?

Wenn ihr nur nicht so wäre, als hätte sie das Kind erkannt! Alle Tage sah sie Kinder, aber sie bemerkte sie nicht. Es gab nur ein einziges Geschöpf, das sie gelten ließ, und auch nur, wenn sie darüber grübelte, wie schief und krumm es in dieser Welt zuging. Dann fiel ihr ein kleines Mädchen mit grauen Augen ein, das in seinem langen schwarzen Rock altes Weiblein spielte. Nicht einmal sein Gang konnte Nénette täuschen: die Rundung des Busens ebensowenig: lauter Assignaten. Nur ein Rocksaum, dem man Geldscheine eingenäht hatte, stand so prall nach allen Seiten ab! Ein Wunder, daß nicht einer jener habgierigen Republikaner, die vor allen Wohnungen herumlungerten, von denen man bald das Siegel entfernen würde, bereits daraufgekommen war. Es schien fast, als wandere dieses kleine Mädchen unter unsichtbarem Schutz, der sich übertrug auf die noch Kleineren, die sie um sich sammelte wie eine Henne ihre Küken. Wie wäre es sonst möglich, daß sie in diesen Zeiten mit Gaben überschüttet wurde?

Vielleicht sollte auch sie einmal etwas Eßbares hinschaffen und jedes Kind beobachten, wie es den Kopf wandte? Vielleicht lag die Lösung überhaupt bei Mamie? Vielleicht hatte eins der Kinder ein Geschwister – ein Geschwister, das man vergessen hatte?

Na – und? Was ging es sie an? Kinder waren kleine Teufel. Aber der Traum – der Traum!

Sie mußte sich von ihm befreien. Denn nach dem Nebel kam das Erwachen, und im Erwachen einer jener unbarmherzig hellsichtigen Momente, die sie zu Tode ängstigten. Sie wußte, was in dieser Zeit um sie herum geschah! Aber darum wissen und sehen, was sich tat – das war ein Unterschied. Weshalb kamen ihr immer wieder Soldatenleichen, auf alle Arten verstümmelt und bereits verwest, weshalb sah sie ausgebrannte Höfe, tote Mütter, aufgeschlitzte Mädchenleiber und immer wieder – immer wieder – Menschen, die gegen das Wasser ankämpften, das dunkel über ihnen zusammenschlug in einer eisigen Nacht? Weshalb sah sie noch zuckende Augenlider in Köpfen, welche bereits vom Rumpf getrennt waren, weshalb spürte sie die unerträglichen Schmerzen überall, als erlitte sie selbst die mannigfaltige Qual am eigenen alten Leib?

»Ich habe diese Zeiten nicht gemacht!« flüsterte sie heiser dauernd vor sich hin, während ein Schauder den anderen jagte, »ich habe sie nicht gemacht . . .«

Viel zu langsam verflachten und verflüchtigten sich die Visionen. »Purer Unsinn«, dachte sie später. »Solche Bilder sollten den Mächtigen kommen, nicht mir . . .«

Aber ihre Großmutter, die wirklich das Zweite Gesicht gehabt hatte, ein unbeirrbares, unbestechliches Zweites Gesicht, hatte öfters gesagt: man muß sich vor jenen Träumen hüten, die wiederkehren. Sie wollen beachtet sein. Sie sind wie Knoten in einem Strickfaden, man muß sie lösen, ehe man weiterstricken darf.

Dieser Traum kam wieder.

Gerädert stand sie jeden Morgen auf, kämmte sich das wirre Haar, spülte sich den Mund, wischte mit einem feuchten Tuch über die runzlige Stirn.

Es mochte von Tignasse kommen, dachte sie eines Tages. Dieser Bengel hatte viel zu viel geredet, sie hatte nicht zuhören wollen, eine Warnung hatte sie durchzuckt. Dieser Satansbraten, dessen Schicksal sie seinerzeit hatte aufspüren wollen, lange ehe es sich hatte vollenden wollen – dem sie gern beigestanden wäre, den sie hätte warnen mögen – der sie an ihren seherischen Fähigkeiten hatte verzweifeln lassen, weil sich in seiner Gegenwart das schwarze Tuch der Unwissenheit nur zipfelweise lüften ließ . . .

Tignasse und Mamie – !

Sie beschloß, den Stier bei den Hörnern zu fassen, erstand eine zweifelhafte Süßigkeit und machte sich auf in die Rue de Nevers. Es war große Mode, in die Rue de Nevers zu gehen. Alle möglichen Leute taten das und kehrten mit gerührtem Herzen heim.

Je näher sie dem Hause kam, desto schwerer wurde ihr Herz. Wellenweise stießen fremde Traurigkeiten an ihre Stimmung. Dies war einer der allerschlimmsten Tage, dachte sie, wo ihre verkümmerte Gabe wie ein Klumpen auf ihrer Seele lag.

Die Treppe war steil und schadhaft. Auf dem oberen Absatz strauchelte Nénette über eine hockende Gestalt, zweifellos eines dieser Kinder. Zweimal mußte sie mit dem Fuß anstoßen, ehe sich etwas rührte.

»Mach Platz!«

Sie bückte sich, krallte ihre Finger in den Ärmel einer Jacke, zerrte daran.

»Bist du ein Hofhund, der den Eingang bewacht?«

Tränen – dachte sie, der kleine Teufel weint . . .

Er riß sich los.

»Nicht mal in Ruhe heulen kann man auf dieser verfluchten Welt!«

»Du heulst in meinem Wege! Laß mich vorüber, dann kannst du weiterflennen.«

»Wohin willst du überhaupt?«

»Zu den Kindern, wohin denn sonst?«

»Zu welchen?«

»Zu allen.«

»Was willst du von uns?«

»Ah, du gehörst dazu? Ich will euch sehen.«

»Weshalb?«

»Bekommt ihr nicht dauernd Besuch?«

»Aber nicht von dir!«

Er schien nicht bereit, ihr den Weg freizugeben. Ein Nachschluchzer schüttelte ihn. Nénette wartete. Sie konnte schweigen und warten. Irgendwann, so hatte sie erfahren, irgendwann fingen die Menschen zu sprechen an, wenn man sie lange genug angeschwiegen hatte. Es war ein Gesetz, wertvoll für die Kunst, mit der sie ihr Brot verdiente.

»Dies ist ein Trauerhaus«, sagte der Junge plötzlich. »Meine kleinen Schwestern wissen es nicht. Hüte also deine Zunge, daß du nicht von der gestrigen Todesliste sprichst! Deshalb gehe ich auch vor die Tür, wenn ich weinen will, keiner soll mich sehen.«

»So«, sagte Nénette, »die Guillotine, was? Ja, ja, das ist ein gefräßiges Ding. Ich kenne die gestrige Todesliste nicht.«

»Um so besser!«

»Mach mir die Tür jetzt auf! Ich habe den Kindern etwas mitgebracht.«

Er schien im Gedankenlesen nicht unbewandert zu sein: »Deswegen bist du nicht gekommen! Und gar so früh! Bist du nicht die, die am Pont-Neuf die Karten schlägt?«

»Und wenn ich es wäre?«

»Was suchst du hier?«

»Ich sagte es dir schon: ich will die Kinder anschauen, alle.«

»Suchst du eins?«

»Vielleicht.«

»Und wenn du es gefunden hast?«

Sie fuhr sich mit der Hand über die Augen. »Ich weiß es nicht, ich weiß es wirklich nicht. Ich habe von dem Kind geträumt.«

Er wurde lebhaft interessiert. »Das ist gut! Wir suchen auch ein Kind, Jérôme und ich! Vielleicht solltest du mit ihm sprechen? Er ist ein richtiger – richtiger . . .« Erschrocken brach er ab.

»Ehemaliger – wolltest du doch sagen?«

»Woher weißt du das?«

»Weil ich Tignasse kenne. Und weil Tignasse Jérôme kennt. Läßt du mich jetzt ein?«

Er ging zur Tür, drehte den Knopf um, stieß auf.

Licht fiel in den Flur.

»Es kommt Besuch, Mamie . . .«

Die Augen des Mädchens waren klein und geschwollen, ihr Mund schien nur ein Strich zu sein. Sie sah kaum auf.

»Es ist die Nénette vom Pont-Neuf, Jérôme!«

Der Ehemalige stand auf der Schwelle zum anderen Raum, hochmütig und wortkarg wie sonst. Nenette sah ihn nur einmal kurz an. Dann fiel das, was sie den Kindern mitgebracht hatte, auf den nackten Tisch. Nénette wich vier Schritte zurück, wandte sich dem Eingang zu und rannte die Treppe hinab.

»Warten Sie doch! So warten Sie doch!« rief Jérôme hinter ihr her, aber sie fand eine List: sie versteckte sich auf einem Treppenabsatz hinter einem Stapel Gerümpel, ließ ihn weiterstürmen, hinab und auf die Straße. Ihr altes Herz trommelte wild. Was hatte sie gesehen? – Bilder . . . Bilder – nichts als Tote, Tote – quer über seiner Schulter hatten sie sie angeschaut. Eine Hölle!

Ich bin verrückt, dachte sie, ich bin wirklich verrückt, wie alle Leute sagen: das war nur ein junger Mensch, fast noch ein Kind, stolz und schön und leidgeprägt – aber diese Toten in der fremden nebligen Landschaft – diese Toten!

Diesen Jungen durfte sie nicht wiedersehen – das war einer von denen, die auf unbegreifliche Weise mit ihrer bloßen Gegenwart die »Wolke« heraufbeschwören konnten – sie wußte nicht, weshalb und wieso. Sie hörte Jérôme mit Michou zurückkehren, der ihm gefolgt war. Langsam schlurften sie die Treppe hinauf mit den schweren Füßen derer, die nichts erreicht haben. Hart an dem Gerümpel, hinter dem sie stand, gingen sie vorüber.

»Sie ist verrückt, Jérôme! Mamie hat es sogar gesagt! Sie tut bloß keinem was, deshalb sperrt man sie nicht ein!«

»Sie hat ausgesehen, als hätte sie etwas gewußt.«

»Ab und an hat sie Gesichte. Dann stößt sie ihren Kartenstand um und beginnt zu laufen. Sie bahnt sich mit beiden Ellbogen einen Weg durch die Menge, als säße ihr wer auf den Fersen.«

»Ist keiner ihr jemals nachgegangen?«

»Ach, weißt du! Wenn sie doch verrückt ist! Irgendwann kommt sie wieder zu sich und vergißt den ganzen Kram.«

»Merkwürdig.«

»Sie hat von einem Kind geträumt, das will sie suchen. Dann hat sie dich angeschaut – wäre da ein Zusammenhang gewesen – sie wäre geblieben.«

»Magst recht haben.«

Jetzt waren sie oben. Eine Tür schloß sich.

Nénette schlich die Treppen hinab. Sie dachte: das Kind! Das Kind! Es litt, es weinte irgendwo, eingesperrt in Dummheit und Unwissenheit.

Mitten in der schmalen Rue de Nevers drehte Nénette sich wie ein Kreisel, sehr zum Spaß der Leute. Sie merkte es nicht.

Dann lief sie, sie wußte nicht, wie lange, nicht, wohin, an der Seine entlang, über eine Brücke, durch einen kleinen Park und viele schräge Gassen – in eine Gegend, die sie niemals gesehen hatte. Schweiß trat ihr auf die Stirn. Es quälte sie nur ein Gedanke: ihr Ziel zu erreichen. Es war ein Zwang, der ihre Schritte lenkte. Er verstärkte sich, forderte von ihr, durch eine ganz bestimmte Tür in das Haus einzutreten, eine Treppe hinaufzusteigen, wie sie das im Traum gemacht hatte, an einen Verschlag zu klopfen, lange und laut, sich schließlich zu bücken und die Lippen an das Schlüsselloch zu legen: »Mach auf – mach auf!«

Es gab ein Geräusch, als habe jemand in seiner Überraschung einen Stuhl umgestoßen. Es wiederholte sich alles, alles – der Traum!

»Hörst du – mach auf, wenn du nicht willst, daß ich die Wache hole!«

Rasche Schritte bis an die Tür. Zwei Wesen atmeten, jedes auf einer Seite des Verschlages. Nénettes Hände trommelten an die Holztür.

Da – der Schlüssel knarrte – ein Kopf sah um die Ecke. Es war die Frau – die Frau! Haube, Kleid und Muster! Alles stimmte genau. Erschüttert dachte Nénette: – Ich habe einen Wahrtraum gehabt, einen Wahrtraum, wie die ganz Großen und Ehrlichen meines Fachs! Wie meine Großmutter habe ich geträumt, als hätte sie mir allen Fusel meines Lebens verziehen.

»Gib mir das Kind!«

Die Frau weigerte sich nicht. Im Gegenteil. »Ja, ja – doch, sofort. Weshalb bist du nicht früher gekommen? Ich sitze hier und warte – warte –. Glaubst du, das ist angenehm?«

»Das Kind«, drängte Nénette.

»Ich frage mich, weshalb sie dich geschickt haben – wo sie mir doch immerfort . . .«

»Das Kind!«

Unter dem scharfen Blick wich die Frau zurück. Nénette erkannte, daß sie sie bezwungen hatte, jetzt würde sie das tun, was sie von ihr wollte. Sie kannte die Anzeichen: den wilden Triumph ihres eigenen Willens, die plötzliche Demut in den Zügen der anderen.

Wortlos öffnete die Frau eine zweite Tür, machte Nénette ein Zeichen.

Da war das Kind: Schmutzig, wehrlos.

»Hast du es so verkommen lassen?«

»So wurde es mir anvertraut.«

Beide Frauen blickten auf den kleinen Jungen hinunter. Er schien sich der Anwesenheit der Frauen nicht bewußt zu sein. Seine blauen Augen starrten über sie hinweg. Nénette faßte nach den dünnen Armen.

»Komm, Kleiner, du und ich machen eine Reise.«

»Red nur mit ihm«, sagte die Frau höhnisch, »er wird dir nicht antworten. Er ist verblödet.«

»Das geht dich nichts mehr an. Mach Platz! Komm, Bübchen, komm.«

»Du wirst ihn nicht zum Gehen bringen!«

»Wenn ich dir einen guten Rat geben darf, Bürgerin, so verschwinde rasch von hier. Verbringe die Nächte bei Freunden oder Verwandten, wie so viele das heute tun. Tauch unter, gute Frau, – wer weiß, wie bald sie dich werden verhaften wollen!«

Die Frau zeigte auf die Tür. »Jetzt nicht mehr! Den Schwarzen Peter hast jetzt du – !«

Nénette konnte das Kind auf die Beine bringen, so daß es ihr folgen konnte, die Hand in der ihrigen, eine schmale, schmutzige Hand.

Die Treppen hinab, hinaus auf die Gasse, dachte Nénette. Aber schon sackten dem Jungen die Beine unter dem Leib zusammen. Sie schlug ihr Umschlagtuch um ihn und hob ihn auf die Arme. Federleicht schien er ihr. Im Gehen murmelte sie zärtliche Worte, von denen sie nie geglaubt hätte, sie noch zu kennen: »Mein Täubchen«, sagte sie, »mein lieber kleiner Kater, mein Küchlein, mein gutes Kind, noch eine Weile – noch eine Weile – dann bist du daheim.«

Er gab kein Zeichen, daß er sie verstand. Ab und zu schob sie im Gehen das Tuch beiseite, spähte in das von Ausschlag und Dreck verunstaltete Gesicht, in die leeren blauen Augen, über die sich nur selten die Lider senkten. Stumpf starrten sie auf das kleine Stück Himmel über der Gasse, als hätten sie lange, lange keine blaue Ferne gesehen.

Dieses verwahrloste Geschöpf mit den entstellten Zügen rührte Nénettes verhärtetes Gemüt, erinnerte sie an jene Kinder, die ihr gestorben waren.

Und doch trieb ein letzter Rest an Vorsicht Nénette nicht nach Hause, sondern in die Rue de Nevers. Das Kind gehörte nicht zu ihr, es sollte zu seinesgleichen.

Während Nénette noch lief, kam die Erleuchtung. Eine nie gespürte Genugtuung breitete sich in ihr aus, sie dachte an Tignasse – ja! An ihrem Küchentisch hatte er gesessen, das Gesicht hinter den Händen verborgen. Schluchzend hatte er in abgehackten Sätzen die unglaubliche Geschichte kindlicher Irrfahrt erzählt. Nénette dachte daran, wie sie für diesen Bengel abwechselnd Haß und Mitleid gespürt hatte, wie sie ihm nachgestiegen war, um das Rätsel zu erforschen. Wie er ihr aus dem Weg gegangen war, sie genarrt hatte und am Ende dann doch zu ihr hatte finden müssen, zu ihr, die allein übriggeblieben war.

Sie und er – alte Frau und junger Junge – Feinde und Verbündete in einem.

Verschwommen kamen ihr jetzt die vergessenen Einzelheiten. Wohin wäre sie in ihrem langen Leben geraten, wenn sie alles Vertrauliche, was die Leute vor ihr aufgetürmt hatten, nicht immer wieder vergessen hätte? Einiges aber aus Tignasses Geschichte mußte unvermutet die verkommene Gabe neu in ihr geweckt haben, den beharrlichen Traum herbeigeführt, die unbesiegbare Intuition: das Kind, das sie in ihren Armen trug, war der jüngere Bruder von Jérôme, dem Ehemaligen, der dem kleinen König so ähnlich gesehen hatte, daß man ihn – wie Tignasse behauptete – für dunkle Zwecke entführt hatte. Hier war er – und er sollte zurück zu diesem großen Bruder, der ihn verloren hatte.

Ich rücke die aus den Fugen geratene Welt ein wenig gerade, dachte Nénette stolz. Wenn ich morgen sterbe, habe ich wenigstens dieses vollbracht.

In ihrem ganzen Leben hatte sie sich nicht so müde gefühlt. Ihr Orientierungssinn hatte sie weitgehend verlassen, auch ihre Intuition. Sie machte lange Umwege, bis sie endlich die Rue de Nevers erreichte. Einmal geriet sie in eine Gasse, in der die Leute eins jener berühmt-berüchtigten Brudermahle hielten. Sie hatten Tische und Stühle auf die Straße geschleppt, Bürger saßen neben Sansculotten, Diener neben Herren. Wein floß über schmutziges Tuch, auf dem die Gläser standen. Mahlzeitreste erstarrten in den Schüsseln. Man sang patriotische Lieder. Jemand stellte sich hinter einen Stuhl und hielt eine Rede auf Robespierre, während die Zuhörenden sich gegenseitig anstarrten und auf Zeichen nachlassender Begeisterung in den Zügen des anderen lauerten.

Nénette kam nicht darum herum, ein Glas auf das Wohl der Republik zu trinken und einen Spruch herzusagen. Es gab ihr den Rest. Das Kind wurde unruhig in ihren Armen. Sie mußte sich auf der Treppe in der Rue de Nevers ausruhen, ehe sie es wagen konnte, mit dem Kind die Stufen hinaufzustolpern. –

Mamie war wie im Traum durch die Tage gegangen, wie im Traum hatte sie ihre Pflichten erfüllt. Mechanisch sprach sie zu den Kindern, und mechanisch antwortete sie ihnen. Reste ihres Kinderglaubens versuchten ihr vorzugaukeln, daß Toinette und Jacques nun im Himmel seien. Einmal dachte Mamie an den eigenen Tod, wie an eine Reise, an deren Ziel Toinette stand.

Eine Nacht lang hatte Michou herzzerreißend neben ihr geweint, aber als der Morgen heraufgekommen war, hatte dieses Kind sich ganz mit Haß gefüllt. Es war besessen von einem einzigen Gedanken: die Eltern zu rächen. Mit Besorgnis bemerkte Mamie, wie gut Jérôme sich diese Einstellung zunutze zu machen verstand. Jérôme redete stundenlang auf Michou ein, leise, eindringlich, überzeugend. Michous vom Weinen verquollene Züge waren immer härter, immer unbarmherziger geworden. Er hielt die Fäuste geballt und starrte auf sie nieder.

»Michou«, sagte Mamie einmal mitten in Jérômes Tiraden hinein, »vergiß nicht, daß deine Eltern die Republik geliebt haben! Vergiß es nicht!«

»Ach was! Sie haben einen Traum geliebt!« rief Jérôme. »Nicht das, was daraus geworden ist! Du willst doch nicht behaupten, daß die Leute das noch lange mitmachen werden? Es ist reine Willkür, verstehst du nicht? Das ist für Arme und Reiche, für Adlige und Nichtadlige gleichermaßen ungerecht. Halt dich raus, wenn du es nicht kapierst! Du bist nur ein dämliches Mädchen.«

»Laß ihn mir das richtig erklären, Mamie«, sagte Michou energisch, »ich muß es begreifen. Ich kann es nicht. Irgend etwas ist schiefgelaufen. Bis zu einem gewissen Punkt hat mein Vater mir alles so erklären können, daß ich den Nutzen einsah: die Kriege, den Tod des Königs, den Prozeß der Königin – auch den Aufstand in der Vendée, den man hat niederschlagen müssen, aber dann – auf einmal – hat man meine Eltern umgebracht, die doch eine bessere Welt gewollt haben für die Dummen und die Armen.«

»Ich mag ein dämliches Mädchen sein«, sagte Mamie, ungerührt vom Eifer der beiden, »– aber was ein kranker Mensch im Fieber tut, muß man ihm zugute halten ... Frankreich ist auch krank und tobt sich in einem Fieber aus. Später wird alles schon anders werden, richtig, gerecht, meine ich.«

»Und du glaubst, daß davon alle die, die man umgebracht hat, wieder lebendig werden?« fragte Jérôme hämisch.

»Nein, nein. Es ist vielleicht so, wie wenn man durch eine Wiese geht mit hohen Gräsern und Blumen – ich erinnere mich an solche Felder – man geht hindurch und tritt auf Halme, auf Blumen – manche davon können sich wieder aufrichten und andere nicht. Aber was hätte man machen sollen, wenn der Weg einem bevorstand? Man kann doch nicht fliegen! Auch die Republik kann nicht fliegen – vielleicht weiß sie sich keinen anderen Rat. Vielleicht gibt es noch Schlimmeres als dies alles . . .«

»Was denn? Na? Was denn?«

»Ich weiß nicht. Vielleicht, daß Frankreich stirbt, ganz Frankreich stirbt, daß es kein Brot mehr gibt und die Frauen keine Kinder mehr bekommen oder alle Kinder verhungern. – Ich weiß nicht – vielleicht, daß der Feind durchs Land zieht und alles verbrennt, die Ernte, die Häuser . . .«

»Ganz richtig, soweit sind wir schon in der Vendée! Aber es ist nicht der Feind, der mordet und verbrennt, es ist die Republik! Aber jene, die an Gott und ihren König glauben, nehmen es nicht hin! Sie wehren sich – Auge um Auge – Zahn um Zahn! Einmal waren die Vendéer so blöd und meinten, sie könnten mit Barmherzigkeit etwas beim republikanischen Soldaten erreichen, dafür haben sie schwer gebüßt. Vorbei jetzt die Zeit der Gnade, niemand bleibt verschont. Verüben die blauen Soldaten Greuel? Die weißen verüben sie auch. Wir können das so gut wie die anderen. Und es ist uns egal, daß wir nicht jene persönlich erwischen, die die unsrigen eigenhändig abgemurkst haben! Alles, was blaue Uniformen trägt, ist gut genug für unsere Klinge, unsere Flinte, unsere Kanone.«

»Woher weißt du das?« fragte Mamie mit vorgetäuschter Ruhe.

»Ich habe meine Quellen. Und ich gehe dorthin zurück – ich werde helfen, die Blauen auszumerzen, jeden einzelnen Blauen! Verlaß dich darauf! Und Michou wird mit mir gehen.«

»Das wird er nicht!« schrie Mamie.

»Er wird! Verlaß dich darauf! Er wird seine Eltern rächen.«

»Michou – ! Du wirst nicht etwas tun, was dein Vater dir streng verboten hätte!« rief Mamie. »Dein Vater war Republikaner!«

»Er kann mir nichts mehr verbieten, er würde es auch nicht mehr. Eine Republik, die den Kindern Vater und Mutter nimmt, die sie in der neuen Ordnung erzogen haben – diese Republik ist des Todes, Mamie! Ich muß etwas tun – ich werde ein Mann, und ich will dort stehen, wo mein Gewissen mich hinstellt.«

»Dann wirst du also auch Kindern den Vater und die Mutter nehmen, Michou. Genau wie die Republik es bei dir getan hat!«

»Hör nicht auf sie!« schnauzte Jérôme. »Sie ist nur eine Memme! Man muß kämpfen, Michou! Man muß eine eigene Meinung haben, für oder wider – ! Alle, die diese Zeit über sich ergehen lassen – bringen die stärkere Partei zum Sieg, nicht die gerechtere.«

»Glaubst du etwa, deine Partei wäre gerecht?« fragte Mamie.

»Wenn sie die gleichen schlimmen Dinge tut?«

»Sie tut es als Antwort! Als Antwort nur – begreifst du das nicht?«

»Nein. Ich begreife nur, daß du dabei bist, einen kleinen Jungen, der nicht so verschroben denken kann wie du, für deine Zwecke zu verführen! Einer, der um seine lieben Eltern trauern müßte, trauern . . .!«

»Ich bin kein kleiner Junge, und er verführt mich nicht! Weshalb willst du nicht einsehen, Mamie, daß etwas geschehen muß?«

»Vielleicht sollte etwas geschehen, aber nicht von seiten der Leute, die beschränkt sind in ihren eigenen Vorurteilen. Es müßten kluge Menschen etwas unternehmen, keine kleinen dummen Leute, so wie wir. Wir, wir müssen erdulden, Gutes tun im Schlimmen, dort, wo es uns noch gelingt. Wir müssen ausharren. Uns kann man so leicht etwas vormachen, so leicht, daß mir angst und bange wird, wenn ich bedenke, daß ich genau das Falsche tun könnte! Wem soll ich vertrauen? Jenen, die viele Jahrhunderte alle Armen haben glauben machen, daß sie nur auf der Welt sind, um ihnen das Leben zu verschönern, für sie zu schuften und zu hungern, daß sie minderwertig sind? Jenen, die sagen, daß alle gleich sind, und keinen Unterschied mehr machen zwischen Schuldigen und Unschuldigen? Ich bleibe lieber für mich und tu das, von dem ich sicher weiß, daß es keinem schadet! Was ich überblicken kann, ist nur eine sehr kleine Welt.«

»Ach ja«, sagte Jérôme spöttisch, »ich habe schon mal einen ähnlich reden hören, der hat sich ganz schön zwischen zwei Stühle gesetzt.«

»Während die großen Leute, die klugen Leute, die, die es wissen können, miteinander ausmachen, was geschehen soll, bleibt genug Arbeit für uns Dumme übrig, die wir nicht urteilen können«, fuhr Mamie fort. »Wir verbinden nur die Wunden. Genau das tun wir, wenn wir obdachlose Kinder aufnehmen. Ich bin sehr stolz auf Michou, daß er das durchgesetzt hat. Daß es richtig ist, merkt man daran, weil alle Leute uns unterstützen. Sie fragen nicht erst, ob es für oder gegen die Republik ist! Es ist für die Menschen.«

Das war nicht die scheue Mamie, die alle diese Dinge sagte. Ihr war, als spräche sie für Toinette und Jacques, die gewiß mit ihrem Tod über die kleinherzigen Meinungen dieser Welt hinausgewachsen waren. Es war, als gäben ihr die beiden die Gründe ein. Ganz tief mußten Toinettes Worte in Mamie gefallen sein, so tief, daß sie seinerzeit wohl hatte denken müssen, Mamie hätte nichts verstanden.

An Michous Gesicht merkte Mamie, daß er unschlüssig wurde.

»Im übrigen«, sagte sie, »wolltet ihr doch nach Jérômes Bruder fahnden. Seht ihr, das könnte ich noch verstehen. Wenn ich auch nicht begreifen kann, wie ein Kind dir abhanden gekommen ist, Jérôme. Deine Mutter hatte es dir doch anvertraut.«

Beinah wäre Jérôme mit beiden Fäusten auf sie losgegangen, so hart trafen ihn ihre Worte.

»Wie wagst du es, zu mir zu sprechen?«

»Sage ich nicht die Wahrheit?«

»Warst du dabei?«

Sie zuckte nur die Achseln. »Weshalb hätte ich dabeisein müssen? Du hast oft genug erzählt, wie es geschah. Wenn du sagst, du willst für eine bessere Welt kämpfen, für eine gerechtere, Jérôme, dann glaube ich das einfach nicht. Du willst nur für Jérôme kämpfen – dafür, daß man Jérôme wieder mit ›Herr Marquis‹ anredet und Bücklinge vor ihm macht.«

»Blöde Schlampe!«

»Beschimpfe sie nicht«, sagte Michou plötzlich. »Sie hat auch für dich gesorgt.«

»Ich bitte um Entschuldigung, daß ich dein Brot esse und unter deinem Dach schlafe«, murmelte Jérôme bissig.

»Vielleicht schläfst du unter unserem Dach, aber du ißt das Brot all derer, die selbst sehr wenig haben und meinen, man müsse gut zu allen Kindern sein«, sagte Mamie.

»Ich werde denen nicht mehr lange auf der Tasche liegen.«

»Was du tust, ist deine Sache, Jérôme. Aber laß Michou in Frieden. Michou ist kein adliges Kind. Michou ist ein Republikaner, und so haben ihn seine Eltern gewollt. Daß die Republik sich in diesen Eltern geirrt hat, hat nichts damit zu schaffen. Diese Zeit ist fürchterlich – entsetzlich! Aber jeder, der etwas dazutut, sie noch fürchterlicher zu machen, ist nicht gerecht. Und wenn du mich fragst, ob ich möchte, daß deine guten Zeiten wiederkehren sollten, so antworte ich dir: Nein! Nein! Es muß und wird weitergehen – und aus diesem Wirrwarr wird etwas Neues entstehen – etwas, was unserer Gegenwart nicht gleicht, aber auch unserer Vergangenheit nicht. Etwas anderes.«

An der Tür gab es ein Geräusch, als hätte jemand sich dagegen angelehnt. Auf Zehenspitzen schlich Jérôme hinzu, drückte am Griff – Nénette fiel ihm entgegen.

»Gut, daß ich dich sehe, Bürger Jérôme!«

»Was willst du? Horchst du an den Türen?«

»Was hast du in den Armen!« fragte Mamie. Alle starrten auf das armselige Bündel.

»Komm her«, sagte Nénette zu Jérôme. »Ich bringe dir etwas! Schau gut hin, ob du es erkennst?«

Achselzuckend folgte Jérôme, schaute. Aber er sagte nichts.

»Schau richtig!«

»Ein Kind? Na und? Dreckig und verkrustet.«

Nénettes schwarze Augen brannten. »Sieh doch besser hin! Es ist dein Bruder!«

Jérôme neigte sich tiefer, richtete sich wieder auf.

»Mitnichten. Ich habe das Gör niemals gesehen.«

Lastend breitete Schweigen sich aus. Niemand rührte sich. Ein einziges Mal hob das fremde Kind die Lider. Mamie nahm Nénette schließlich das Kind ab. »Ich hoffe, es hat keine schlimme Krankheit – wegen der anderen«, murmelte sie besorgt.

Sie suchte einen Lappen, träufelte ein wenig Öl darauf und begann das Gesicht des Kindes zu säubern.

Nénette hatte sich noch nicht gefaßt.

»Sieh noch mal hin, wenn es sauber ist! Vielleicht erkennst du es nicht, weil es so schmutzig ist?«

Er wehrte scharf ab. »Ich werde, in welchem Zustand auch, doch meinen eigenen Bruder erkennen! Nein, nein, ich habe diesen Jungen niemals gesehen.«

»Aber ich habe von ihm geträumt!« rief Nénette aus.

»Dafür kann ich doch nicht. Woher kommt es?«

»Ich habe es irgendwo – irgendwo herausgeholt.«

»Wo?«

»Das weiß ich nicht.«

»Und man hat es dir gegeben?«

»Man war froh, es loszuwerden. Man sagte – man hätte mich eher erwartet.«

»Aber wo, wo warst du?«

»Ich weiß es nicht mehr.«

»Das gibt es doch nicht!«

»Bei Nénette schon«, sagte Michou. »Sie hat mal wieder einen Anfall gehabt. Du hast ja gesehen, wie sie sich gebärdet hat! Jetzt hat sie alles vergessen.«

»Wenn ich es zurückbringen müßte – ich würde nicht wissen, wohin . . .«

Nénette sah so erschöpft aus, daß Michou zwei Kinder von einem schiefen Stuhl herunterscheuchte und sie daraufsetzte.

»Jedenfalls haben sie dir das Kind willig überlassen«, sagte er.

»Das ist schon mal ein Zeichen, daß etwas nicht in Ordnung war. Gut, daß du es hergebracht hast. Eins mehr oder weniger . . .«

Mamie hatte wenig Erfolg mit der Säuberung. »Laß es hier«, sagte sie ergeben. »Es scheint ja ganz artig. Vielleicht spricht es später, wenn es geschlafen und gegessen hat. Beug dich einmal über ihn, Jérôme, damit er dich sieht. Vielleicht erkennt er dich!«

Jérôme murmelte etwas Abfälliges, gehorchte aber. Das Kind sah durch ihn hindurch.

»Sprich ihn an«, drängte Mamie. »Mit dem Namen deines Bruders. Los!«

»Charlemagne – ?« sagte Jérôme fragend.

Die Augen hefteten sich eine Sekunde auf ihn, dann blickten sie wieder ohne jeden Ausdruck in die Ferne.

»Heißt du Charlemagne – ?«

Jérôme fragte es mit Widerwillen. Eine Antwort bekam er nicht.

Nénette torkelte heimwärts, ernüchtert und so leer, daß es sie unbeschreiblich nach dem Rest in ihrer Flasche dürstete. Wieder einmal hatte ihre Gabe sie mit ihrer Unvollkommenheit genarrt: sie hatte ein fremdes Kind entführt, jawohl, entführt – war einem Traum gefolgt, der sich durch die Wirklichkeit im einzelnen bestätigt hatte, aber dann mußte wohl der Faden gerissen sein, der ihren Willen mit der Zukunft verband, sie hatte ihn fehlgeknüpft an ein Ereignis, das nichts mit diesem schmutzigen und verblödeten Kind zu tun haben konnte. Daß sie das Kind hatte fortholen müssen, davon war sie noch überzeugt. Aber sie hätte es jemand anderem anvertrauen sollen, nicht diesem aufgeblasenen, hochfahrenden Jérôme, der nur an sich selbst dachte. Immerhin hätte er auch in diesem Zustand den kleinen Bruder erkennen müssen. Also war es Charlemagne nicht. Und doch! Die Intuition hatte sie verlassen. Sie tappte im Dunklen, das um so finsterer schien, als ihr vor einigen Stunden alles mögliche noch so ganz klar erschienen war. Viel war nicht mehr in der Flasche, es reichte bei weitem nicht aus, sie in Vergessenheit zu stürzen. Es schmeckte ihr auch nicht wie sonst. Sie stand mitten in ihrer Küche und dachte an den Augenblick, als sie das Kind in ihren Armen fortgetragen hatte. Diese Erinnerung hatte sie nicht verlassen, sie wärmte sich daran. Nie in ihrem Leben hatte sie sich so bestätigt gefühlt wie in diesen kurzen Stunden. Sie wünschte sich heftig, Tignasse möchte vorbeikommen. Er tat es selten, dann sprachen sie von früheren Zeiten, als sie sich einig gewesen waren, und auch über ihre Uneinigkeit sprachen sie. Darüber, daß sie ihn nicht hatte schützen können.

Natürlich kam Tignasse nicht, obgleich Nénette ihn herbeisehnte, so stark sie konnte. Menschen kamen nie, wenn man auf sie hoffte. Statt dessen schob sie die Flasche, die sie nicht einmal leergetrunken hatte, in eine dunkle Ecke ihrer Bude und sah sich um. Ein fettiges Paket Karten lag auf dem Tisch, eine frühe Fliege wusch sich in einer Kaffeepfütze. Alles sah schmutzig, unordentlich, häßlich aus. Nénette fielen plötzlich die zarten Frauenhände ein, die in ihren Visionen das Kind betreut hatten – sie dachte an die nie in Wirklichkeit geschaute Ordnung hoher, herrschaftlicher Räume.

Ohne sich dessen bewußt zu werden, begann sie zu räumen. Sie fand sogar noch einen Eimer Wasser, mit dem sie sich ans Scheuern machte. Sie dachte: wenn Jérôme das Kind nicht haben will, hole ich es mir zurück von Mamie. Ich werde es selbst versorgen, Mamie hat schon so viele. Das Kind liegt mir am Herzen. Die Bilder, die es in mir weckt, sind bunt wie Märchen. Sie tun mir gut. Sie machen mich groß. Sie geben mir das Gefühl, in diesem Leben nicht ganz versagt zu haben, sie bringen mich dazu, daß ich mir wünsche, anders zu werden als ich bin. Vielleicht kann ich das! Vielleicht bringe ich es fertig, mich so zu ändern, daß die Bilder, die mir kommen, sich nicht an meiner Wirklichkeit verletzen?

Ich habe kein Himmelbett in Blau und Gold. Kein weißes Kaninchen – obgleich ...

Ich bin eine alte schmutzige Vettel. Aber das kann man ändern ... Tief unter der Strohmatratze lag ein alter Strumpf. Sogar ein paar Goldstücke hatte sie sich aus der guten alten Zeit darin aufgehoben. Man konnte niemals wissen, niemals. Es mochte noch schlimmer kommen.

Als sie ihre Räume für ihre Verhältnisse eingehend geschrubbt und geordnet hatte, machte Nénette sich auf zum Trödler. Sie wählte einige Kleidungsstücke, keine schwarzen, denn das Kind sollte sich nicht vor ihr fürchten. Da war etwas Baumwollenes mit kleinen blauen Blumen auf grauem Grund, eine blaue Schürze. Eine blaue Haube, eine himmelblaue. Es gab auch eine Bubenjoppe mit Schnüren, ebenfalls blau, eine Culotte in freundlichem Braun, ein weißes Kinderhemd mit Volants an den Manschetten. All dies war heutzutage unmodern, niemand wollte es tragen, es erinnerte an frühere Zeiten, die verdächtig geworden waren. Man konnte den Eindruck damit erwecken, man sehnte sich nach diesen Zeiten zurück – das genügte für die Guillotine . . .

Nénette tat so, als gäbe es keine Guillotine, keinen Terror, keinen Verdacht. Sie war wie ein Kind, das sich in einem leeren Raum eine kleine Welt aus bunten Steinchen aufgebaut hat: ein Steinchen rot, stand für das Glück. Ein Steinchen blau, stand für die Freude. Und ein weißer kleiner Stein, schimmernd wie ein Opal, war die Gewähr, daß alles gut werden würde, viel, viel besser für immer, für sie.

Sie schleppte sich Wasser von der Seine herauf, machte es heiß, wusch sich darin. Sie ächzte dabei. Ich dumme alte Gans, dachte sie. Wenn der Fusel mir wirklich geschmeckt hätte, wenn ich genügend davon gehabt hätte, läge ich jetzt schnarchend auf meinem Bett. Statt dessen rackre ich mich ab. Weshalb? Wofür? Ich will das Kind. Ich will an seine Schloßgärten, an das Spinett und an die edlen Frauen denken, ohne daß ich mich schämen muß . . .

Als sie die erstandenen Kleider angezogen hatte, sich das gewaschene Haar unter die blaue Haube geschoben, die schmutzigen Lumpen ins Feuer geworfen, stieg sie zum Kesselflicker hinab, der im Hinterhof hauste.

»Arrieu, Bürger Arrieu, tu mir einen Gefallen! Ich hätte gern ein weißes Kaninchen, ein ganz weißes.«

Sein Klingklang hörte auf, der Hammer blieb erhoben. Mißtrauisch blickte er sie unter dem roten Stirntuch herunter an.

»Wie siehst du denn aus! Dich kennt ja keiner wieder.«

»Mein alter Rock hat Feuer gefangen.«

Das war nicht einmal gelogen.

»Aber gewaschen bist du – und so.«

»Ich fühle mich besser.«

»Weshalb brauchst du denn ein Kaninchen? Willst du mit seinem Blut etwa hexen?«

»Blödsinn! Ich hexe nicht mit Blut.«

»Aber du hext.«

»Nein, natürlich nicht. Ab und zu schiele ich vielleicht mal in die Karten oder in die Flasche, das weißt du doch. Ich will eben ein Kaninchen, ich bezahle auch dafür.«

»Glaubst du, ich hätte es für dich fettgemästet?«

»Ich will kein fettes! Ich will ein kleines, eins, das man noch zähmen kann, zum Großziehen.«

»Und wofür das?«

»Für ein krankes Kind!«

»So ein Mumpitz! Haben wir weiße Kaninchen bekommen, als wir krank waren?«

»Die Zeiten ändern sich.«

Er meckerte immer noch.

»Wenn ich nur wüßte, ob das erlaubt ist . . . vielleicht dreht man mir noch einen Strick daraus.«

»Einem so guten Patrioten wie dir? Daß ich nicht lache!«

Das schien ihm zu schmeicheln.

»Die Wache dreht dir höchstens einen Strick daraus, daß du sie züchtest, die Kaninchen.«

»Alle, die nicht verhungern wollen, tun's auch.«
»Dann sind eben alle im Unrecht.«
Er strich sich über die Wange. »Ich weiß nicht – ich weiß nicht ... ein weißes Kaninchen – das ist so vornehm ... das erinnert glatt an die alten Zeiten.«
»Dann freu dich doch, daß du's los wirst.«
»Ich sollte es dir vielleicht nicht geben.«
»Schau – hier hast du ...«
»Soviel? ... Sag mal, dir liegt wohl allerhand daran?«
»Etwas schon. Nun frag nicht so neugierig und gib her. Sonst geh ich zu einem anderen.«
Er streckte hastig die Hand aus.
»Hast du die Geldpest bekommen?«
»Irgendwann muß man sich ja mal über seine Ersparnisse hermachen«, grinste sie. – »Sonst tun es nur die Erben.«
Sie trug das kleine Vieh an seinen langen rosa Ohren, eingehüllt in einem Schürzenzipfel, die Treppe hinauf, knotete es in ein Tuch, hängte das Tuch an einen Balken, um die Hände frei zu haben. Sie fand einige Bretter und zimmerte einen Holzverschlag, hinter dem das Tier ungehindert hin- und herlaufen konnte. Es durfte nicht entwischen.
Eigentlich sollte sie es zähmen, ehe sie es dem Kind in die Hände gab, aber das würde zu lange dauern. Ihr saß eine Eile im Nacken – und dann zögerte sie, schämte sich ihrer Hoffnungen, ihrer Gefühle ...
Lange saß sie auf ihrem Stuhl, mitten in der geschrubbten Küche, die Hände im Schoß. Sie dachte an ihre Großmutter, die immer sehr sauber gewesen war und fühlte sich ihr in innigster Weise verbunden. Immer, wenn sie ratlos gewesen war, hatte sie sich mit dieser Verstorbenen in Gedanken unterhalten. Wenn sie lange genug still gewesen war, hatte sie glauben können, daß die Antworten, die aus ihrem eigenen Innern aufstiegen, nicht von ihr selbst hatten erfunden sein können ...

»Richtig so?« fragte sie also, tief in sich hinein. Und war verdutzt, als nur ein Wort als Entgegnung kam:

»Das Bett.«

Sie hatte das Bett vergessen! Sie brauchte Stroh, ein Gestell, Laken, eine Decke.

Aber sie war plötzlich zu müde. Morgen – dachte sie. Morgen kaufe ich alles ein.

Und morgen hole ich mir das Kind. –

Es dauerte lange, bis Mamie das fremde Kind einigermaßen gesäubert hatte, ihm die Haarsträhnen gewaschen, geschnitten, gekämmt.

Was sie am Ende vor sich hatte, war ein blondes, grauhäutiges Wesen mit dümmlichen Zügen. Der Junge reagierte auf keinen Zuspruch, auf kein Zeichen, weder auf Zärtlichkeit noch auf Ungeduld.

Zuerst hatten die anderen Kinder bei der Prozedur zugeschaut, bald aber wandten sie sich gelangweilt wieder ihren Fingerspielen zu.

In einer Ecke flüsterten Jérôme und Michou. Mamie versuchte, nicht hinzuhören. Sie hatte gesagt, was es zu sagen gab, doch Jérôme war stärker als sie. Er verachtete sie, sah in ihr nur die widerspenstige Domestikin, die es wagte, die alte Ordnung in Frage zu stellen und der neuen Ordnung eine Frist zu setzen, in der sie das Chaos überwinden sollte.

War sie denn nicht selbst von Haß erfüllt gegen Toinettes Mörder? Wäre sie ihr nicht am liebsten nachgestorben, als sie zwischen den vielen Leuten auf dem großen Platz gestanden war und nicht den Mut hatte aufbringen können, den Blick zum Schafott zu heben, wo man Toinettes liebe Wange auf den Holzbock zwängte?

Doch – doch der Gedanke schon an jene fürchterlichen Minuten trieb ihr das Wasser in die Augen.

Aber da waren die Kinder, auch Toinettes Kinder, zehn hungrige junge Mägen. Woher käme das tägliche Brot, wenn die Republik nicht selbst helfen würde, eben jene, die Toinette und Jacques einem schrecklichen Mißverständnis zufolge verkannt hatte?

Alle in der Gasse und in den Nachbargassen halfen ihr. Wenigstens in diesem Punkt hatte sich die Republik zu dem durchgerungen, was sie einmal für alle werden wollte: eine sorgende, strenge, aber gerechte Mutter.

Toinettes Abwesenheit war schwer zu ertragen und brachte Mamie dafür die Kinder ganz nahe. Wenn sie sich aufbäumte, wenn sie nur einen Schein von Haß zeigte, brächte sie nur die Kleinen in Gefahr. Von ihrer Loyalität hing der öffentliche Schutz ab, den sie den Kindern angedeihen lassen konnte. Sie mußte jeden Verdacht und jedes Mißtrauen beseitigen, still sein, brav sein, dumm sein, gehorsam sein und vor allem: dankbar sein. Alles tun, was man von ihr verlangte, sich auf kein Gespräch einlassen, weder in der Gasse noch im Haus, niemals stehenbleiben, um zuzuhören, wenn die Leute an einer Straßenecke Neuigkeiten austauschten . . .

Das fremde Kind stellte sich beim Anziehen idiotisch an, als hätte es sich niemals in seinem Leben selbst bemüht. Mamie zwängte erst das eine, dann das andere Bein in die alte Hose von Michou. Sie richtete ein neues Lager längs der Wand und dachte dabei an Barbe und daran, wie sie unter dem Schmutz und der Unordnung gelitten hatte.

Nicht einmal hinlegen konnte sich der Junge, Mamie mußte ihm wie einer Puppe die Glieder richten. Als sie ihn zurechtgerückt hatte, schaute sie auf ihn herab. Irgendwann müßten ihm die Augen von allein zufallen, wenigstens die Augen! So schade, daß er nicht Jérômes kleiner Bruder war! Es hätte prächtig ins Konzept gepaßt, und Jérôme hätte keinen Grund mehr gehabt, auch nur eine Nacht länger unter ihrem Dach zu verbringen.

Ach, Michou – Michou – wie konnte man ihm erklären, daß die Zeit ihre Räder niemals zurückdreht, immer nur vorwärts – und daß einem nur die Hoffnung blieb, daß das Neue sich im Guten fügen möge, irgendwie – irgendwann ...

Zögernd gestand sie sich ein, daß das fremde Kind ihr unheimlich war. Am liebsten hätte sie es über die Schulter genommen und zu Nénette geschleppt. – Da, Bürgerin, du hast es mir zwar ins Haus gebracht – aber hättest du es nur dort gelassen, wo es hingehörte ... Kümmre dich gefälligst selbst – ich habe genug Sorgen mit den anderen.

Aber sie tat es nicht. Sie hatte eine Behausung für verlorene Kinder, und dieses hier war vielleicht verlorener als alle anderen. Es tat ihr leid.

Sie packte ihr Nähzeug aus und setzte sich an den Tisch. Immer achtete sie peinlichst darauf, daß alles zur richtigen Zeit stattfand, es gehörte zu ihrem Ordnungssinn: Abendessen bei Sonnenuntergang. Frühstück bei Sonnenaufgang, so gut und so schlecht sie das von ihrem Dachfenster aus beobachten konnte. Während sie den Faden durch den Stoff zog, kamen ihr allerhand Bilder, die sie vergessen oder seinerzeit nicht richtig erfaßt und wieder verdrängt hatte. Stimmungen, undeutbar wie Wolken, zogen durch ihr Gemüt. Manchmal gelang es ihr, Toinette zu sehen, ganz klar, hinter ihrer Stirn. Meistens geschah dies, wenn sie Bibiche auf die Knie nahm, ihr etwas sagte und gespannt beobachtete, wie das Begreifen hell über die Kinderzüge zog. Es gelang nicht immer, und wenn – dann so bestürzend kurz – zu kurz, um das Gefühl beglückender Erinnerung vollends auszuschöpfen.

Zu anderen Zeiten lag ihr Toinettes Stimme im Ohr, wie sie etwas erklärte, etwas verlangte, etwas erkannte. Da waren Gebärden: wie sie das Brot gebrochen hatte und die Krumen mit dem Zeigefinger aufgelesen, nebeneinandergeschoben, auf eine dichte, gerade Reihe. Wie sie den Kopf gewandt hatte, ihn etwas zur Seite gehalten, ein beruhigendes Lächeln auf den Lippen. Und immer wieder, heftig, daß es wehtat, kam Mamie der Gedanke an jenen Augenblick, da sie im Zimmer des alten Priesters vor dem Stuhl, auf dem Mamie gehockt hatte, auf die Knie geglitten war, die Arme um ihre Schultern gelegt hatte, von der Robinie sprach und von dem verlassenen Wickelkind, das Mamie gewesen war.

Diese ersten Wochen in einem freundlichen Heim – als Mamie nicht gewagt hatte, auch nur aufzublicken, jene Leute anzusehen, die sie aufgenommen hatten und gut zu ihr sein wollten, einfach gut.

Sie hatte sagen hören, daß ausgehungerte Menschen nur kleine Portionen mit Zwischenräumen essen durften. Vielleicht war es bei ihr mit der Zärtlichkeit ebenso gewesen: in kleinsten Mengen zugeteilt, hatte Toinette sie ihr zukommen lassen.

Nicht nur, daß sie lieb zu ihr gewesen war. Sie hatte sie geistig bei der Hand genommen und an Unverständliches herangeführt. Sie hatte von menschlicher Güte, von geistigem Mut und von Verantwortung gesprochen, von den Rechten der Armen, Kranken, Dummen – immer wieder. Niemals war es ihr dabei wohl in den Sinn gekommen, daß ihren eigenen Kindern vielleicht einmal das Produkt dieser Erziehung zum Segen werden würde. Mamie entsann sich daran, als sie einmal geglaubt hatte, an ihren Worten zu ersticken, nur weil sie Toinette in einem Anflug fassungsloser Dankbarkeit hatte wissen lassen wollen, wie glücklich sie war. Sie hatte gestammelt und geschluckt. Und als Toinette in etwa den Sinn dieses Gebrabbels hatte begreifen können und sich zu Mamie niederbeugte, um sie in die Arme zu schließen, da hatte sie ein starres, stures kleines Mädchen gehalten, ganz Abwehr – zu erschüttert von der eigenen Regung. Aber Mamie hatte Bibiche dafür auf den Armen herumgetragen, unter Toinettes Augen, und innig geherzt. Toinette mußte es verstanden haben – hatte sie es verstanden? Vor Kindern fürchtete Mamie sich nicht, sie liefen ihr zu, nicht einmal ihre schwarzen Röcke erschreckten sie. Viel sprach sie nicht mit ihnen, aber sie behandelte sie wie ihresgleichen mit einer freundlichen Höflichkeit, die ihnen das Gefühl einer gewissen Würde vermittelte.

Das Licht war zu schwach geworden, um weiterzunähen. Die Kinder, der Fingerspiele müde, legten sich eins nach dem anderen zur Ruhe. Dem fremden Jungen waren die Augen irgendwann wirklich zugefallen, von niemandem beachtet.

Michou und Jérôme flüsterten nicht mehr. Aber ihr gemeinsames Schweigen schien noch einträchtiger und kapselte sie endgültig gegen Mamie ab.

Sie wartete, bis auch die beiden sich hingelegt hatten, verriegelte die Tür und ging von einem Kind zum anderen. Jedem legte sie kurz die Hand an die Wange, teils als Liebkosung, teils um zu fühlen, ob keines Fieber hätte, eine Geste, die sie von Toinette übernommen hatte.

»Gute Nacht, Michou.«

Der Junge stellte sich schlafend und antwortete nicht.

Eine Weile dachte Mamie noch über ihn nach, dann zog sie sich wie jeden Abend tief in sich selbst zurück, wo alles wund und traurig war, doch wo sie ungestört an Toinette denken konnte.

Sie hatte einen federleichten Schlaf und erwachte in dieser Nacht davon, daß jemand ihren Arm berührte.

»Ja?« fragte sie, hellwach.

Es war Michou.

Sie ahnte ihn mehr, als daß sie ihn sah, hell schien sein Gesicht im Dunkeln zu schwimmen.

»Mamie.«

Sie wußte es. Sie war nicht überrascht, nur dankbar, daß er sich nicht wie ein Dieb davonstahl.

»Hast du einen guten Plan?«

Er zögerte. »Vielleicht einen ziemlich guten ... Es denken viele so wie wir ...«

»Michou – auch du wirst Unschuldige umbringen, wenn du kämpfst! So Unschuldige wie deine Eltern.«

»Jeder, der kämpft, wird schuldig, Mamie. Wer nicht kämpft, wird es auch! Es geht nicht um die Schuld! Es geht um die Verantwortung.«

Es war, als sprächen sie verschiedene Sprachen.

»Warte«, sagte sie und nestelte an ihrem Rock. Es gab das Geräusch eines aufgerissenen Saums. Dann drückte Mamie Michou etwas Hartes, Rundes in die Hand.

»Heb es auf für eine ausweglose Lage. Sei vorsichtig. Du weißt, daß man so was nicht bei dir finden darf? Deine Mutter erhielt ihn von ihrem Patenonkel, als sie so alt war wie du.«

»Ich weiß. Danke. Du bist mir nicht böse?«

»Wie könnte ich einem von Toinettes Kindern böse sein?« fragte sie zurück. »Nur – komm wieder, Michou. Komm wieder, wenn du begriffen haben solltest.«

»Was – Mamie – was?«

»Daß man nur das Richtige – das wirklich Richtige – das, was immer gilt – in einem kleinen Kreise tun kann – nur um sich herum, Michou – alles andere ist für unsereins, der nicht gelernt hat, hinter die Dinge zu schauen – leeres – leeres Tönen – Ich werde auf dich warten. Ich werde immer auf dich warten.«

Jérôme stand an der Zimmertür, ein langer, schmaler Schatten, der sich ungeduldig bewegte.

»Beeile dich!« zischelte er.

Mamie stand nicht auf, um die Tür hinter den beiden zu verriegeln. Sie nahm sich vor, nie mehr abzuschließen.

Jede Nacht vor dem Einschlafen würde sie hoffen, daß Michou zurückkäme.

Wenn er wirklich kam, sollte er eintreten können, ohne vorher anklopfen zu müssen.

Er war bei ihr zu Hause.

Als der Morgen graute, stand Mamie auf, richtete ihren abgerissenen Saum und griff zu ihrem Alibi: dem Milchtopf. Kein Kind war schon wach, nicht einmal der fremde, kleine Junge.

Mamie hatte es sich angewöhnt, Baloche aufzusuchen, wenn sie etwas quälte. Etwas an ihm richtete sie wieder auf. Er konnte in typischer Weise die Achseln zucken: »Was willst du? So ist es, dummes kleines Mädchen. Dies ist eine schlimme Welt.«

Und dann folgte etwas Lustiges, worüber sie lächeln mußte. Baloche rückte für Mamie die Dinge gerade. Er hatte neben ihr gestanden, als sie ihm von Toinettes Tod gesprochen hatte. Dabei hatte sie den leeren Milchtopf fest an das von Assignaten knisternde Leibchen gedrückt und aufs Pflaster geblickt. Für Außenstehende schienen sie nur zwei Menschen zu sein – ein großer und ein kleiner, die womöglich um eine Gipsfigur feilschten, die Tignasse immer wieder kopfschüttelnd betrachtete, wenn er Baloche traf.

»Weswegen gehst du in Teufels Namen als Gipsfigurenverkäufer?« hatte er gefragt. Und grinsend hatte Baloche geantwortet: »Weil heutzutage keiner darauf aus ist, so etwas zu kaufen. Ich kann deshalb lange mit meinem Brett herumtrödeln, so lange ich das muß oder möchte. Und jeder kann mich anhauen, der mir etwas erzählen möchte. Er braucht nur eine der blödsinnigen Figuren in die Hand zu nehmen.«

Es war zu früh, daß Spitzel einander bespitzelten. Also ließ Baloche seine zierlichen Schäferinnen und steigenden Pferde leise auf seinem Brett rutschen, um sie ebenso sanft zu stoppen, indem er das Brett an einer Seite hob. Es war ein Spiel, das ihm Spaß machte. Manchmal gab es Bruch. Dann mußte Baloche umständlich das Brett abstellen und die Scherben sammeln. Das konnte wunderbar lange dauern, ohne daß gesprächige Leute in seiner Nähe mißtrauisch darüber wurden.

»Bringt dir denn soviel Umstand überhaupt etwas ein?« hatte Tignasse weitergefragt.

»Darum geht es nicht.«

»Worum sonst?«

»Ums Überleben.«

»Dabei hungerst du ganz schön.«

»Stimmt. Und du?«

»Na ja«, hatte Tignasse gesagt, wie immer, wenn Tignasse nicht gewillt war, mehr über Tignasse auszusagen.

Solange Tignasse und Baloche einander kannten, hatte Baloche immer nur vom Überleben gesprochen. Nun ertappte er sich seit einiger Zeit häufig dabei, daß er mit Unwillen an dieses Überleben dachte und an die Republik. Dafür hatte er nun seinerzeit die kleinen Leute aufgewiegelt, von allen Seiten Stimmungsbilder aus dem Volk zusammengetragen und den Instanzen brav hinterbracht, damit sie wüßten, wo die Hebel ihrer Hetze anzusetzen waren! Nur dafür, daß ihm der Magen zwischen den Kniekehlen hing.

Die Republik war so arm, daß sie nicht einmal ihre Spitzel pünktlich bezahlen konnte. Baloche schrieb sich die Finger an Rapporten wund, mußte Schlange stehen, um diese Rapporte loszuwerden, und noch länger, um ein paar Assignaten zu ergattern, für die man ohnehin nichts bekam, weil alle Läden leer waren.

Die Karren schafften neuerdings auch Ladenbesitzer zum Schafott, die ihre Geschäfte geschlossen hatten. Nein, das Leben machte keinen Spaß mehr, es gab für einen gewieften Spion nichts Neues unter der Sonne – es sei denn, daß er ab und zu den großen Speicher in der Rue de Nevers aufsuchte, wo ein kleines Mädchen es sich zur Pflicht gemacht hatte, alle Kinder, die wie herrenlose Hunde umherirrten, aufzunehmen.

Mamie hätte gestaunt, wenn sie erfahren hätte, wie oft Baloche an diesen Speicher dachte. Indes verbot er es sich, dort zu häufig zu erscheinen, wußte er doch, was er seiner Sicherheit schuldig war. Nur die Gedanken wanderten von selbst dorthin, wie sie zu dem alten Priester wanderten, der immer noch in der Rolle eines Altkleiderverkäufers mit seinem Leben wie ein Gaukler mit seinen bunten Bällen jonglierte.

Auch Baloche wußte, daß Mamie frühmorgens nach ihm forschte. Unter irgendeinem Vorwand am Ende der Rue de Nevers herumlümmeln, das konnte sich Baloche erlauben. Vielleicht würde die tapfere kleine Gestalt mit dem abgestoßenen Milchkrug erscheinen, wenn das Milchmädchen mit seiner großen Schelle und seiner rauhen Stimme die Kunden zusammenrief.

Mamie erspähte ihn gleich an diesem traurigen Morgen nach Michous Abschied. Baloche stand, das Brett auf einer Schulter, die Nase in der Luft, als prüfte er, woher der Wind wohl wehte. Er sah sie kommen und wunderte sich, wie jedes Mal wieder, daß sie so klein war, so zart, so zäh und auch so tapfer. Die Spannung in seinem Innern löste sich, etwas schwebte leicht empor wie eine Seifenblase, schillernd, bebend.

Er zog Mamie um die Ecke in die Rue d'Anjou, wo es noch stiller war. »Na, du Sorgenmutter? Wo drückt dich die Pantine?«

»Er ist fort, Baloche. Ich habe ihm alles gesagt, wie du es mir vorgesagt hattest, so gut ich konnte, und noch einiges dazu, was auch die Bürgerin Toinette sicherlich gesagt hätte. Es hat nichts genützt. Er denkt nur daran, daß man seine Eltern getötet hat.«

»Na, ja. War zu erwarten. Jérôme war zu groß für deine Schar. Im übrigen hat er – so was wie eine Vergangenheit. Ich fand nicht, daß er deinen Speicher zierte.«

»Ich denke nicht an Jérôme. Was wird aus Michou, Baloche?«

»Er ist noch so jung, wenn man ihn erwischt, wird man ihm nicht gleich den Kopf abreißen, denke ich.«

»Er hat einen ziemlich guten Plan gehabt.«

»Und wenn schon! Überlege, durch wieviele Städte und Dörfer die beiden wandern müssen. Überall ist ein Tor, überall stehen Wachen, Leute, die Papiere sehen wollen, Papiere, die die zwei nicht haben. Das mag fünf, sechs, vielleicht zehn Mal gutgehen. Dann sind sie reif.«

»Und was geschieht mit Michou?«

»Wahrscheinlich stecken sie ihn auf ein Segelschiff. Als Moses oder so was.«

»Aber er hat noch nie ein richtiges Schiff gesehen – !«

»Verlaß dich darauf, sie werden ihm schon eins zeigen. An Bord eines Kriegsschiffes werden sie ihn kräftig in die Zange nehmen. Das gewiß.«

»Wie lange?«

»Vier Jahre, fünf Jahre, weiß ich viel . . .«

»Aber umbringen werden sie ihn nicht? Bestimmt nicht?«

Baloche, der keine Ahnung hatte, antwortete im Brustton der Überzeugung: »Bestimmt nicht.« Er sah, wie sich in den großen grauen Augen ein Licht entzündete. Er wandte die Augen bewußt ab.

»Na, wie groß ist jetzt deine Familie?«

»Nénette hat mir noch ein Kind dazugebracht.«

»Von allen Leuten ausgerechnet Nénette!« Baloche horchte auf. Es war zu dumm, daß die Sorge ihn ansprang, Sorge um dieses Kindmädchen, das sich gar nicht zu sorgen schien.

»Ja, sie hat von dem Kind geträumt, viele Male, und jetzt hat sie eines gefunden, von dem sie glaubt, daß es das aus dem Traum sei. Du weißt, daß sie oft verrückt ist.«

»Was man verrückt nennt.«

Er mühte sich gleichgültig zu bleiben. »Ist es ein Mädchen?«

»Ein Junge. Schmutzig und blöd.«

Die Gipsfiguren taumelten jäh gegeneinander, ein Marat fiel auf die Nase.

»Du weißt nicht, wie es heißt?«

»Nénette dachte, es müsse Jérômes Bruder sein. Als sie hörte, daß es nicht stimmte, lief sie davon und ließ das Kind bei mir.«

»Ich möchte es wohl mal sehen«, sagte Baloche.

»Du brauchst nur mitzukommen. Es schläft wahrscheinlich noch. Wie alle anderen.«

Aber sie waren wach. Verdutzt und wach. Der kleine Junge fehlte. Valérie murmelte verstört: »Es waren Männer hier, Mamie. Sie haben geguckt. Und gefragt.«

»Was haben sie gefragt?«

»Wo das Kind sei, das wir zuletzt gekriegt haben.«

»Und dann?«

»Ich habe es gezeigt. Sie haben es angesehen. Sehr lange. Sie haben miteinander geflüstert und dann haben sie es hochgenommen, und sind damit fortgegangen.«

»Und sie haben nichts gesagt?«

»Nein.«

»Doch«, sagte ein anderes Mädchen plötzlich. »Sie haben gefragt, wer hier unsere Mutter ist. Wir sagten, das sei Mamie. Und dann haben sie gefragt, woher der Junge gekommen ist, aber das wußte ich nicht genau. Wir haben alle gesagt, daß wir es nicht wüßten, und dann sind sie erst gegangen.«

»Schön«, sagte Baloche. »Es ist alles in bester Ordnung. Gleich gibt es Frühstück. Ich lade mich selbst ein. Wie findet ihr das?«

Die Kinder liebten ihn. Er tobte mit ihnen, ließ sie an sich hochklettern und wieder hinunter. Er war in allerbester Stimmung: Jérôme fort, das gefährliche Kind fort – er sah einem vergnügten Tag entgegen.

Er sah zu, wie Mamie den Kindern das Brot schnitt, wie sie die Decken faltete, wie sie den Tisch mit dem Gänseflügel kehrte. Er dachte, daß diese Geschöpfe um ihn herum die Zukunft Frankreichs waren und daß dieses Mädchen Frankreichs Zukunft beschützte.

Dennoch war es gut, daß er in der Nähe blieb. Den ganzen Tag würde er die Rue de Nevers mit einem Angebot an sinnigen Gipsfiguren beehren. Egal, ob er etwas verkaufte. Ganz egal.

Also lungerte Baloche mit seinen Schäferinnen und Schäfern, flötenden Pans und vaterländischen Marat-Büsten in der Rue de Nevers herum. Er wollte sprungbereit sein, falls noch jemand kommen sollte – irgendwer.

Gegen zehn Uhr erschien Nénette auf der Bildfläche, eine nicht wiederzuerkennende ordentliche Frau in blauem Rock mit sauberer Haube.

»Nanu? So jung bist du mir lange nicht vorgekommen. Du hast doch etwas vor?«

»Ich bin in Eile«, sagte sie würdig und wollte an ihm vorbei.

»Willst du etwa zu Mamie?«

Und als die Frau nicht antwortete: »Aha, du traust mir plötzlich nicht mehr? Wo wir so viele Dinger zusammen gedreht haben – wie? Von wem hast du immer deine prächtigen Informationen erhalten, wenn du jemand Wichtigem die Karten lesen solltest?«

»Von dir, und du hast was dafür bekommen. Aber dies ist anders. Hierzu kann ich niemanden gebrauchen, nur mich selbst.«

»Wie ich hörte, hast du wieder Visionen gehabt, wie? Und danach hast du nicht getrunken? Wie hab ich es denn mit dir?«

Sie wirkte verlegen, aber auch stolz.

»Trinken ist vorbei.«

»Großartig! Ausgerechnet in dieser Zeit, die eine Menge Leute aus Verzweiflung zur Flasche greifen läßt! Du willst dir das Kind bei Mamie herausholen?«

Sie sah verdutzt aus.

»Du hast dir gedacht, keiner will es haben, es ist nur ein Tölpel – und dann hast du dich und deine Bude in Schuß gebracht, wie seit Jahren nicht mehr. Das ist gar nicht republikanisch, meine Beste – das ist typisch alte Zeit.«

»Was fällt dir ein!« brummte sie belustigt. Er fand sie merkwürdig glücklich an diesem Morgen, erwartungsvoll. Das arme dumme Stück, dachte er.

»Wie kommst du nur dazu, dir ein Kind aufzuhalsen? Eins, das du sogar gestohlen hast! Weißt du noch, als vor dreißig Jahren haufenweise kleine Kinder aus den Pariser Gassen verschwanden? Hat man sie jemals wiedergefunden? Nein. Man munkelte, Hexen hätten ihr Blut gebraucht.«

»Damit hatte ich nie etwas zu schaffen«, sagte Nénette streng.

»Nein, nein. Aber wie groß war damals die Wut des Volkes! Nun stell dir vor, man würde dir eine solche Sache wieder anhängen. Eine Frau wie du stiehlt doch nicht mir nichts, dir nichts, ein fremdes Kind! Wozu das Ganze?«

Sie schloß fast verträumt die Augen. »Ich sah Bilder, Baloche.«

»Ha?«

»Schloßgärten . . . ich hörte Musik – wie von singenden Regentropfen.«

»Dumme Nénette – das war ein Spinett. Sonst noch was?«

»Da war ein weißes Kaninchen.«

Es würgte ihn fast.

»Geh heim«, herrschte er sie an. »So rasch du kannst. Soll ich dir sagen, wen du gestohlen hast? Wen du in deinen dreckigen Armen durch halb Paris getragen hast?«

Er mußte ihre Haube verschieben, um es ihr ins Ohr zu sagen. Sie zuckte zurück. Und schreiend, mit erhobenen Armen, rannte sie davon.

Baloche ging zu Mamie, zog sie in die Nebenkammer, schloß die Tür.

»Mamie«, sagte Baloche heiser.

Sie blieb ruhig. »Ich weiß schon. Es muß der kleine König gewesen sein. Nun ist er wieder fort. Um so besser. Aber ich hätte ihn ebeno versorgt wie alle anderen.«

»Du mußt hier raus«, sagte er. »Je eher, desto besser.«

»Wohin, Baloche? Mit neun kleinen Kindern?«

Er seufzte. Er wußte nicht, wen er mit einer solchen Schar um Hilfe bitten sollte.

»Mir tut keiner was, du wirst es sehen. Ich sammle nur unglückliche Kinder und versorge sie. Die Republik gibt uns sogar Brot.«

»Sie werden kommen. Ich weiß bestimmt, daß sie wiederkommen.«

»Aber er ist doch gar nicht mehr da!«

»Es mag die Gegenpartei sein! Niemand kann es wissen! Oder es sind die gleichen Leute, die nur die Spuren verwischen müssen. Du bist auch eine Spur, Mamie – und alle diese Kinder. Du bist in Gefahr.«

»Das macht nichts«, sagte sie. Aber sie dachte nach. Sie schätzte Valéries kleinen Verstand ab, ihren Mut und ihre Haltung. Es mochte gehen. Sie würde mit ihr sprechen.

»Mach kein so trauriges Gesicht, Baloche! Ich weiß schon, daß du uns allen nicht helfen kannst. Und mir allein sollst du nicht helfen. Es lohnt gar nicht. Ich – ich muß zuviel an Toinette denken, weißt du. Und jetzt solltest du lieber gehen, wenn es hier gefährlich ist. Ich habe einiges vorzubereiten, einiges. Vielen Dank, daß du mir Bescheid gesagt hast. Denn so ganz unvorbereitet hätte ich nicht abgeholt werden wollen. Wenn man mich abholt. Ich glaube, du siehst zu schwarz . . .«

Er ließ sich beschämt fortschicken. Aber die alte Devise »Baloche für Baloche« zog nicht mehr. Er ging auch nicht sehr weit: auf der Treppe hinter der großen Haustür machte er es sich für die Nacht bequem, mitsamt seinen Schäferinnen.

»Valérie«, sagte Mamie, »du mußt jetzt sehr gut zuhören. Es ist möglich, daß auch ich verreisen muß, für eine lange Zeit.«

Das Märchen verfing nicht: Valéries Augen füllten sich mit Tränen.

»Wisch sie ab! Sofort! Wir haben keine Zeit, um zu weinen! Du wirst tun, was ich dir sage. Vielleicht ist es überflüssig, um so besser dann. Aber vielleicht auch nicht– dann sind wir wenigstens bereit. Sieh, dort hänge ich meinen schwarzen Rock nachher auf. Sollten heute nacht oder morgen nacht oder irgendwann die Männer kommen, um mich zu holen, dann wirst du diesen Rock anziehen. Es sind Geldscheine eingenäht, geh also vorsichtig damit um, du wirst sie nötig haben für euch alle. Gleich mache ich dir den Rock passend. Fühlst du die Assignaten! Hier und hier und hier?«

Valérie nickte stumm. Mamie sprach. Sie sprach sehr präzise, sie ließ Valérie alles wiederholen, einmal und noch einmal.

»Denke immer daran, daß die anderen dümmer sind als du und du ihnen beistehen mußt. Immer.«

»Ja, Mamie.«

Und plötzlich diese offene Frage: »Gehst du zu unserer Mutter?«

»Vielleicht . . . Vielleicht . . .«

»Wirst du sie von uns grüßen?«

»Tausendmal«, sagte Mamie. »Ich verspreche es dir. Laß mich ihr aber auch sagen, daß sie ruhig sein darf, weil es dich gibt, dich, Valérie, für alle.«

Das kleine Mädchen nickte ernst. Schon straffte es verantwortungsbewußt die Schultern. »Ich will sein wie du, Mamie.«

So mochte es gehen, sagte Mamie zu sich selber. Sie brachte die Kinder wie alle Tage zu Bett, sie machte ihre

Runde, kroch in Valéries buntes Röcklein, das ihr bis an die Waden reichte.

Dann schickte sie sich an, ihr Schicksal zu erwarten. Die Stunden dehnten sich dunkel, still und lang.

Sie kamen reichlich spät, dachte Baloche, als er sie klopfen hörte. Weiß der Himmel, was sie noch alles zu bekakeln gehabt hatten, ehe sie sich dazu entschlossen, ein kleines Mädchen zu verhaften, das ahnungslos eine Nacht den kleinen König beherbergt hatte.

Sie stolperten halbwegs über ihn, denn er tat, als ob er schlief, und dann stieß er an sein Brett, das quer über dem Geländer lag. Die Schäferinnen und Schäfer, die Marat-Büsten, die Windhunde und die Brutus-Köpfe polterten die Stufen hinab. Tausend Scherben. Das war gleichgültig, dachte Baloche. Er brauchte sie nicht mehr.

»Bürger, Bürger«, sagte er leutselig, »ihr macht so euren Krach! Was ist denn los, wenn ich es fragen darf?«

»Aus dem Weg! Wir müssen auf den Speicher.«

»Da gibt es nur Kinder, lauter Kinder – die Hoffnung des Vaterlandes.«

»Mach Platz!«

Im Licht der Fackeln grinste Baloche sie an.

»Wer bist du überhaupt, daß du hier nächtigst?«

Baloche zog bedächtig einen Brief nach dem anderen aus der Tasche. »Ich bin einer von den Eurigen. Empfehlungen sind das. Zufrieden?«

»In Ordnung. Nun laß uns vorbei.«

»Was habt ihr dort oben vor?«

»Eine Verhaftung.«

»So, so.«

Sie waren schon vorüber. Hinweggestiegen über Brett und Scherben. Vier Kerle, zählte Baloche. Vier – um eine kleine Mamie zu verhaften. Er heftete sich ihnen an die

Fersen, trat hinter ihnen in den Raum, wo die Kinder vom Poltern erwachten und die Hände vor dem Licht der Pechfackel über die Augen legten.

»Wer ist hier Robinier, Mamie?« fragte der Anführer.

»Ich.«

Sie setzte sich kerzengerade auf.

»Ihr weckt mir die Kinder, Bürger. Ich denke, die Republik hat alle Kinder lieb?«

»Bist du die Robinier?«

»Die bin ich.«

»Hast du gestern einem fremden Kind Obdach gegeben?«

»Das gebe ich allen Kindern, die ich finden kann und die man mir bringt.«

»Hast du gestern eins gebracht bekommen?«

»Man hat es in meiner Abwesenheit fortgeholt. Es sprach nicht und es bewegte sich nicht. Es war ein Tölpel. Ich wußte nicht, wo es hingehörte. Ich habe es eben versorgt.«

»Das sollen wir dir glauben?«

»Ja.«

Die Männer traten beiseite, um sich zu beraten, und Baloche stellte sich unbekümmert daneben.

»Was soll das, Bürger? Dieser Speicher steht allen Menschen im Viertel offen. Gemeinsam sorgen sie für die Kinder. Morgen wird es in aller Munde sein, daß die Republik sich an einer winzigen Bürgerin vergreift. Das kann nicht gut sein, Bürger, sicher nicht.«

»Du magst ja einiges wissen, aber nicht alles«, sagte der Anführer. »Halte dich raus.«

»Das wird bei meinen vielen Empfehlungsschreiben schwierig sein, denn natürlich schreibe ich Berichte. Ich möchte euch warnen . . .«

»Halte dich raus!« wiederholte der Mann. »Was machst du hier überhaupt?«

»Ich sorge auch für die Kinder. Ich erinnere die Leute

überall an sie. Heutzutage ist ja keiner mehr reich, aber von dem bißchen, was wir haben, sollten wir doch etwas abzweigen für die noch Ärmeren. Ich wundere mich überhaupt, daß es immer, überall Ärmere gibt.«

»Wie heißt du?«

»Baloche, den Autoritäten wohlbekannt.«

»Inwiefern?«

»Nun, ich berichte über dies und jenes. Seit Jahren schon.«

»Also ein Spitzel?«

»Wenn du so willst.«

»Du kannst jetzt gehen, Bürger. Wir werden mit diesem Mädchen allein fertig. Die anderen Kinder sollen sich anziehen. Der Speicher wird versiegelt.«

Mit aufgesperrten Augen hörten die Kinder zu und gehorchten auf einen Wink von Mamie. Sie half den Kleineren in ihrer üblichen flinken Art.

»Du, Bürgerin, solltest dir lieber eine Tasche packen, denn du kommst mit. Du bist nämlich verhaftet!«

»Was wirft man mir vor?« fragte Mamie, indem sie Bibiches Leibchen im Rücken band.

»Ro-ya-listische – Um-trie-be«, buchstabierte der Kerl aus den Papieren.

»Was ist das?«

»Das ist eben das, weswegen wir dich verhaften.«

Mamie stand einige Sekunden unschlüssig, blickte schweigend zu Valérie, die den Blick ebenso schweigend beantwortete.

»Bürger«, sagte Mamie, »ich bin bereit.«

Sie hatte sich ein Hemd zum Wechseln in ein schwarzes Tuch gebunden, mehr hatte sie nicht. So wie sie jetzt vor den Männern stand, kam ihnen Zweifel. Ein Mißverständnis?

»Bist du sicher, daß du erwachsen bist?« fragte der Jüngste plötzlich.

»Ganz sicher, Bürger.«

Baloche stand unter der Tür. Er wußte, daß es jetzt höchste Zeit war, sich zu entfernen, wenn er nach seinem Gesetz »Baloche nur für Baloche« handeln wollte. Aber er machte keine Anstalten. Er sah auf das Mädchen, und tiefes Mitleid erfüllte ihn. Er hätte nie geglaubt, daß er zu einem solchen Gefühl fähig wäre. Sie werden ihr kaum drei Tage gönnen, dachte er. Sie werden es ungeheuer eilig haben, alles zu beseitigen, was einer Spur ähnlich sehen könnte . . . Es würgte ihn im Hals.

»Los, los, raus jetzt alle«, sagte der Anführer, »ich muß die Bude versiegeln.«

»Wird schon was sein, was hier an Wertvollem zurückbleibt«, höhnte Baloche.

»Halt den Mund, Bürger, und verschwinde.«

Anstatt zu gehorchen, rief Baloche plötzlich:

»Es lebe der König!«

Er rief es laut. Es hallte durchs ganze Haus.

Die Zeit schien stillzustehen. Dann sahen die Männer sich an.

»Was war das?« fragte einer scharf.

»Ein Selbstmörder«, sagte ein anderer.

»Der König soll leben!« wiederholte Baloche und streckte ihnen beide Handgelenke hin.

Sie kamen nur langsam die Treppen hinab: vorweg die Kinder, die sich mit den Händen am Geländer festhielten und immer den zweiten Fuß nachzogen, nie vorsetzten. Hinter ihnen kam Mamie, dann einer von der Sektion, danach Baloche, gefesselt, und hinter diesem die drei anderen Kerle.

Es tagte, wie es getagt hatte, als Toinette und Jacques in die Kutsche gestiegen waren. Mamie roch die bittere Luft, die auch sie an abgestandene Angst erinnerte. Vielleicht zog sie das gleiche Pferd wie seinerzeit Toinette.

Baloche saß neben Mamie, die einen letzten Blick auf die Kinder warf. Sie hätte sie gern noch einmal geküßt. Valérie hielt alle zurück. In dem langen schwarzen

Rock wirkte sie würdig. Sie wird es schaffen, dachte Mamie.

Die Kutsche setzte sich in Bewegung.

»Hab keine Angst, Mamie«, sagte Baloche. »Ich werde für dich sprechen. Alle in der Gasse werden das.«

»Ich habe keine Angst. Nicht einmal davor, daß ich sterben muß. Ich weiß schon alles von diesem Leben und dieser Welt. Sie ist nicht wert, daß es Kinder in ihr gibt . . . Es ist sehr freundlich von dir, Baloche, daß du zu mir hältst, ich danke dir.«

Er wurde wahrhaftig verlegen. »Nicht der Rede wert. Und was das Leben betrifft, es ist nur lebenswert, wenn man die richtigen Menschen getroffen hat. Du, Mamie, hattest sie getroffen.«

»Sie sind nicht mehr da«, antwortete sie trübe.

»Sie warten auf dich«, sagte Baloche, der nicht an Gott, nicht an den Teufel, nicht ans Jenseits glaubte. » Meinst du etwa, Gott sei so schäbig, daß er niemanden sein Leben zu Ende leben läßt? Wer zu früh hat aufhören müssen, darf noch einmal beginnen. Das ist das ganze Geheimnis.«

»Von neuem beginnen – bei Toinette?«

»Dort, wo es aufgehört hat. Aber besser. Aber leichter.«

»Ich glaube nicht, daß es leicht ist – zu sterben«, sagte Mamie sachlich. »Es wird furchtbar sein.«

»Nur eine kurze Weile. Deswegen bleib ich ja bei dir. Ich werde dir auf dem Fuß folgen. Nimm mich bei der Hand drüben! Ich glaube, das werde ich brauchen.«

»Wenn ich dort noch Hände habe.«

»Natürlich wirst du Hände haben! Du wirst sticken! Riesige Gemälde – und ich – ich werde dir die Fäden reichen – einen nach dem anderen.«

Sie hörte nicht mehr zu. Sie wollte auch ihr Leben nicht zurückdenken, soweit sie es hätte verfolgen können. Es war ein so kleines, schiefes Leben gewesen. Sie ließ es bereits hinter sich zurück. Sogar die bunten Fäden. Sie war schon bei Toinette. –

Als die Kutsche fortgerumpelt war, sagte Valérie:

»Jetzt gehen wir alle zu Nénette.«

Sie erinnerte sich schwach an das komische Aushängeschild mit dem durchlöcherten Käse, auf dem die Mäuse tanzten. Sie entsann sich auch, wie sie darüber hatte lachen müssen, fest an Mamies Hand, die Schutz und Gelassenheit gegeben hatte. Aber nun mußte sie einige Händler fragen, die sie weiterschickten. Die Kinder gingen mit gesenkten Köpfen, manche weinten, das hatten sie schon einmal erlebt, als die eigenen Eltern auf die gleiche Weise abgeholt worden waren, als sie selbst auf der Straße gestanden, der Kutsche nachgelaufen, am Gefängnis herumgelungert und gebettelt hatten, bis der Junge, der auch verschwunden war, sie zu Mamie gebracht hatte, wo sie geborgen gewesen waren. Vorbei das alles . . .

»Man weint nicht auf der Straße«, sagte Valérie streng. »Man vertraut auf die Republik.«

Endlich hatten sie das Haus erreicht, die Tür, hinter der Nénette wohnte. Valérie klopfte, und als Nénette öffnete, fuhr sie zurück, beim Anblick der vielen Kinder.

»Bürgerin Nénette«, sagte das beherzte Mädchen Valérie, schön und ernst wie ein Engel, »uns schickt Mamie zu dir. Man hat sie uns fortgeholt und unseren Speicher versiegelt. Wir sind ohne Bleibe. Bitte, kümmre dich.«

»Ich? Ich soll mich kümmern? Wieso ich!«

Nénette hatte alles erwartet, die Wache, die Garde, das Weib, dem sie das Kind abspenstig gemacht hatte, jenes Kind, das ein König war – nicht aber eine Schar von Kindern, die sie hoffnungsvoll ansahen, lauter Kinder, deren Eltern man geköpft oder zumindest eingesperrt hatte.

»Weil du uns das fremde Kind ins Haus gebracht hast, jenes, das Unglück über uns brachte. Mamie hat man verhaftet. Baloche ist mitgegangen. Er hat gerufen: ›Es lebe der König!‹«

Valérie schrie es fast so laut, wie Baloche es gerufen hatte.

»Sei still, sei still! Kommt rein!« drängte die alte Frau und schob alle in ihre aufgeräumte Küche, wo hinter dem Verschlag das weiße Kaninchen rumorte.

Hinter dem klaren Mädchenantlitz, das zu Nénette erhoben war, leuchtete es licht wie ein Sommermorgen.

»Und dann – was geschah dann?«

»Baloche wurde gefesselt. Ich habe gehört, daß wir den kleinen König im Haus gehabt haben, eine einzige Nacht! Du – hast ihn gebracht – du . . .«

»Halt den Mund! Oh, halt den Mund!«

Nénette hielt sich die Ohren zu. »Ich will davon nichts mehr hören. Es war ein Irrtum. Ein Irrtum! Wenn du das jemals vor anderen erzählst, holt man uns alle ab.«

»Ich sage es ja nur dir. Weil du wissen wolltest, weshalb wir zu dir kamen.«

»Ja, ja – ich weiß, ich weiß.«

»Mamie bittet dich, für uns zu sorgen. Nur ein Weilchen, ich werde sehr rasch groß. Nur ein Weilchen, Bürgerin Nénette – ich kann dir in vielem helfen.«

»Ja, ja«, wiederholte Nénette und blickte von einem Kind auf das andere.

»Ihr habt Hunger!« Sie lief vom Tisch zum Schrank und wieder zurück, faßte sich an die Schläfen. Dachte nach. Tignasse muß her, grübelte sie, Tignasse soll mir helfen, allein schaffe ich das nicht. Alle diese Jahre habe ich mich immer gewundert, wenn ich ihn sah – das unverstandene Band zwischen ihm und mir. Jetzt habe ich es begriffen: er wird meine Stütze sein.

Sie blickte wieder auf die Kinder, nicht satt sehen konnte sie sich an ihnen. Alle klein, alle unschuldig, alle verlassen, dachte sie, in einer Hölle, die wir Großen ihnen bereitet haben.

Kinder für mich. Und ich – so alt . . .

Sie gaben ihr alle groß den Blick zurück und warteten ergeben. So ergeben wie jene, die keine Rechte haben und nur auf Güte hoffen.

Die Verfasserin möchte an dieser Stelle folgenden Personen und Einrichtungen für wertvolle Hinweise danken:

M. Candille, Administration Générale de l'Assistance Publique à Paris, Service de la Documentation et des Archives
M. le Colonel McCarthy, Conservateur du Musée de l'Armée, Paris
M. le Chanoine E. Catta, Université Catholique de l'Ouest, Angers
La Rev. Mère Marie de Chantal Gueudré, Ordre Sainte Ursule, Paris
M. A. Giraud, Batterie Fanfare de la Garde Républicaine de Paris, Paris
M. le Marquis de Goué, Carquefou
M. le Marquis de Goulaine, St.-Etienne-de-Corcoué
De Heer W. Groeneveld, Haarlem
M. H. Perrin, Directeur de l'Institut Français, Wien
M. le Baron Armel de Wismes, Nantes
Bibliothèque Nationale, Paris
Musée Carnavalet, Paris
Musée du Château des Ducs, Nantes
Institut Français, Bremen
Musée Vendéen, Montaigu
Staatsbibliothek, Bremen

Literaturverzeichnis

Octave Aubry: Die Französische Revolution, 1948
Gaston de Béarn: Verschwörung des Schweigens, Schicksale des Dauphins Ludwig XVII., 1967
Hilaire Belloc: Die Französische Revolution, 1911
Anne Bertout: Les Ursulines de Paris sous l'Ancien Régime, 1936
P. Bessand-Massenet: Les femmes sous la Révolution, 1953
Louis Blanc/Crétineau-Joly: Les Guerres de Vendée, préparé et présenté par Armel de Wismes, 1961
Camille Bloch: L'Assistance et l'Etat en France à la Veille de la Révolution, 1908
Max von Boehn: Rokoko, Frankreich im XVIII. Jahrhundert, 1909
A. von Boguslawski: Der Krieg in der Vendée, 1894
François Boucher: Histoire du Costume en Occident, de l'Antiquité à nos jours, 1965
Boursin et Challamel: Dictionnaire de la Révolution Française, 1893
V. Brome: Auf dem Weg zum Überfluß, 1964
Gaston Castella: Die Französische Revolution, 1958
M. M. de Chantal Gueudré: Les Monastères d'Ursulines sous l'Ancien Régime, 1960
Jehanne Charpentier: Le Droit de l'Enfance Abandonnée, 1967
A. Chéruel: Dictionnaire Historique des Institutions, Moeurs et Coutumes de la France, 1865
Marie-Jean Antoine Nicolas Caritat Condorcet: Correspondance inédite, 1970
Heinrich von Cunow: Politische Kaffeehäuser, 1925
Albert Dupoux: Sur les pas de Monsieur Vincent, 1958
Julius v. Eckardt: Figuren der Pariser Schreckenszeit 1791–1794, 1893
Alfred Franklin: La Vie privée d'Autrefois, 1887–1896
Emile Gabory: Les grandes heures de Vendée, 1961
Emile Gabory: Les Vendénnes, 1934
Pierre Gaxotte: Paris au XVIIIe Siècle, 1968
Pierre Gaxotte: La Révolution Française, 1963

Edmond et Jules de Goncourt: Histoire de la Société Française pendant la Révolution, 1859
Jacques Hillairet: Dictionnaire historique des Rues de Paris, 1963
Jacques Hillairet: Gibets, Piloris et Cachots du vieux Paris, 1956
Louis Jacob: Les Suspects pendant la Révolution, 1952
Gustav Jahn: Geschichte der Französischen Revolution, 1849
Charles Kunstler: La vie quotidienne sous Louis XVI, 1950
P. Lacroix: Institutions, Usages et Costumes du XVIIIe Siècle, 1875
A. Lallié: La Justice Révolutionnaire à Nantes et dans la Loire Inférieure, 1896
G. Landauer: Die Französische Revolution in Briefen, 1961
de Larochejaquelein: Mémoires de la Marquis de Larochejaquelein, 1817
Jules Lecomte: La Charité à Paris, 1862
G. Lenotre: Les Massacres de Septembre, 1908
G. Lenotre: Les Noyadmes de Nantes, 1912
G. Lenotre: Vieilles Maisons, Vieux Papiers, 1906
G. Lenotre: La petite histoire, 1950
A. Lescadieu & A. Laurant: Histoire de Nantes et des Guerres de la Vendée, 1836
J. Levron: La Révolution Française, 1966
Stanley Loomis: Paris in the Terror, 1964
Ferdinand Lotheissen: Culturgeschichte Frankreichs im XVII. und XVIII. Jahrhundert, 1889
Ferdinand Lotheissen: Literatur und Gesellschaft in Frankreich zur Zeit der Revolution 1789–1794, 1872
Ferdinand Lotheissen: Sittengeschichte Frankreichs, 1885
Gaston Martin: Carrier et sa Mission à Nantes, 1924
Albert Mathiez: Die Französische Revolution, 1950
Louis Sébastien Mercier: Le Nouveau Paris, 1862
Louis Sébastien Mercier: Tableau de Paris, 1884
Jules Michelet: Geschichte der Französischen Revolution, 1929
Mousnier & Labrousse: Histoire Générale des Civilisations du XVIIIe Siècle, 1967
G. Pernoud – S. Flaissier: Die Französische Revolution in Augenzeugenberichten, 1962
Jean Robinet: Condorcet, sa vie, son œuvre 1893, 1968
Jean Robiquet: La Vie quotidienne sous Louis XVI, 1950

George Rudé: Die Massen in der Französischen Revolution, 1961
Adolphe Schmidt: Tableaux de la Révolution Française, 1867–1870
Paul Sethe: Die großen Tage, 1953
Friedrich Sieburg: Im Licht und Schatten der Freiheit, 1961
Friedrich Sieburg: Vendée, 1931
M. A. Thiers: Histoire de la Révolution Française, 1838
Pierre Trahard: La Sensibilité Révolutionnaire, 1936
Gérard Walter: La Guerre en Vendée, 1953
Armel de Wismes: Ainsi vivaient les Français, 1961
Armel de Wismes: Nantes et le Pays Nantais, 1968
Armel de Wismes: Nantes et ses Environs, 1971